Christina Vinson

AlltagsOasen

365 x Ruhe für die Seele

Aus dem Englischen von Oliver Roman

GerthMedien

Einführung

Ruhe. Ausruhen. Auszeiten. Was geht in Ihnen vor, wenn Sie diese Worte lesen? Verdrehen Sie im Geiste die Augen und denken, dass Sie dafür einfach keine Zeit haben? Denken Sie: *Mein Leben ist viel zu hektisch, als dass ich mir eine Pause gönnen könnte?* Oder sehnt sich etwas in Ihnen danach? Sehnt sich Ihr Körper nach einer Atempause vom täglichen Trubel? Wünscht sich Ihr ganzes Sein verzweifelt Ruhe?

Heutzutage ist es gar nicht so leicht, innerlich ein wenig zur Ruhe zu kommen. Ruhe – das ist doch eher eine Illusion als etwas, das wir wirklich erfahren können. Und wenn wir doch einen Augenblick der Ruhe erleben, geht der Moment oft zu schnell vorüber. Angesichts von Abgabeterminen, einem vollen Zeitplan, kleinen Kindern, beschäftigten Jugendlichen, älter werdenden Eltern, Freunden und zu bezahlenden Rechnungen haben wir die Fähigkeit verloren, uns wirklich auszuruhen. Wir führen ein Leben auf der Überholspur. Wir hasten von einer Besprechung zur nächsten und von einer Verpflichtung zur anderen und schlingen dann ein hastig zubereitetes Abendessen herunter. Wir sagen Ja, wenn uns jemand aus dem Verein fragt, ob wir noch eine Aufgabe übernehmen könnten, und arbeiten in der Gemeinde mit, weil es sich irgendwie falsch anfühlt, Nein zu sagen. Und am Ende des Tages brechen wir auf dem Sofa zusammen und wollen nur noch eines: unseren müden, schmerzenden Kopf betäuben. Kommt Ihnen das irgendwie vertraut vor?

Dann habe ich eine gute Nachricht für Sie. Es gibt Hoffnung. Sie können innerlich zur Ruhe kommen – tiefe, erfüllende, Leben spendende Ruhe erleben, und zwar im Überfluss. Ja, genau: *Sie.*

Wenn Sie nach einem Weg suchen, wie Sie innerlich zur Ruhe kommen können – wenn Sie die tiefe, gottgegebene Sehnsucht in Ihrer Seele stillen und die sich überschlagenden Gedanken abstellen wollen, die von zu viel Aktivität und nicht genügend Pausen herrühren –, dann ist dieses Andachtsbuch etwas für Sie.

Jesus sprach immer wieder über das Thema „Ruhe". Er war sich bewusst, dass wir Menschen Schwierigkeiten damit haben würden, uns Auszeiten zu nehmen, um uns zu erholen. Das ist der Grund dafür, warum er bei einer Gelegenheit sagte: „Kommt her zu mir, die ihr euch mit so vielem abmüht und oft bedrückt seid. Bei mir werdet ihr Ruhe finden" (Matthäus 11,28–29; WD). Klingt das nicht wunderbar? Jesus spricht immer die Wahrheit. Wenn er sagt, dass er Ihnen Ruhe schenken will, dann meint er es auch so. Wenn er sagt, dass Ihre Seele Ruhe finden wird, dann wird Ihnen das auch gelingen. Also holen Sie einmal tief Luft, entspannen Sie Ihre Schultern, und lassen Sie Ihren Gedanken freien Lauf. Bitten Sie Gott vor Antritt dieser Reise, dass er Ihnen sich und seine Wahrheit offenbart. Bitten Sie ihn, Ihnen zu zeigen, wie Sie an 365 Tagen im Jahr ein erholsames Leben führen können.

Ich wünsche Ihnen, dass Sie jeden Tag mit neuer Hoffnung auf Ruhe beginnen. Dass Sie tief durchatmen. Die lebensverändernde Bedeutung der Stille erfassen. Ich wünsche Ihnen, dass Sie Gott und seine tiefe Liebe zu Ihnen erfahren. Und dass Sie innerlich zur Ruhe kommen.

Januar

In Frieden kann ich mich nun hinlegen und schlafen.
Denn du, Herr, gibst mir einen Ort, an dem ich
unbehelligt und sicher wohnen kann.

Psalm 4,9 (NGÜ)

1. Januar

Zeiten der Ruhe

Schenk mir wieder Freude über deine Rettung, und mach mich bereit, dir zu gehorchen! Psalm 51,14 (Hfa)

Haben Sie schon über gute Vorsätze fürs neue Jahr nachgedacht? Erfahrungsgemäß geht es dabei oft um Themen wie Diäten, schlechte Angewohnheiten, etwas Neues zu lernen, Schulden loszuwerden, sich irgendwo ehrenamtlich zu engagieren oder eine gesündere Ernährung. Das alles sind wunderbare Ziele, doch es gibt eine wichtige Sache, die oft übersehen wird, wenn die Uhr Mitternacht schlägt und das neue Jahr beginnt: Ruhe.

Manchmal sind wir so damit beschäftigt, unser Leben und uns selbst zu verbessern, dass wir vergessen, dass wir auch Ruhe brauchen. Selbst Gott ruhte am Ende seiner Schöpfungswoche aus. Wenn Sie über Ihre guten Vorsätze nachdenken, dann denken Sie doch einmal darüber nach, das kommende Jahr der Ruhe zu widmen. Nehmen Sie sich fest vor, jeden Morgen fünfzehn Minuten lang eine Zeit der Stille im Gespräch mit Gott zu verbringen. Versuchen Sie, an jedem Wochenende zwei freie Stunden zu finden, in denen Sie einfach nur nachdenken, entspannen und neue Kraft schöpfen. Anstatt in der Weltgeschichte herumzudüsen, warum den Urlaub nicht zu Hause verbringen?

Ruhe ist nicht dasselbe wie Faulheit, sie ist auch nichts für Feiglinge; sie ist lebensnotwendig. Sie können in diesem Jahr wirklich lernen, sich regelmäßig Auszeiten zu nehmen und innerlich zur Ruhe zu kommen!

Vater, ich beginne jetzt ein neues Jahr. Bitte zeige mir doch, wie ich innerlich wieder zur Ruhe kommen kann.

2. Januar
Bewusst ausruhen

Sooft es [Jesus] jedoch möglich war, zog er sich an völlig entlegene Orte zurück, um zu beten. Lukas 5,16 (WD)

Ruhe fällt einem nicht in den Schoß, und sie tippt einem während eines anstrengenden Tages auch nicht auf die Schulter. Auszeiten wollen meist ausfindig gemacht werden. Sie müssen in jeden Tag, in jede Woche und jeden Monat fest eingeplant werden.

Denken Sie über die Termine nach, die Sie Tag für Tag haben. Haben Sie auch einen festen Zeitraum eingeplant, der nur fürs Ausruhen reserviert ist? Sie haben vielleicht eine Zeitspanne eingeplant, während der Sie die Kinder abholen, in den Buchklub gehen, das Abendessen zubereiten oder arbeiten – doch *Ruhe* ist für Sie ein Fremdwort?

Alle haben heutzutage unheimlich viel zu tun. Ja, Ihr Leben ist geschäftig. Doch das bedeutet nicht, dass Sie nicht auch ausruhen können; Sie müssen diesen „Termin“ nur in Ihren Kalender schreiben. Ebenso wie Sie sich Zeit nehmen, um Freunde zu treffen oder am Wochenende einen Ausflug zu unternehmen, so muss auch Ruhe eingeplant werden. Versuchen Sie, eine Viertelstunde früher aufzustehen, um in der Stille zu sitzen. Surfen Sie in der Mittagspause nicht in den sozialen Netzwerken, sondern machen Sie doch einen Spaziergang, und atmen Sie tief durch. Wenn Sie sich ausruhen, wird das positive Auswirkungen haben – für Körper, Seele und Geist.

Herr, hilf mir, an jedem Tag ein wenig Zeit zu reservieren, um innerlich zur Ruhe zu kommen, auch wenn mir das unmöglich erscheint.

3. Januar

Nieder mit den To-do-Listen

Und kommt ihr vom richtigen Weg ab, so hört ihr hinter euch eine Stimme: „Halt, dies ist der Weg, den ihr einschlagen sollt!“ Jesaja 30,21 (Hfa)

Es ist immer ein gutes Gefühl, am Ende des Tages ins Bett zu fallen, wenn die Aufgabenliste fast vollständig abgehakt, die Wäsche zusammengelegt und verstaut und der Tisch abgeräumt und abgewischt ist. Es fühlt sich gut an, die Liste zu erledigen. Und es ist auch etwas Gutes, konzentriert und hart zu arbeiten – allerdings nur, wenn Sie nicht von „der Liste“ besessen sind.

Wenn die Anzahl der abgehakten Einträge auf Ihrer To-do-Liste darüber bestimmt, ob ein Tag in Ihren Augen ein guter Tag war, dann läuft etwas schief. Machen Sie gelegentlich eine Pause von der Liste. Mähen Sie einfach mal eine Woche lang nicht den Rasen. Machen Sie fünf Minuten früher Feierabend, um fünf Minuten früher zu Hause zu sein. Dieser Gedanke leuchtet Ihnen vielleicht jetzt noch nicht ein, aber oft kommt etwas Gutes dabei heraus, wenn man die Dinge anders anpackt.

Erinnern Sie sich immer wieder daran, dass es in Ihrem Leben nicht um eine Liste geht. Gott wird nicht den Kopf schütteln, weil Sie den Tag bloß mit Ihrer Familie oder Ihren Freunden verbracht haben. Gönnen Sie sich eine Pause. Die Liste ist auch morgen noch da.

Herr, hilf mir, mich mehr darauf zu konzentrieren, dich zu lieben und mein Bestes zu geben – und weniger Zeit und Energie in die Liste zu investieren.

4. Januar

Ruhe im Sturm

Regen in Fülle ließt du strömen, o Gott, und so oft dein eigenes Land auch ermattet war – du hast es wieder gestärkt und aufgerichtet. Psalm 68,10 (NGÜ)

Sind Sie bedrückt? Unruhig? In dieser Welt gibt es so viel Leid und Schmerz. Unsere Familien erleben schlimme Dinge, Freunde lassen uns im Stich, geliebte Menschen sterben, und oft kommt es uns so vor, als würden uns die Herausforderungen des Lebens über den Kopf wachsen. Wir leben in einer zerbrochenen Welt. Und wir lieben unvollkommene Menschen.

Vielleicht versuchen Sie ja Ihr Bestes, um gegen die Verzweiflung anzukämpfen, doch Ihre Gebete scheinen an der Zimmerdecke abzuprallen. Das Gewicht dieses ständigen Kampfes zieht Sie runter – und Sie sind sich nicht sicher, ob Sie genug Kraft haben, um wieder auf die Beine zu kommen. Sie fühlen sich müde und entmutigt.

Fassen Sie neuen Mut, denn Jesus *wird* Sie retten. Sie können diese Last ablegen; er verspricht, Ihren Kummer, Ihren Jammer und Ihre Sorgen für Sie zu tragen. Erinnern Sie sich in diesem „Sturm" daran, dass Gott versprochen hat, Sie niemals zu verlassen oder im Stich zu lassen – und dazu steht er. Finden Sie Ruhe – Ruhe bei Jesus.

Herr, ich bin den Strapazen dieses Lebens nicht gewachsen. Bitte schenke mir Ruhe und tröste mich mit deiner Gegenwart.

5. Januar

Von Erwartungen lösen

Die Güte des Herrn hat kein Ende, sein Erbarmen hört niemals auf, es ist jeden Morgen neu! Groß ist deine Treue, o Herr!

Klagelieder 3,22–3 (Hfa)

Da die Neujahrsfeierlichkeiten nun hinter Ihnen liegen, der Startschuss gefallen ist und das neue Jahr schon ein paar Tage alt ist, kann es sein, dass das Leben Ihnen ein bisschen weniger „frisch" vorkommt. Vielleicht haben Sie Ihre guten Vorsätze fürs neue Jahr bereits aufgegeben: Diese Schokolade war ein wenig zu verführerisch, morgens um 5 Uhr Gymnastik zu machen, war einfach nicht möglich, oder Sie waren zu beschäftigt, um sich eine Pause vom Beschäftigtsein zu gönnen.

Vielleicht waren Sie auch schon einmal zu oft lieblos zu Ihrer Familie. Oder haben schon mehrere Enttäuschungen erlebt. Ein ganz neuer Start kommt uns verheißungsvoll vor – bis wir merken, dass ein neues Jahr in vielerlei Hinsicht weniger ein neuer Anfang ist, sondern eher eine Fortsetzung.

Selbst wenn Sie in diesem Jahr bereits enttäuscht wurden, lassen Sie sich Mut machen: Gottes Segensgeschenke sind jeden Morgen neu, und die Tafeln unseres Lebens werden an jedem Tag frisch abgewischt. Legen Sie Ihre Erwartungen ab, und starten Sie von Neuem – heute, morgen und an jedem Tag, der noch kommt.

Gott, hilf mir, mir selbst gegenüber nachsichtiger zu sein, so wie du mir auch gnädig bist.

6. Januar

Gelassen durch den Winter

Nein, ich habe gelernt, in allen Lebenslagen mit sehr wenig auszukommen. Mittlerweile habe ich beides zur Genüge kennengelernt: nichts in der Tasche zu haben und im Überfluss zu leben, zu hungern und satt zu sein. Philipper 4,12 (WD)

Jede Jahreszeit bringt etwas Neues. Der Frühling ist erfüllt von Krokusknospen und Rotkehlchen, der Sommer schleicht mit strahlendem Sonnenschein und Baden im See herbei, der Herbst bringt körbeweise farbenprächtige Blätter, und der Winter birst geradezu vor Festtagen und Schnee.

Ob Sie die kühleren Temperaturen des Winters lieben oder es nicht erwarten können, dass das Thermometer endlich 25 Grad anzeigt: Es ist in jeder Jahreszeit wichtig, innerlich zur Ruhe zu kommen. Sehr oft sorgen die Geschäftigkeit der Feiertage, der Sog zahlloser Verpflichtungen und die Tatsache, dass der Tag nur 24 Stunden hat, dafür, dass man auch im Winter nicht zur Ruhe kommt. Geben Sie sich in diesem Winter bewusst die Erlaubnis, sich Auszeiten zu nehmen. Gehen Sie an der frischen Luft spazieren, setzen Sie sich mit einer Tasse Kaffee an den Kamin, nehmen Sie ein heißes Bad, oder kuscheln Sie sich in eine Decke, und lesen Sie ein Buch.

Der Winter ist eine Zeit, in der man ausruhen und sich regenerieren sollte. Heißen Sie die Ruhe willkommen, die Sie in der Wärme und der Behaglichkeit Ihres Zuhauses finden, während es draußen kalt ist.

Herr, ich bitte dich, hilf mir dabei, dass dieser Winter eine Jahreszeit ist, die von Ruhe und Erholung geprägt ist und nicht von Chaos und Erschöpfung.

7. Januar

Beginnen Sie die Woche ruhig

„Ich will den Erschöpften neue Kraft geben, und alle, die vom Hunger geschwächt sind, bekommen von mir zu essen."

Jeremia 31,25 (Hfa)

Wenn Ihr Wecker am ersten Tag der Woche klingelt, sind Sie vielleicht versucht, die Schlummertaste zu drücken. Es kann doch nicht schon wieder eine Arbeitswoche beginnen, oder doch? Selbst wenn Sie Ihre Arbeit lieben, ist der Beginn einer neuen Woche manchmal eine echte Herausforderung, insbesondere wenn Sie am Wochenende viel unterwegs waren.

Sie können die Zeit zwar nicht zurückdrehen und dafür sorgen, dass Ihr Wochenende ruhiger verläuft, doch Sie können sicherstellen, dass Ihre neue Woche ruhig beginnt. Anstatt mit den Kollegen zu Mittag zu essen, könnten Sie zum Beispiel in den Park oder den Wald fahren und dort allein essen. Wenn Ihr kleines Kind Mittagsschlaf macht, könnten Sie den Schrubber stehen lassen und sich ebenfalls hinlegen. Halten Sie den ganzen Tag über nach Gelegenheiten Ausschau, innerlich zur Ruhe zu kommen. Diese Momente können so wertvoll sein! Suchen Sie nach Möglichkeiten, sich auszuruhen, saugen Sie sie in sich auf, und nutzen Sie sie gut. Sie können heute innerlich zur Ruhe kommen – Sie müssen sich bloß darauf einlassen!

Herr, schenke mir neue Kraft, und mache mich auf Gelegenheiten aufmerksam, die ich nutzen kann, um innerlich und äußerlich zur Ruhe zu kommen.

8. Januar

Geldprobleme

„Schaut euch doch die Raben an, die weder säen noch ernten noch irgendetwas in Scheunen horten, und doch sorgt Gott dafür, dass sie alles Notwendige haben. Seid ihr nicht weit mehr wert als sie?“ Lukas 12,24 (WD)

Weihnachten ist vorbei, und die ersten Rechnungen des Jahres trudeln ein. Womöglich fallen manche höher aus, als Sie erwartet hatten, und beim Lesen geht Ihre Stimmung in den Keller. Die horrende Gasrechnung spiegelt die Wärme Ihres Hauses während der frostigen Temperaturen wider, die Kreditkartenrechnung erinnert Sie an die Winterbekleidung, die nötig war, damit Ihre Familie es auch draußen warm hat, und die Reparaturrechnung Ihrer defekten Autoheizung lässt Sie zusammenzucken.

Sorgen Sie sich um Ihre Finanzen? Schnürt sich Ihnen beim bloßen Gedanken daran schon die Kehle zu? Denken Sie daran: Gott lädt Sie ein, jede Last und jede Sorge bei ihm abzulegen – das gilt für die großen genauso wie für die kleinen. Erzählen Sie ihm von Ihren Sorgen. Er ist der ultimative Versorger, und er verspricht, dass er sich um seine Kinder kümmert. Holen Sie tief Luft, und denken Sie daran: Gott will, dass Sie frei von Sorgen sind, selbst wenn Ihr Bankkonto trostlos aussieht. Vertrauen Sie auf ihn.

Gott, ich will lernen, darauf zu vertrauen, dass du mich mit allem versorgst, was ich brauche. Du wirst mich nicht im Stich lassen.

9. Januar

In Gottes Liebe zur Ruhe kommen

Überlass dich ruhig dem Herrn und warte,
bis er eingreift. Psalm 37,7 (NGÜ)

Sie können nichts tun, damit Gott Sie mehr liebt. Oder weniger. Viele Menschen haben den Eindruck, sie müssten sich Gottes Liebe verdienen. Sie denken, je mehr sie sich in ihrer Gemeinde, in der örtlichen Tafel oder im Verein einbringen, desto mehr werde Gott sie lieben. Aber das ist nicht wahr, und wenn sie nicht aufpassen, kann diese Haltung dazu führen, dass Erschöpfung sich breitmacht.

Gemeinden und ehrenamtliches Engagement – diese Dinge sind gut und wichtig, doch Ihr dortiger Einsatz wird nicht dazu führen, dass Gottes Liebe für Sie größer wird. Versuchen Sie, sich selbst und Ihre Grenzen realistisch einzuschätzen. Wenn Sie die Zeit und Energie dafür haben, mehr zu tun, dann bringen Sie sich mehr ein. Aber wenn schon allein der Gedanke an noch mehr Aufgaben Sie zum Weinen bringt, müssen Sie sich nicht schuldig fühlen oder dafür schämen. Sie können sich Gottes Liebe nicht dadurch verdienen, dass Sie sich noch mehr Aufgaben aufhalsen. Das Beste, was Sie für Ihre Beziehung zu ihm tun können, ist, in seiner Gegenwart zu sitzen, sein Wort zu studieren und mit ihm zu reden. Machen Sie sich diese Tatsache heute bewusst und erlauben Sie sich eine Auszeit.

Danke, Vater, für deine unerschütterliche und unveränderliche Liebe.

10. Januar
Abschied vom perfekten Leben

Denn was bleibt dem Menschen von seiner Mühe und von all seinen Plänen? Prediger 2,22 (Hfa)

Die sozialen Medien können Spaß machen, doch sie können auch schaden. Wenn Sie merken, dass Sie Ihr Leben dem anzupassen versuchen, was Sie online sehen, werden Ihre Bemühungen vergeblich sein. Sei es auf Facebook oder Instagram, Snapchat oder Twitter, das alles sind nur Schnappschüsse und Klangfetzen aus dem Leben anderer. In Wahrheit repräsentieren sie wahrscheinlich nur eine perfekte Minute aus einem alles anderen als perfekten Tag.

Legen Sie doch einmal eine Social-Media-Pause ein, wenn Sie merken, dass Sie versuchen, so zu tun, als sei Ihr Leben perfekt. Anstatt darüber nachzudenken, was Sie alles tun könnten, damit andere glauben, Sie hätten alles im Griff, leben Sie doch einfach einmal Ihr eigenes Leben. Dieses Leben ist vielleicht chaotisch, zerbrochen, hart und voller Tränen. Aber da gibt es auch Momente, die Sie laut lachen und vor Freude jauchzen lassen, heilige Momente, die sich Ihnen für immer einprägen. Es ist Ihr Leben, Ihre Familie und Ihr Zuhause – in all seiner herrlichen Unvollkommenheit. Das wahre Leben muss nicht ein Foto wert sein, um sehr viel wert zu sein. Setzen Sie sich nicht länger unter Druck, ein perfektes Leben zu führen, und kommen Sie innerlich zur Ruhe. Sie werden froh sein, dass Sie es getan haben.

Jesus, erinnere mich daran, dass es in diesem Leben darum geht, zu lieben und dir zu gefallen.

11. Januar

Bei guten Freunden zur Ruhe kommen

Wer anderen Gutes tut, dem geht es selber gut; wer anderen hilft, dem wird geholfen. Sprüche 11,25 (Hfa)

Haben Sie Freunde, die Sie ständig zu beeindrucken versuchen? Gibt es irgendwelche Freundschaften in Ihrem Leben, die auf Leistung und äußerer Erscheinung basieren und nicht auf ehrlicher Annahme? Wenn das der Fall sein sollte, dann machen Sie sich einmal ganz bewusst: Das sind keine wahren Freunde. Wir sollten uns in Freundschaften sicher fühlen, wir sollten dort unser Herz ausschütten können und uns nicht wie bei einem Wettbewerb oder einem Vorsprechen vorkommen. Wenn Sie das Gefühl haben, dass Sie bei Ihren Freunden Ihre Masken nicht fallen lassen dürfen und nicht offen von Ihren Fehlern sprechen können, und wenn sie Sie nicht ermutigen und Ihnen den Rücken stärken, dann sind das vielleicht nicht die Art von Freundschaften, die Sie in Ihrem Leben brauchen.

Sie sollten sich in Freundschaften nicht um Annahme bemühen müssen. Ja, Freundschaften erfordern Arbeit und Fürsorge, doch es sollte nicht nötig sein, dass Sie sich wieder und wieder beweisen müssen. Wahre Freunde lieben Sie für das, was Sie sind; sie erlauben Ihnen, innerlich zur Ruhe zu kommen.

Denken Sie heute über die Freunde nach, bei denen genau das möglich ist. Danken Sie Gott dafür, dass er sie in Ihr Leben gebracht hat.

Danke, Herr, dass du mich mit echten Freundschaften gesegnet hast: ________ Hilf mir, dass ich sie niemals für selbstverständlich halte.

12. Januar

Ein Tag der Ruhe

Bei Gott allein soll meine Seele Ruhe finden, von ihm kommt meine Hoffnung. Psalm 62,6 (NGÜ)

Der Sonntag ist allgemein als Tag der Ruhe bekannt. Es ist ein Tag, an dem man im Normalfall nicht arbeitet und Zeit mit der Familie verbringt. Doch wie viele von uns behandeln diesen Tag wirklich wie einen Sabbat? Für viele Familien ist der Sonntagmorgen überaus hektisch: Man versucht, die Kinder dazu zu bringen, sich anzuziehen, man versucht, rechtzeitig in der Gemeinde zu sein, und die ganze Zeit über fühlt man sich ziemlich erschöpft.

Was müsste geschehen, damit Ihre Sonntage weniger stressig

und dafür ruhiger sind? Vielleicht gehört dazu, dass Sie einmal nicht die Wäsche machen, kein Essen zubereiten oder andere Aufgaben abhaken. Oder Sie könnten am Sonntagmorgen gemütlich im Schlafanzug frühstücken, bevor Sie in die Kirche fahren. Was auch immer sich für Sie am entspanntesten anfühlt: Versuchen Sie, einen Weg zu finden, diese Sache am nächsten Sonntag zu machen. Lassen Sie Ihre Seele baumeln und entspannen Sie Ihre Schultern. Dies ist der Tag, den der Herr gemacht hat; freuen Sie sich, seien Sie fröhlich, und feiern Sie diesen Tag in aller Ruhe.

Herr, schenk meinem Herz und meinem Verstand an diesem Wochenende ganz viel Ruhe. Hilf mir, dich an diesem Tag der Stille zu ehren.

13. Januar

Mut zum Neinsagen

Denn Gott ist nicht ein Gott der Unordnung, sondern ein Gott des Friedens. 1. Korinther 14,33 (NGÜ)

Nein. Das Wort besteht zwar nur aus vier Buchstaben, doch es ist ausgesprochen schwierig, es zu sagen. Nein zu sagen könnte bedeuten, dass man etwas verpasst: Erfahrungen, Anteile, fröhliche Abende mit Freunden oder gar Möglichkeiten zum Dienen.

Nein zu sagen hat einen negativen Beigeschmack – vielleicht weil es so hart ist, das Wort selbst zu hören.

Ja zu sagen ist viel einfacher. Es macht andere glücklich. Es nimmt einem anderen eine Last ab, baut Sie selbst auf und stellt Sie in einem besseren Licht dar. Doch manchmal ist die beste Antwort eben *nicht* Ja.

Üben Sie sich auf Ihrer Suche nach Ruhe darin, Nein zu sagen. Wenn Sie sich um zu viele Dinge kümmern müssen und die Gedanken durch Ihren Kopf schwirren, ist es wahrscheinlich an der Zeit, Nein zu sagen. Sie werden dadurch Raum zum Durchatmen finden und Zeit, Ihr Leben zu leben, anstatt Tag für Tag nur irgendwie durchzukommen. Und es wird leichter werden. Nein zu sagen bedeutet tatsächlich, dass Sie zu den Menschen und Dingen Ja sagen, die für Sie am wichtigsten sind.

Herr, hilf mir zu unterscheiden, wann ich Ja und wann Nein sagen soll.

14. Januar

Seien Sie nachsichtig mit sich selbst

„Der Herr blicke dich freundlich an und sei dir gnädig!
Der Herr wende sich dir in Liebe zu und gebe dir Frieden!"

4. Mose 6,25–26 (Hfa)

Unsere härtesten Kritiker sind wir selbst. Wenn Sie eine geschäftliche Präsentation vermasseln oder Ihre Kinder anbrüllen oder in ein Fettnäpfchen treten, sind Sie es oftmals selbst, der Sie dafür wieder und wieder und wieder fertigmacht. Seien Sie doch etwas nachsichtiger mit sich selbst.

Sie müssen sich nicht immer wieder Ihre eigenen Fehler vorhalten oder Ihre schlechten Momente aufs Neue durchleben. Sie können sich von dem Retter trösten lassen, der Ihnen immer wieder eine neue Chance gibt. Er hegt keinen Groll gegen Sie, und Sie können tief durchatmen, in dem Wissen, dass Sie geliebt werden – mit all Ihren Fehlern. Deshalb feiern Sie die Tatsache, dass Sie ganz in Gnade eingehüllt sind. Und wenn Sie merken, dass Sie anfangen, sich selbst auszuschimpfen, wenn diese Worte der Selbstverdammnis in Ihren Ohren klingeln, dann versuchen Sie doch einmal, sich durch die Augen Ihres Sie liebenden Vaters zu sehen.

Seien Sie nachsichtig mit sich selbst, und kommen Sie innerlich zur Ruhe. Sie dürfen sicher sein, dass er Ihnen mit Freuden und bereitwillig *alle* Ihre Irrtümer, all Ihr Scheitern abnimmt.

Herr, deine Vergebung kennt keine Grenzen. Lehre mich, nachsichtig mit mir selbst zu sein.

15. Januar

Wenn Ruhe ein Fremdwort ist

„Wenn jemand Durst hat, dann soll er zu mir kommen. Ich gebe ihm zu trinken." Johannes 7,37 (WD)

Wenn Ihnen das Wort „Ruhe" irgendwie fremdartig vorkommt, dann sollten Sie die folgenden Sätze ganz besonders aufmerksam lesen: Sie müssen Ruhe gewissermaßen nachjagen und bewusst in Ihr Leben integrieren. Wenn Sie nicht genügend Ruhe bekommen, beeinträchtigt Sie das in geistiger, emotionaler, geistlicher und körperlicher Hinsicht. *Aber wie kann ich Ruhe in mein Leben integrieren?*, fragen Sie sich vielleicht.

Wenn etwas für Sie ein Fremdwort ist, müssen Sie anfangen, sich damit vertraut zu machen. Denken Sie heute bewusst ein wenig darüber nach. Wie könnte „Ruhe" in Ihrem Fall aussehen? Es könnte bedeuten, dass Sie zu etwas Nein sagen, bei dem Sie normalerweise Ja sagen würden. Es kann bedeuten, dass Sie die Kinder zwanzig Minuten früher zu Bett bringen, damit Sie ein paar Minuten für sich haben, oder es mag bedeuten, dass Sie einen fünfminütigen Spaziergang um Ihr Bürogebäude unternehmen, anstatt an der Kaffeemaschine zu plaudern. Sie können sich Ihre Portion Ruhe früh am Morgen oder spät in der Nacht holen – oder sogar während einer nachmittäglichen Atempause bei einer Tasse Tee.

Mit der Zeit werden Sie mit dem kleinen Wörtchen „Ruhe" ganz vertraut sein. Und Sie werden merken, dass Ruhe gar nicht so kompliziert ist, wie Sie vielleicht dachten.

Vater, hilf mir, heute einen oder zwei kleine Schritte in Richtung Ruhe zu unternehmen.

16. Januar

Eine innere Haltung der Ruhe

Den Erschöpften gibt er neue Kraft, und die Schwachen macht er stark. Jesaja 40,29 (Hfa)

Ich muss noch so viel erledigen! Wie oft haben Sie diese Worte im letzten Jahr, Monat, in der letzten Woche oder nur gestern gesagt? Manche tragen ihre Geschäftigkeit wie eine Ehrenmedaille, während andere sie wie eine Last tragen. Wie auch immer das bei Ihnen ist: Wir alle brauchen Ruhe – ob es uns nun leichtfällt, das einzugestehen, oder nicht.

Was spricht gegen den Versuch, eine innere Haltung der Ruhe einzunehmen und die Geschäftigkeit hinauszuwerfen? Wenn Ihr Kalender sich mit Verpflichtungen füllt, kann es leicht passieren, dass Sie versuchen, so viel wie nur möglich in Ihre Siebentagewoche zu packen. Fragen Sie sich stattdessen, was für Sie und Ihre Familie am lebensnotwendigsten wäre. Wenn der Gedanke, in einer weiteren Besprechung zu sitzen oder einen weiteren Termin in der Gemeinde wahrzunehmen oder sich bei einem weiteren gesellschaftlichen Anlass herumzudrücken, Ihnen innerlich zu schaffen macht, dann sagen Sie Nein.

Entscheiden Sie sich bewusst für eine innere Haltung der Ruhe. Es ist in Ordnung, wenn Sie sorgfältig darauf achten, was Sie Ihrem Kalender hinzufügen. Lassen Sie Ihre Woche von der Ruhe gestalten und nicht von der Geschäftigkeit. Das wird Ihnen unwahrscheinlich guttun.

Herr, erinnere mich daran, heute und die ganze Woche über eine innere Haltung der Ruhe einzunehmen.

17. Januar

Von gesundheitlichen Problemen nicht aus der Ruhe bringen lassen

Und wenn er auf dem Krankenbett liegt, steht der Herr ihm zur Seite und hilft ihm wieder auf. Psalm 41,4 (Hfa)

Wahrscheinlich kennen Sie jemanden, der gesundheitliche Probleme hat. Vielleicht sogar Sie selbst. Da diese Welt nicht mehr so ist, wie Gott sie ursprünglich geschaffen hatte, sind unsere Körper einfach nicht vollkommen. Menschen leiden an Krebs, chronischen Schmerzen, Depressionen und anderem, und das kann jeden Augenblick des Tages und der Nacht beeinträchtigen. Ob es Ihre eigene Schlacht oder die eines Ihnen nahestehenden Menschen ist: Mit gesundheitlichen Problemen hält auch die Angst Einzug. Gesundheitliche Beschwerden können eine echte

Last sein – von Auseinandersetzungen mit der Krankenkasse über die ständige Frage, ob der Schmerz jemals aufhören wird, bis dahin, dass Sie Gott mit Ihrer Bitte um Heilung bestürmen.

Kommt Ihnen das vertraut vor? Dann tragen Sie eine schwere Last mit sich herum. Ich kenne nicht die Antwort auf alle Fragen, aber eines weiß ich: Gott sorgt für Sie. Er sorgt für Ihre Familie und Ihre Freunde. Und er möchte, dass Sie diese Last am Kreuz ablegen und eine Weile ausruhen. Ruhen Sie aus von Ihren tiefsten Ängsten und den Schwierigkeiten. Sie müssen dafür nur eines tun: einfach zu ihm kommen.

Herr, meine Last ist so schwer. Ich brauche deine Hilfe, deine Heilung und deinen Trost. Komm schnell und rette mich.

18. Januar

Nehmen Sie sich Zeit für sich

Wer gelassen und ausgeglichen ist, lebt gesund.

Sprüche 14,30 (Hfa)

Was schenkt Ihnen neue Energie und bringt Sie zum Lächeln? Ein Wochenende, an dem Sie unter den Sternen gezeltet haben? Das Kneten von Teig und das Zuschauen, wie er aufgeht? Oder das Schreiben von Geschichten oder das Musikhören? Wenn Sie ein erfülltes Leben führen wollen, ist es wichtig, dass Sie Dinge finden, die Sie zum Lächeln bringen. Wenn Ihr Leben nur aus Arbeit, Schlaf und dem Bezahlen von Rechnungen besteht, ist es Zeit für eine Veränderung. Es ist Zeit, dass Sie sich auf sich selbst konzentrieren – nicht weil die Welt sich um Sie dreht, sondern weil wir alle manchmal etwas Selbstfürsorge brauchen.

Was ist das eine, das Sie glücklich macht? Beschließen Sie, es diese Woche zu tun – selbst wenn Sie es nur in kleinen Maßen tun können. Wenn Sie keine Zeit für einen Campingausflug haben, dann machen Sie einen Spaziergang im Grünen. Vielleicht können Sie sich keinen Wellnessurlaub leisten, aber was spricht gegen die Entspannung in der Badewanne? Sie brauchen ein wenig Zeit für sich selbst. Gönnen Sie sich heute eine kleine Auszeit.

Erinnere mich daran, mir etwas Zeit für mich selbst zu nehmen, Vater. Ich möchte mich aber nicht nur ausruhen, sondern auch bewusst Zeit mit dir verbringen.

19. Januar

Laden Sie Gott in Ihre Wochenenden ein

„Der Herr selbst wird für euch kämpfen, wartet ihr nur ruhig ab!“ 2. Mose 14,14 (Hfa)

Endlich ist Wochenende! Doch wenn Sie einen Blick auf die zu erledigenden Aufgaben werfen, wird Ihnen angst und bange. Wäsche und Fahrgemeinschaft, Hausputz und ehrenamtliche

Tätigkeit, die Kochliste für die nächste Woche und die Reparatur einer defekten Toilette – Sie können praktisch sehen, wie sich das Wochenende vor Ihren Augen in nichts auflöst. Sie fürchten bereits den Montag, weil Sie wissen, dass Sie dann ebenso müde – wenn nicht sogar müder – sein werden wie heute.

Sind Ihre Wochenenden sogar noch voller als Ihre Wochentage? Fühlen Sie sich erschöpft, wenn Sie nur daran denken, was auf Sie wartet? Laden Sie Gott in Ihre Wochenenden ein. Er ist das Brot des Lebens, ohne das Sie nicht leben können. Er kann Ihnen Ruhe schenken, selbst wenn es so aussieht, als sei weit und breit keine Ruhe in Sicht.

Bitten Sie ihn, Ihnen zu zeigen, wie Sie besser mit Ihrer Zeit umgehen können. Bitten Sie ihn, Ihnen zu zeigen, was an diesem Wochenende dran ist – und was nicht. Wenn Sie Ihre freien Tage bewusst mit ihm und unter seiner Führung verbringen, wird das einfach alles verändern.

Vater, ich will dich bewusst in mein Wochenende einladen. Zeige mir, wie ich diese Tage so verbringen kann, dass du dadurch geehrt wirst.

20. Januar

Wenn Sie erschöpft sind

Ich bin in Tränen aufgelöst vor Kummer, richte mich auf durch dein Wort. Psalm 119,28 (NGÜ)

Wenn Sie erschöpft sind, fällt Ihnen alles schwer. Morgens aufzustehen fällt Ihnen schwer; geduldig zu sein fällt Ihnen schwer; bei der Arbeit gute Leistungen zu bringen fällt Ihnen schwer. Tiefe Erschöpfung vermittelt Ihnen das Gefühl, ohne Hoffnung zu sein und regelrecht ausgewrungen zu werden. Wenn Sie also erschöpft sind, möchte ich Sie trösten: Sie *können* Ruhe finden.

Gott weiß, dass Ihre Energie verbraucht ist und dass Sie allein schon beim Gedanken daran, dass sich nie wieder etwas an Ihrer Situation ändern könnte, in Tränen ausbrechen möchten. Und er weiß auch genau, wie Sie sich fühlen. Wenn Sie heute zutiefst erschöpft sind, dann bitten Sie andere um Unterstützung. Sie müssen nicht alles tun, und Fakt ist: Sie *können nicht* alles tun.

Rufen Sie Ihre beste Freundin an, und bitten Sie um Hilfe. Fragen Sie ein Gemeinde- oder Familienmitglied. Erzählen Sie Ihrem Ehemann (oder Ihrem Chef oder Teamkollegen), dass Sie eine Pause brauchen. Wenn Sie erschöpft sind, dann zwingen Sie sich nicht dazu weiterzumachen, in der Hoffnung, dass Sie schon irgendwann mal wieder durchatmen können. Bemühen Sie sich jetzt darum, innerlich zur Ruhe kommen. Und zögern Sie nicht, um Hilfe zu bitten.

Herr, ich bin total erschöpft. Bitte lass mich Menschen begegnen, die mir helfen, Ruhe zu finden.

21. Januar

Vergleichen Sie sich nicht ständig mit anderen

Eines werde ich allerdings nicht tun: Ich werde mich nicht auf eine Stufe mit Leuten stellen, die sich überall selbst empfehlen. Sie sind so borniert, dass sie sich einzig und allein an sich selbst messen und nur mit sich selbst vergleichen. 2. Korinther 10,12 (WD)

Wir tun es alle. Wir vergleichen Häuser, Kinder, äußere Erscheinungen und unsere Fähigkeit, „alles zu schaffen". Wir vergleichen Persönlichkeiten, Glauben, Besitz, Talente und Geld – gleichgültig, was wir vergleichen, das Ergebnis ist dasselbe: Wir sind neidisch und undankbar.

Die Sache mit dem Vergleichen mag ganz unschuldig anfangen, doch sie kann sehr leicht unser Denken gefangen nehmen – und in der Folge auch unser Handeln.

Möchten Sie aus der Falle des Vergleichens befreit werden? Dann konzentrieren Sie sich nicht länger darauf, was Sie nicht haben, sondern seien Sie dankbar für all das, was Sie haben. Zählen Sie jeden Morgen ein paar Dinge auf, für die Sie dankbar sind, sei es Ihr lichtdurchflutetes Zuhause, Ihre Fähigkeit, andere zum Lachen zu bringen, oder die Sommersprossen, die jeden Sommer auf Ihrem Gesicht sprießen. Je mehr Sie Ihren Blick für das öffnen, was Sie alles haben, desto weniger werden Sie gedanklich bei dem verweilen, was Sie nicht haben. Sich nicht länger mit anderen zu vergleichen ist möglich – und damit hält die frische Luft der Ruhe und Zufriedenheit Einzug.

Ich neige dazu, mich ständig mit anderen zu vergleichen, Herr, und merke, dass ich undankbar werde. Hilf mir, all deine Segensgeschenke zu entdecken.

22. Januar

Lassen Sie sich von Neuanfängen nicht aus der Ruhe bringen

Was du mir für mein Leben geschenkt hast, ist wie ein fruchtbares Stück Land, das mich glücklich macht. Ja, ein schönes Erbteil hast du mir gegeben! Psalm 16,6 (NGÜ)

Wenn Sie schon einmal die Schule gewechselt haben, in ein neues Haus gezogen sind, eine unbekannte Stadt bereist oder einen neuen Freund gefunden haben, dann wissen Sie, dass *Neues* sehr anregend sein kann. Sie müssen plötzlich neue Räumlichkeiten dekorieren, neue Menschen kennenlernen und neue Orte erforschen – und natürlich wollen Sie alles auf einmal tun.

Teilen Sie sich Ihre Kräfte gut ein. Neuanfänge sind aufregend und belebend, doch Sie müssen sicherstellen, dass Sie sich nicht verausgaben. Ihr Haus wird sich schon irgendwann wie Ihr Zuhause anfühlen, und wenn Ihre neuen Freunde echte Freunde sind, bleiben sie auch dann an Ihrer Seite, wenn Sie sich nicht ständig melden. Lassen Sie sich von dem Neuen nicht so gefangen nehmen, dass Sie den Blick dafür verlieren, wie ein erholsames Leben aussieht. Amüsieren Sie sich unbedingt, aber stellen Sie auch sicher, dass Sie Zeit dafür einplanen, über die guten Gaben nachzudenken, die Gott Ihnen gegeben hat. Er segnet Sie gern, und er verdient Ihren dankbaren Lobpreis.

Herr, du bist ein Gott, der sich an seinen Kindern erfreut, und ich bin dankbar dafür, dass du mir mit so viel Liebe und Güte begegnest.

23. Januar

Laden Sie Ihre Sorgen bei Gott ab

„Ihr solltet euch nur um eines sorgen: Wie komme oder bleibe ich unter der liebevollen Herrschaft Gottes?! Alles andere wird euch dazugegeben werden.“ Lukas 12,31 (WD)

Wenn Sie Sorgen haben, kann das leicht dazu führen, dass der Stress irgendwann Ihr Leben beherrscht. Wenn Sie sich mit anderen unterhalten, schweifen Ihre Gedanken ab. Ihr Herz schlägt schneller, Sie sind ängstlich und haben das Gefühl, von Ihren Problemen regelrecht erdrückt zu werden.

Worüber machen Sie sich gerade Sorgen? Über finanzielle Dinge? Haben Sie das Gefühl, irgendwie nicht dazuzugehören? Machen Sie sich Gedanken darüber, ob Sie jemals heiraten werden? Haben Sie Schwierigkeiten auf der Arbeit? Bekommen Sie graue Haare, wenn Sie sich die Nachrichten anschauen?

Sie dürfen sicher sein: Gott kennt Ihre Sorgen und Ängste. Er hört Sie, wenn Sie verängstigt und verletzt sind, und er will Ihnen Ihre Last abnehmen. Wenden Sie sich heute bewusst an ihn. Schildern Sie ihm alles ganz genau, und bitten Sie ihn, Sie von Ihrer Angst zu befreien. Er antwortet vielleicht nicht sofort – vielleicht fühlen Sie sich anfangs gar nicht anders als vorher –, doch Sie können sicher sein, dass Gott Himmel und Erde in Bewegung setzen wird, um Ihnen zu helfen. Sie müssen nur eines tun: ihn um Hilfe zu bitten. Überlassen Sie heute Ihre Sorgen Jesus. Ihm ist es nie zu viel, und er will Ihnen Ruhe schenken.

Bitte hilf mir dabei, dir meine Sorgen wirklich komplett zu überlassen, Herr. Erinnere mich daran, dass du mein Leben liebevoll in deiner Hand hältst.

24. Januar

Halten Sie inne und sehen Sie das Schöne

Willst du uns nicht wieder neues Leben schenken, damit dein Volk sich über dich freuen kann? Psalm 85,7 (NGÜ)

„Mach mal Pause!“, forderte Coca-Cola die Menschen in den Fünfzigerjahren auf. Nach Jahren des Wiederaufbaus sollten sie einfach mal durchatmen. Haben Sie das auch schon mal gemacht? Die gesamte Schöpfung lädt Sie dazu ein, nicht länger durchs Leben zu hasten, sondern stattdessen die Schönheit um Sie herum zu bestaunen – die Schönheit, die man so leicht übersieht, wenn man regelrecht vorüberhetzt.

Wenn wir ehrlich sind, geht es uns allen so. Wie oft fahren Sie zur Arbeit, ohne dem wunderschönen Sonnenaufgang Beachtung zu schenken? Nehmen Sie sich im Supermarkt jemals Zeit, einmal innezuhalten und die Reihen mit dem frischen, saftigen, leuchtenden Obst zu bewundern oder die fröhlichen Blumensträuße? Es ist leicht zu sagen: „Mach mal Pause“, doch es ist viel schwieriger, das tatsächlich auch zu tun.

Bemühen Sie sich heute doch immer wieder darum, die Dinge langsamer anzugehen und die Schönheit um Sie herum wahrzunehmen. Es kommt Ihnen vielleicht so vor, als würde Ihnen die nötige Zeit dazu fehlen. Doch Sie werden merken: Wenn Sie die Dinge einfach mal langsamer angehen, und sei es nur für einen Moment, kann Ihnen das eine neue Perspektive eröffnen.

Herr, erinnere mich heute immer wieder daran, die Dinge selbst in meinen geschäftigsten Momenten langsamer anzugehen und die Schönheit um mich herum wahrzunehmen.

25. Januar

Schweigen Sie nicht länger

Wenn du mit vernünftigen Menschen Umgang pflegst, wirst du selbst vernünftig. Sprüche 13,20 (Hfa)

Wie oft erzählt Ihnen jemand davon, dass er gerade Probleme oder Sorgen hat, dass er gerade enttäuscht oder verletzt wurde, und Sie antworten mit: „Ich hatte ja keine Ahnung"? Wenn Sie wie die meisten Menschen sind, geschieht das oft. In unserer Kultur lassen wir uns so oft nicht anmerken, wenn wir Kummer und Sorgen haben – und darin sind wir richtig gut! –, dass niemand von den Kämpfen weiß, die wir auszufechten haben.

Wissen Ihre Freunde und Ihre Familie davon, dass Sie sich nach mehr Ruhe sehnen? Wenn nicht, dann erzählen Sie es ihnen. Wenn Sie weiter schweigen, schaden Sie nur sich selbst. Doch wenn Sie Ihre Freunde wirklich in Ihr Leben hineinlassen, werden diese Ihnen helfen, wirklich mehr zur Ruhe zu kommen!

Scheuen Sie heute nicht davor zurück, andere um Hilfe zu bitten, wenn Sie lernen wollen, innerlich bewusster und tiefer zur Ruhe zu kommen. Sie können das erleben – aber manchmal brauchen Sie vielleicht ein wenig Hilfe von Ihren Freunden.

Herr, bitte erfülle mein Leben mit Menschen, die mir dabei helfen, Ruhe in all der Geschäftigkeit und Freude in all dem Stress zu finden.

26. Januar

Oasen der Ruhe

Der Herr antwortete: „Ich selbst werde dir vorangehen und dich zur Ruhe kommen lassen!" 2. Mose 33,14 (Hfa)

In dieser Situation waren wir sicher alle schon einmal: Sie wollten eine Woche lang kürzertreten, aber dann haben Sie sich doch zu viele Termine aufgehalst. Ob Sie sich zu viel Arbeit aufgebürdet, zu viele gesellschaftliche Verpflichtungen eingeplant oder zu oft Ja gesagt haben, wenn Sie hätten Nein sagen sollen – wir alle kennen das.

Manchmal muss man so eine übervolle Woche einfach hinter sich bringen. Selbst wenn Ihre Verpflichtungen in Stein gemeißelt sind, werden Sie hier und dort immer noch Augenblicke finden, in denen Sie zur Ruhe kommen können. Lernen Sie, Ihren Geist und Ihren Körper zu entspannen, wann immer Sie sich eine kurze Auszeit nehmen, um zu Mittag zu essen, zu duschen oder zu Ihrem nächsten Termin zu fahren. Machen Sie im Auto lange, tiefe Atemzüge. Spülen Sie mit dem Wasser in Ihrer Dusche auch die Anspannung weg. Danken Sie für Ihr Essen, und nehmen Sie sich ein paar Minuten, um beim Mittagessen einfach nur in Ruhe dazusitzen. Nein, wahrscheinlich werden Sie sich nicht so erholt fühlen wie nach einem zweistündigen Nickerchen oder einem Wellnesstag, doch diese kleinen Momente der Ruhe werden Sie erfrischen. Wo immer und wann immer Sie können: Versuchen Sie, heute innerlich zur Ruhe zu kommen.

Wenn ich die Aufgaben betrachte, die ich heute erledigen muss, fühle ich mich jetzt schon überwältigt, Herr. Schenke mir bitte immer wieder Oasen der Ruhe, in denen ich mich erfrischen kann, und hilf mir, sie gut zu nutzen.

27. Januar

Zur Sabbatruhe aufgerufen

„... in sechs Tagen habe ich, der Herr, den Himmel und die Erde geschaffen. Doch am siebten Tag habe ich mich ausgeruht und keine Arbeit getan." 2. Mose 31,17 (Hfa)

Gott trennte das Licht von der Finsternis, formte gewaltige Berggipfel und füllte Täler mit Wildblumen. Er erschuf Kängurus und junge Hunde, Haie und Giraffen, und er warf Sterne an den

Himmel, als seien sie Konfetti. Er formte den Menschen aus Erde und hauchte ihm Leben ein. Dann sah er sich diese großartige riesige Welt an und fand, dass sie so gut war.

Am siebten Tag erschuf er nichts, er optimierte nichts und ersann auch keine neuen Ideen. Nein, Gott ruhte sich aus. Er legte eine Pause ein – eine wohlverdiente Pause – und hörte auf, irgendwelche Dinge zu tun.

Haben Sie vor, heute eine Pause einzulegen? Es gibt da natürlich diese nie endende Liste all dessen, was erledigt werden sollte, bevor eine neue Woche beginnt. Aber nehmen Sie sich heute einfach einmal die Freiheit, sich auszuruhen. Schauen Sie sich an, was Sie alles geschafft haben, und sagen Sie: „Es ist gut" – selbst wenn noch manches unerledigt geblieben ist. Gott hat Ihnen den Sonntag gegeben, damit Sie innerlich und äußerlich zur Ruhe kommen können. Nehmen Sie sein Geschenk an.

Vater, es fällt mir so viel leichter, immer weiterzumachen. Bitte hilf mir, meine Aufgaben langsamer anzugehen und mir auch einmal Zeit zum Ausruhen zu nehmen.

28. Januar

Dienstpausen

Sie setzten ihre Reise fort und kamen in ein Dorf, wo eine Frau mit dem Namen Marta sie gastfreundlich in ihrem Haus aufnahm. Ihre Schwester Maria setzte sich von Anfang an in die Nähe Jesu und ließ sich keines seiner Worte entgehen.

Lukas 10,38–39 (WD)

Gott möchte, dass wir anderen dienen. Alten Menschen Essen zu bringen, in der Sonntagsschule mitzuarbeiten, den Gottesdienst zu leiten oder sich in einer Tafel zu engagieren – das sind gute Aufgaben. Ihr Dienst ist wichtig, doch wenn Ihnen Ihr Einsatz irgendwie wie Routine vorkommt und keine Freude mehr macht, könnte es an der Zeit sein, Ihren Dienst zu überdenken.

Wenn Sie so sehr damit beschäftigt sind, anderen zu dienen, dass Sie keine Zeit mehr für Ihre persönliche Beziehung zu Gott haben, oder wenn allein der Blick in Ihren Terminkalender Sie erschöpft, sollten Sie vielleicht kürzertreten. Das bedeutet nicht, dass Sie gar nicht mehr dienen sollen; Sie sollten sich Ihre Zeit nur weise einteilen.

Gott versteht, dass Sie Ruhe benötigen. Ja, er gebraucht Sie in Ihrem Dienst, doch er gebraucht Sie auch in Ihren Zeiten der Ruhe, wenn er Ihnen neue Kraft schenkt und Ihnen alles gibt, was Sie brauchen, um ihm noch besser zu dienen. Es ist in Ordnung, eine Pause einzulegen. Bitten Sie Gott, Ihnen zu zeigen, wie Sie wirklich innerlich zur Ruhe kommen können – und dann lassen Sie sich darauf ein.

Herr, lehre mich, ein Leben zu führen, in dem sowohl das Dienen als auch Ruhen ihren Platz haben.

29. Januar

Ziehen Sie den Stecker

Der Herr schenkt seinem Volk Kraft. Der Herr segnet sein Volk mit Frieden. Psalm 29,11 (NGÜ)

Wir sind gern online. Wir wissen gern, wo unsere Kinder gerade sind, was unsere Freunde unternehmen und welche neuen Nachrichten es gerade gibt. Und alle diese Informationen sind mit einem einzigen Mausklick oder einer einzigen Berührung eines Displays verfügbar.

Doch online zu sein kann auch zur Obsession werden. Werden Sie panisch, wenn Sie Ihr Smartphone nicht greifbar haben? Surfen Sie ständig zu Twitter, Instagram oder Facebook, um zu sehen, ob es irgendetwas Neues gibt? Lesen Sie die Headlines der Nachrichten häufiger als Ihre Bibel? Man gerät so leicht in die Online-Falle.

Um Ruhe zu finden – die Art von Ruhe, die Körper, Geist und Seele erfrischt –, müssen Sie wahrscheinlich den Stecker ziehen.

Schalten Sie Ihr Handy aus. Legen Sie Ihr Tablet zur Seite, und sehen Sie stattdessen in die Augen Ihrer Familie. Lauschen Sie auf den Wind in den Bäumen, und lachen Sie über einen albernen Witz. Es ist schwer, den Stecker zu ziehen, doch es tut so gut. Und wenn Sie es erst einmal probiert haben, möchten Sie vielleicht gar nicht mehr online gehen.

Herr, hilf mir, in deiner Gegenwart Ruhe und Erfrischung zu finden und nicht im Lärm und der Geschäftigkeit der Datennetze danach zu suchen.

30. Januar

Füllen Sie Ihren inneren Tank wieder auf

Achte auf den, der aufrichtig und ehrlich ist, denn dieser Mensch hat eine Zukunft in Frieden. Psalm 37,37 (NGÜ)

Selbst wenn Sie einen ganzen Tag allein verbringen, kann es sein, dass Sie sich am Ende des Tages müder fühlen als am Morgen. Warum? Weil Sie nicht wirklich geruht haben.

Ruhen bedeutet nicht unbedingt, dass man nur auf dem Sofa herumlümmelt, Filme anschaut und Pizza isst. Auch wenn das einigen Ruhe verschafft, brauchen andere eine ganz andere Form der Erholung. Sie tanken wieder auf, wenn sie etwas unternehmen oder Zeit mit Freunden verbringen. Was genau dabei hilft, innerlich herunterzufahren und den eigenen Tank wiederaufzufüllen, hängt nur von einer einzigen Person ab: von Ihnen!

Für manche bedeutet ausruhen, keinen Wecker zu stellen und bis 11 Uhr auszuschlafen, während andere besser innerlich zur Ruhe kommen, wenn sie früh aufstehen und sich den Sonnenaufgang anschauen. Denken Sie einmal darüber nach, wobei Sie sich am lebendigsten fühlen – und tun Sie dann genau das. Denn wenn Sie nicht den Dingen auf die Spur kommen, die Ihnen dabei helfen, innerlich zur Ruhe zu kommen und aufzutanken, werden Sie sich auch am Ende eines Tages noch erschöpft fühlen und unzufrieden sein. Sie werden sich nach einem weiteren Tag der Ruhe sehnen und nach noch einem und noch einem. Wandern, angeln, backen oder schlafen Sie, oder gehen Sie in die Bibliothek – was immer es ist, das Ihnen hilft, innerlich herunterzufahren, machen Sie es!

Herr, ich sehne mich nach Ruhe, doch ich merke auch, dass ich so viele Gelegenheiten verschwende. Hilf mir dabei, die „Aktivitäten" zu finden, die mir dabei helfen, innerlich zur Ruhe zu kommen.

31. Januar

Konsumdiät

Hängt euer Herz nicht ans Geld und begnügt euch mit dem, was ihr habt. Denn Gott hat gesagt: „Ich werde dich nie verlassen und dich nicht im Stich lassen." Hebräer 13,5 (NL)

Falls Sie zu denen gehören, die damit kämpfen, immer neue Dinge kaufen zu „müssen", dann stehen Sie damit nicht allein da. Konsumzwang ist für viele ein echtes Problem. Werbeanzeigen, die bunten Bilder in den sozialen Netzwerken und einfach das Leben selbst wecken ständig den Wunsch nach mehr.

Da die Feiertage vorüber sind und schon etwas Zeit vergangen ist, seit Sie die Weihnachtsgeschenke ausgepackt haben, verspüren Sie vielleicht den Drang, einkaufen zu gehen. Wenn Sie Werbung sehen oder Blitzangebote oder einen großen Preisnachlass, würden Sie am liebsten gleich nach Ihrer Kreditkarte greifen oder den Geldbeutel öffnen. Aber denken Sie zuerst nach: Wie wäre es, wenn Sie auch in dieser Hinsicht ausruhen und eine „Konsumdiät" machen?

Das kann bei jedem anders aussehen, aber hier sind ein paar Tipps: Kaufen Sie nichts außer dem, was Sie in den nächsten zwei Wochen am dringendsten benötigen. Meiden Sie die sozialen Netzwerke und andere Orte, an denen es viel Werbung gibt. Bitten Sie Ihre Freunde, Sie immer wieder an dieses Vorhaben zu erinnern und Sie zur Rechenschaft zu ziehen. Es ist nicht schlimm, wenn man gern einkauft, aber wenn Sie das Gefühl haben, dass Sie die Kontrolle verloren haben, stiehlt die Neuerwerbung nicht nur Ihr Geld, sondern auch Ihre Zufriedenheit. Verlieren Sie aber nicht die Hoffnung. Wenn Sie mit Jesus unterwegs sind, können Sie alles überwinden. Und ohne den Götzen namens Kaufzwang wird Ihr Leben ruhiger werden.

Herr, ich habe erkannt, dass ich deshalb so gern neue Dinge kaufe, weil ich insgeheim neidisch auf andere bin. Bitte erfülle mich stattdessen mit Zufriedenheit.

Februar

Der Herr antwortete: „Ich selbst werde dir vorangehen und dich zur Ruhe kommen lassen!“

2. Mose 33,14 (Hfa)

1. Februar

Die Quelle der Freude

Darum habt ihr allen Grund zur Freude, ja, der Gott aller Hoffnung möge euch noch viel mehr mit ihr erfüllen und euch seinen Frieden schenken. Es ist euer Glaube, der euch durch die Kraft des Heiligen Geistes eine unermesslich große Hoffnung schenkt. Römer 15,13 (WD)

Freude ist ansteckend, nicht wahr? Es fühlt sich gut an, mit Menschen zusammen zu sein, die Freude ausstrahlen. Und oft ist es ja auch so, dass Menschen, die diese tiefsitzende innere Freude besitzen, gleichzeitig auch Ruhe ausstrahlen und unerschütterlich auf Gott vertrauen. Wahre Freude hängt nicht von Umständen, Persönlichkeit oder Temperament ab. Jeder kann diese tiefe innere Freude erfahren.

Wenn Sie diese Art von Freude besitzen, stehen Sie über den Umständen. Ja, Sie stecken vielleicht in einer schwierigen Beziehung oder haben einen geliebten Menschen verloren. Sie sind unglücklich mit Ihrem Job, Ihr Konto ist in den roten Zahlen, aber alle diese Dinge haben keinen Einfluss darauf, ob Sie mit Freude erfüllt sind. Wahre, bleibende Freude finden Sie nur bei Gott.

Wenn Sie mit dieser Art von Freude erfüllt sind, wissen Sie, dass für Gott nichts zu schwierig ist. Er ist an Ihrer Seite. Er will Ihnen helfen, wenn Sie Hilfe brauchen. Er wird Sie nie verlassen oder im Stich lassen. Wahre Freude ist etwas anderes als ein breites, bemühtes Lächeln oder andauerndes Gelächter. Wahre Freude finden wir dann, wenn wir fest darauf vertrauen, dass Gott mächtiger ist als jede Herausforderung. Zapfen Sie Gottes Freudenquelle an und kommen Sie innerlich zur Ruhe.

Vater, ich sehne mich nach dieser Art von Freude – die Freude, die nur du mir schenken kannst. Hilf mir, über meinen Kämpfen zu stehen und wahre Freude zu finden.

2. Februar

Keine Angst vor der Zukunft

„Macht euch keine Sorgen um den nächsten Tag!"

Matthäus 6,34 (NGÜ)

Gott kennt die Zukunft. Er weiß, wie lange Sie leben werden, wen Sie lieben werden, er weiß von jedem Erfolg und jedem Versagen. Er ist auf komplexe Weise an jedem einzelnen Moment Ihres Lebens beteiligt, und alle diese Momente fügt er zu seiner Ehre zusammen. Aber auch wenn Sie sich dessen bewusst sind und ihm vertrauen, kann die Zukunft immer noch beängstigend sein.

Das liegt daran, dass die Zukunft aus menschlicher Sicht ungewiss ist. Niemand weiß, wann sein Leben endet, ob der geliebte Mensch den Krebs überleben oder das eigene Kind gute Entscheidungen treffen wird. Niemand kann voraussagen, wie sich der Arbeitsmarkt oder der Aktienmarkt entwickeln oder wann sich Naturkatastrophen oder Tragödien ereignen.

Nein, Sie kennen die Zukunft nicht, doch der Eine, der Sie sein geliebtes Kind nennt, schon. Der Eine, der Ihnen Ihre Ängste nimmt und Ihre Tränen wegwischt, weiß, was in der Zukunft auf Sie zukommt. Kommen Sie innerlich zur Ruhe, und lassen Sie sich von dem Wissen trösten, dass der Eine, der die Zukunft in Händen hat, auch Sie liebevoll umschlungen hält.

Vater, ich habe oft Angst vor der Zukunft. Erinnere mich daran, dass du die Zukunft – und auch mich – in deinen liebenden Händen hältst.

3. Februar

Zufrieden mit den eigenen vier Wänden

Der geringe Besitz eines Menschen, der nach Gottes Willen lebt, hat größeren Wert als der Reichtum von vielen Gottlosen. Psalm 37,16 (NGÜ)

Fällt es Ihnen schwer, mit Ihrem Zuhause zufrieden zu sein? Egal, ob wir in einer WG wohnen, in einem Haus mit drei Kindern oder als Single einer Hochhauswohnung: Das Zuhause ist der Ort, an den wir uns zurückziehen und uns nachts zur Ruhe betten. Und manchmal ist es auch der Ort, an dem wir am meisten auszusetzen haben.

Vielleicht sind Ihre Möbel noch in Ordnung, doch das neue Ledersofa Ihrer Nachbarin lässt Ihres plötzlich schäbig aussehen. Es macht Ihnen nichts aus, sich in eine Mietwohnung mit nur einem Schlafzimmer zu quetschen, bis Ihre Schwester sich ein Haus mit zwei Schlafzimmern und einem Gästezimmer zulegt. In Ihrer veralteten Küche bereiten Sie wunderbare Mahlzeiten zu, aber wenn Sie die modernen Geräte Ihrer Kollegin sehen, scheint das nicht mehr zu genügen.

Zufriedenheit ist eine schwierige Sache. Selbst als sie im Garten Eden lebten, wollten Adam und Eva mehr. Und seither hat sich die Welt nicht zum Besseren entwickelt. Nein, Ihr Zuhause wird niemals perfekt sein, und das ist in Ordnung. Lernen Sie, mit Ihrem Zuhause zufrieden zu sein – trotz seiner Mängel –, dann werden Sie merken, dass Ihre Nachtruhe am Ende des Tages viel erholsamer sein wird.

Jesus, hilf mir, dass ich nicht ständig auf das schaue, was mir fehlt. Ich will für das Zuhause dankbar sein, in dem ich lebe.

4. Februar

Geben Sie sich die Erlaubnis, sich auszuruhen

In Frieden kann ich mich nun hinlegen und schlafen. Denn du, Herr, gibst mir einen Ort, an dem ich unbehelligt und sicher wohnen kann. Psalm 4,9 (NGÜ)

Der Mensch, der zwischen Ihnen und einer Auszeit steht, ist oftmals jemand, den Sie wirklich gut kennen: Sie selbst. Trifft das vielleicht auf Sie zu? Der Gedanke an Ruhe, daran, eine Pause einzulegen oder ein Nickerchen zu machen – das alles kann Schuld- oder Schamgefühle verursachen. Vielleicht vergleichen Sie sich unbewusst mit denen, die arbeiten und arbeiten und keine Ruhe zu benötigen scheinen. Oder vielleicht fühlen Sie sich schuldig, weil Sie merken, dass Sie an Ihre Grenzen stoßen.

Wollen Sie etwas Ermutigendes hören? Als Gott die Welt erschuf, plante er einen vollen Tag dafür ein, sich auszuruhen. Der Gott, der Sterne an den Himmel warf und Wasser in die Meere schüttete, nahm sich auch Zeit dafür, innezuhalten und sich über das zu freuen, was er gemacht hatte.

Und wenn Gott, der Schöpfer aller Dinge, sich ausgeruht hat, dann können auch Sie sich Ruhe gönnen. Das bedeutet nämlich nicht, dass Sie schwach sind. Es bedeutet, dass Sie auf Ihren Körper hören und Ihre Grenzen kennen – und Sie tun dann eines der besten Dinge, die Sie tun können: ausruhen.

Herr, wenn ich mich schuldig fühle, weil ich Ruhe brauche, erinnere mich daran, dass du ebenfalls willst, dass ich mich regelmäßig ausruhe.

5. Februar

Seien Sie mit sich selbst zufrieden

Komm wieder zur Ruhe, meine Seele, denn der Herr hat dir Gutes erwiesen. Psalm 116,7 (NGÜ)

Es gibt eine Vielzahl von Produkten, Methoden, Büchern und Seminaren, die versprechen, Sie besser zu machen – schöner, jünger, zuversichtlicher, finanziell stabiler. Angesichts all der Botschaften, mit denen wir da bombardiert werden, kann es leicht passieren, dass wir unzufrieden mit uns selbst werden.

An manchen Tagen müssen Sie sich einfach bewusst vor Augen führen, dass Sie ein Kind Gottes sind. Er gab Ihnen Eigenarten, Begabungen und eine einmalige Persönlichkeit mit auf den Weg. Sie sind auf einzigartige Weise Sie selbst. Es ist gut und wichtig, auf Ziele hinzuarbeiten und sein Bestes zu geben, doch es ist auch wichtig, sich daran zu erinnern, dass es genügt, man selbst zu sein.

Wenn Sie heute in den Spiegel schauen oder merken, dass Sie sich mit jemand anderem vergleichen oder sich wünschen, jemand anderes zu sein, dann nehmen Sie sich einen Moment

Zeit, und sagen Sie Folgendes zu sich: *Ich bin genug.* Gott liebt Sie, weil Sie Sie selbst sind. Sie müssen nicht zu jemand anderem werden, damit Gott Sie liebt. Erinnern Sie sich daran, dass Sie genug sind, und kommen Sie heute in dieser Wahrheit innerlich zur Ruhe.

Herr, hilf mir, mir heute bewusst zu machen, dass du mich einfach schon deshalb liebst, weil ich dein Kind bin.

6. Februar
Ruhe mitten in der Woche

„So spricht der Herr zu seinem Volk: ‚Stellt euch an die Straßen und schaut euch um! Erkundigt euch, welchen Weg eure Vorfahren gegangen sind! Fragt nach dem richtigen Weg, und dann beschreitet ihn. So findet ihr Ruhe für euer Leben.'" Jeremia 6,16 (Hfa)

In der Mitte der Woche ist das Wochenende im Grunde schon fast wieder erreicht – aber oft ist das auch die geschäftigste Zeit. Ihre Arbeit ist anspruchsvoll und herausfordernd, jeder scheint um Ihre Aufmerksamkeit zu buhlen, und irgendwie ist auch keine Atempause in Sicht. Innerlich zur Ruhe zu kommen ist schwierig, aber nicht unmöglich.

Wie wäre es, wenn Sie einmal Folgendes ausprobieren: Denken Sie nicht: *Es ist* erst *Mittwoch*, sondern gratulieren Sie sich selbst dazu, dass Sie es schon bis zur Wochenmitte geschafft haben. Sich auszuruhen bedeutet nicht unbedingt, dass man ein Nickerchen macht und mal einen faulen Tag einlegt; es kann auch eine spontane Feier sein. Wie könnte das Fest in der Wochenmitte aussehen? Sie könnten zum Beispiel einmal darauf verzichten, sich abends etwas zu kochen, sondern einfach einmal Pizza bestellen oder zu Ihrem Lieblingsschnellimbiss fahren. Oder Sie stehen ein kleines bisschen früher auf und besorgen sich beim Bäcker noch ein Gebäckstück. Springen Sie morgens nicht „mal schnell" in die Dusche, sondern nehmen Sie ein gemütliches Bad. Drücken Sie ein zweites Mal auf die Schlummertaste Ihres Weckers, oder verzichten Sie auf die abendliche Gymnastik, um es sich stattdessen mit einem Buch im Bett gemütlich zu machen.

Mitten in der Woche eine Oase der Ruhe zu finden ist nicht unmöglich. Erlauben Sie sich doch heute einmal zu feiern.

Herr, ich möchte heute feiern, auch wenn ich dadurch nur eine kleine Oase der Ruhe erschaffe. Hilf mir dabei, heute innerlich zur Ruhe zu kommen.

7. Februar

Keine Angst vor Zurückweisung

Das Größte, was man uns Menschen je sagen konnte, ist, dass es keine Verdammnis mehr für die gibt, die zu Jesus Christus gehören. Denn das Gesetz des Heiligen Geistes und des Lebens, das gänzlich mit Jesus verbunden ist, hat uns von diesem todbringenden Gesetz der Sünde befreit. Römer 8,1–2 (WD)

Wir alle wollen geliebt und bewundert werden. Wir wollen, dass man uns zujubelt, wenn uns etwas gelingt. Wir sehnen uns nach Freunden und Beziehungen und dass uns andere wohlgesonnen sind. Wir wollen aber *nicht* abgelehnt werden.

Doch weil wir alle fehlerhafte Menschen sind, werden wir zwangsläufig hin und wieder mit Zurückweisung konfrontiert werden. Vielleicht schlägt Ihr Chef Sie nicht für die Beförderung vor; eine Freundschaft zerbricht; Sie werden von anderen ausgeschlossen und sind unerwünscht. Wir alle bekommen es von Zeit zu Zeit mit Ablehnung und Zurückweisung zu tun, und das schmerzt. Sie fragen sich vielleicht, ob Sie sich weiter um diese Person oder Sache bemühen oder das Leben seinen Gang nehmen lassen sollen. Die Angst vor Zurückweisung ist nur allzu real.

Ist die Angst vor Zurückweisung und Ablehnung ein Thema, das Sie gerade beschäftigt? Wenn ja, lassen Sie sich von dieser Aussage von Jesus trösten: „Wer sich an den Sohn Gottes hält, wird nicht verurteilt" (Johannes 3,18; GN). Gott wird Sie nicht zurückweisen; er ist ein sicherer Ruheort.

Vater, wenn mich jemand ablehnt oder zurückweist, möchte ich mich am liebsten verkriechen. Danke, dass du mich niemals zurückweisen wirst.

8. Februar

Ziehen Sie Ruhe der Geschäftigkeit vor

Er allein ist mein Fels und meine Rettung, ja, er ist meine sichere Festung. Dank seiner Hilfe werde ich nicht zu Fall kommen. Psalm 62,3 (NGÜ)

Unsere Gesellschaft bewertet es meist positiv, wenn jemand viel um die Ohren hat – Geschäftigkeit ist für viele sogar eine Art Leistung. Wenn Sie nicht zu viel zu tun haben, haben andere vielleicht sogar Zweifel daran, dass Sie richtig arbeiten.

Wie kann man sich in einer Welt, in der Stress positiv bewertet wird, eine Oase der Ruhe schaffen? Es ist wirklich ganz einfach, denn es geht nur um eine Entscheidung: Sie können sich dafür entscheiden, Ja oder Nein zu sagen. Und es sind all diese Jas und Neins, die Ihr Leben ausmachen. Auch wenn der Gedanke Sie erschrecken mag, dass Sie allein die Entscheidung in der Hand haben: Sie dürfen sicher sein, dass Gott Ihnen bei der Entscheidung helfen will, wann Sie mehr in Ihr Leben lassen können und wann Sie etwas ablehnen sollten.

Bevor Sie zu einer Sache Ja sagen, sollten Sie sich fragen, ob

Sie die Zeit und Energie haben, um sie in Ihren Terminplan aufzunehmen. Wenn nicht, dann ist es in Ordnung, Nein zu sagen. „Nein" muss nicht „niemals" heißen; es kann auch „nicht jetzt" bedeuten.

Seien Sie mutig. Sagen Sie Ja, wenn Sie können, und Nein, wenn Sie müssen. Dann werden Sie auch in einer Gesellschaft, in der alle stolz darauf sind, so viel zu tun zu haben, innerlich zur Ruhe kommen können.

Ich habe Schwierigkeiten damit, Nein zu sagen, Vater. Zeig mir, wie ich in diesen geschäftigen Zeiten Ruhe finden kann.

9. Februar

Zeit für die Familie

Gott, richte uns wieder auf! Wende uns dein Angesicht freundlich zu, damit wir gerettet werden! Psalm 80,4 (NGÜ)

Wie oft finden Sie Zeit für Ihre Familie? Ob Sie Single sind, fünf Kinder haben oder zehn Enkel: Zeit mit der Familie zu verbringen ist wichtig. Es mag Zeiten geben, in denen es Ihnen so vorkommt, als hätten Sie seit einem Monat kaum Zeit mit Ihrem Partner verbracht oder Ihre Eltern nur selten angerufen. Oder vielleicht hetzen Sie zwar den ganzen Tag von A nach B, pendeln zwischen eigenen Aktivitäten und Fahrgemeinschaften für die Kinder, wissen aber immer noch nicht wirklich, wie es ihnen geht.

Wenn die eigenen Terminpläne überfüllt sind und man viele Verpflichtungen hat, kann es knifflig sein, Zeit für die Familie zu finden. Nehmen Sie sich heute ein paar Minuten, um es langsamer anzugehen und mit nur einem Familienmitglied bewusst Zeit zu verbringen. Lesen Sie Ihrem Kind ein Buch mehr vor, oder rufen Sie Ihren Vater an. Unterhalten Sie sich am späten Abend mit Ihrem Ehemann, überraschen Sie Ihre Tochter mit einem Mittagessen oder Ihre Mutter mit einer Tasse Kaffee zwischendurch.

Wenn Sie Zeit für Ihre Familie finden – und seien es auch nur ein paar Minuten –, werden Sie den Tag zufriedener und ruhiger beenden und sich den Menschen in Ihrem Leben verbundener fühlen.

Ich sehne mich danach, Zeit mit meiner Familie zu verbringen, Herr. Zeige mir kreative Wege auf, wie mir das gelingen kann.

10. Februar

Nehmen Sie sich eine Auszeit

Wer unter dem Schutz des Höchsten wohnt, darf bleiben im Schatten des Allmächtigen. Psalm 91,1 (NGÜ)

Das Wort „Auszeit“ klingt gut, oder? Wenn man es hört, denkt man sofort an einen weiten blauen Himmel über sich, an Berge oder Seen, frische Luft und gemütliche Hütten. Sich zurückziehen, das hört sich so entspannend und verlockend an – doch eine ganze Woche oder auch nur ein ganzes Wochenende zu finden, an dem Sie verreisen können, kommt Ihnen gerade völlig unmöglich vor.

Schließen Sie einen Moment lang die Augen, und denken Sie an die Aktivität, bei der Sie am besten entspannen können. An einem weißen Sandstrand zu sitzen, in einem kristallklaren See zu schwimmen, unter sanft raschelnden Bäumen spazieren zu gehen oder auf einer geschützten Veranda zu sitzen – wie fühlen Sie sich, wenn Sie an diese Orte denken? Ruhig und zufrieden? Entspannt und friedlich?

Tun Sie heute ein paar Minuten lang so, als wären Sie dort. Atmen Sie langsam und tief. Entspannen Sie Ihre Schultern und lösen Sie Ihre Fäuste. Seien Sie dankbar für diese wenigen Momente, in denen Sie dasitzen und Ihre Gedanken ordnen können. Vielleicht können Sie keine einwöchige Auszeit nehmen, doch auch die kleinen Anstrengungen, die Sie unternehmen, um innerlich zur Ruhe kommen, werden Früchte bringen.

Danke, Herr, für diese Augenblicke, in denen du mich daran erinnerst, dass ich mich von Zeit zu Zeit einmal ausruhen soll.

11. Februar

Legen Sie Ihre Lasten ab

„Nehmt mein Joch auf euch und lernt von mir, denn ich bin gütig und von Herzen demütig. So werdet ihr Ruhe finden für eure Seele." Matthäus 11,29 (NGÜ)

Sind Sie erschöpft, entmutigt, gestresst oder verängstigt? Weckt die Geschäftigkeit der vor Ihnen liegenden Woche bei Ihnen Ärger und nicht freudige Erwartung? Wenden Sie sich mit diesen Gefühlen an Gott. Er nimmt Sie mit all Ihren Gefühlen an – mit Ihrer Erschöpfung, Ihrem Schmerz, Ihrer Frustration und Ihrer Sünde. Er wünscht sich zu hören, wie Sie seinen Namen rufen und ihn um Hilfe bitten – und er wird herbeieilen, um Sie zu retten.

Warten Sie nicht einen Moment lang damit, zu dem Einen zu kommen, der sein Leben für Sie gab. Bitten Sie ihn, Sie von Ihren Lasten zu befreien. Jesus hat versprochen, dass er den Seinen Ruhe schenken will – nicht nur eine Minute oder eine Stunde lang; er will uns eine umfassende und niemals endende Ruhe geben.

Jesus sagt nicht: „Komm zu mir, wenn du alles im Griff hast." Er sagt einfach nur: „Komm zu mir." Geben Sie Ihre Lasten an ihn ab. Lassen Sie sich von ihm stattdessen mit Liebe, Freude, Friede und Ruhe beschenken.

Ich kann das nicht mehr allein, Herr, und ich bitte dich um Hilfe. Rette mich und schenke mir deine Ruhe.

12. Februar

Machen Sie es jetzt

Herr, unser Gott, sei freundlich zu uns! Lass unsere Arbeit nicht vergeblich sein! Ja, Herr, lass gelingen, was wir tun!

Psalm 90,17 (GN)

Ich mache das später. Wie oft sagen wir diese Worte! Abnehmen, den Lebenslauf auf den neuesten Stand bringen, eine E-Mail schreiben, die eigene Mutter anrufen – das sind Dinge, die wir tun wollen, doch die Geschäftigkeit des Lebens kommt uns immer wieder dazwischen. Wie wäre es, wenn Sie diese Dinge nicht länger ständig vor sich herschieben, sondern sie einfach jetzt gleich machen?

Die Unzufriedenheit, die Sie empfinden, wenn Sie in den Spiegel schauen, die Schuldgefühle, wenn Sie einer weiteren Sprachnachricht von Ihrer Mutter lauschen – das alles könnte der Vergangenheit angehören, wenn Sie sich jetzt um diese Dinge kümmern. Auf unterschiedliche Weise spart es tatsächlich Zeit, wenn Sie sich gleich um diese Aufgaben kümmern, denn es schafft Platz in Ihrem Denken und Ihrem Leben. Sie werden sich auch nicht länger schuldig, traurig oder überfordert fühlen.

Und am wichtigsten ist: Sie werden Gelegenheit für Pausen und Ruhe finden.

Gibt es etwas, das Sie noch machen müssen? Fangen Sie noch heute damit an – und Sie werden merken, dass sowohl Ihre Gedanken als auch Ihr Körper leichter zur Ruhe kommen werden.

Gott, ich schiebe so oft wichtige Dinge vor mir her. Bitte hilf mir, Selbstdisziplin zu entwickeln, damit ich mich auch wirklich um diese Dinge kümmere.

13. Februar
Ruhen Sie sich körperlich aus

Selbst junge Menschen ermüden und werden kraftlos, starke Männer stolpern und brechen zusammen. Aber alle, die ihre Hoffnung auf den Herrn setzen, bekommen neue Kraft. Jesaja 40,30–31 (Hfa)

Wie fühlen Sie sich heute körperlich? Erschöpft? Angegriffen? Ist Müdigkeit Ihr ständiger Begleiter? Fallen Sie am Ende des Tages wie tot ins Bett? Dann brauchen Sie Ruhe, und zwar sofort.

Hören Sie auf Ihren Körper. Wenn Sie sich ausruhen, ist das kein Zeichen von Schwäche. Tatsächlich ist es sogar das Beste, das Sie für Ihren Körper tun können, wenn Sie auf Anzeichen achten, dass er Ruhe braucht, und dann auch gleich handeln. Wenn Sie sehr erschöpft sind, ist es Zeit kürzerzutreten.

Ziehen Sie sich täglich an einen ruhigen Ort zurück, an dem Sie allein sind. Das mag in den frühen Morgenstunden möglich sein, wenn Sie sich mit einer Tasse Kaffee in Ihren Lieblingssessel zurückziehen, oder vielleicht spät am Abend, wenn alle anderen schon im Bett sind. Anstatt Ihrem Kalender noch ein weiteres Ereignis hinzuzufügen, fügen Sie Ruhe hinzu. Das kann auch bedeuten, dass Sie Nein sagen müssen – sogar zu manchen guten Dingen –, doch Sie werden zu den übrigen Dingen Ja sagen können. Sitzen Sie einfach nur ruhig in der Stille. Lassen Sie die Sorgen des Tages von Ihren Schultern gleiten, und erlauben Sie Ihrem Körper und Ihrem Geist, in Gottes Gegenwart zur Ruhe zu kommen.

Vater, hilf mir, mich daran zu erinnern, diese Zeiten der Stille mit dir zu nutzen.

14. Februar

Kommen Sie in Gottes unerschöpflicher Liebe zur Ruhe

Dankt dem Herrn, denn er ist freundlich, ja, ewig währt seine Güte. Psalm 136,1 (NGÜ)

Der Februar ist bekannt für einen ganz besonderen Tag der Liebe: den Valentinstag. Es mag in diesem Monat noch andere bemerkenswerte Tage geben, aber wenn Sie jemanden fragen, was im Februar stattfindet, dann wird der Betreffende diesen „Feiertag" mit Blumen und Pralinen erwähnen.

Wenn Sie an den Valentinstag denken, welche Gefühle steigen da in Ihnen auf? Liebe, Freude und Begeisterung? Oder Verlangen, Kummer, Besorgnis und Angst vor Zurückweisung? Alle diese Gefühle können mit diesem Tag verbunden sein, an dem es um die romantische Liebe geht. Es ist ein Tag, den die einen feiern und die anderen verachten. Er bewirkt bei den einen, dass sie sich wertgeschätzt fühlen, und bei den anderen, dass sie sich ungeliebt fühlen.

Richten Sie Ihren Blick in diesem Jahr einmal nicht auf die romantische Seite des Valentinstags, sondern auf Gott. Er ist der Einzige, der wirklich Ihr Verlangen nach Liebe stillen kann. Er ist der Einzige, der Sie niemals enttäuschen wird, und seine Liebe ist allumfassend und bedingungslos. Machen Sie sich wieder neu bewusst, dass Gott Sie liebt – dieser Gedanke wird Ihnen dabei helfen, innerlich zur Ruhe zu kommen. Das ist besser als jeder Blumenstrauß!

Herr, bitte hilf mir, das erstaunliche Geschenk deiner unerschöpflichen Liebe niemals aus den Augen zu verlieren.

15. Februar

Haben Sie keine Angst davor zu versagen

Herr, wende auch jetzt unser Geschick zum Guten, so wie du die ausgetrockneten Bäche im Südland wieder mit Wasser füllst! Psalm 126,4 (NGÜ)

Niemand macht gern Fehler. Aber irgendwann in unserem Leben passieren uns allen welche. Vielleicht haben Sie Ihre Kinder heute schon dreimal angeschnauzt, oder Sie haben eine wichtige Besprechung vergessen und sich gar nicht darauf vorbereitet. Vielleicht haben Sie jemandes Geheimnis ausgeplaudert, bei einer Prüfung schlecht abgeschnitten oder den Geburtstag Ihrer Mutter vergessen.

Manchmal haben wir solche Angst davor zu versagen, dass wir versuchen, bis ins Kleinste die Kontrolle über alles zu erlangen. Wir glauben, vollständige Kontrolle wäre der Schlüssel dazu, Fehler zu vermeiden. Doch das ist eine Illusion, denn wir können niemals wirklich alles unter Kontrolle haben.

Tatsache ist, dass Sie Fehler machen *werden*. Sie werden versagen und sich irren. Wenn das passiert, müssen Sie nur eines tun: Entschuldigen Sie sich, vergeben Sie sich selbst und machen Sie dann weiter. Strampeln Sie sich nicht ab, um alles unter Kontrolle zu bekommen. Vertrauen Sie stattdessen darauf, dass Gott Ihre Schritte lenken will. Bleiben Sie den Tag über mit ihm im Gespräch. Und schauen Sie zu, wie er Sie mit seiner Gnade überschüttet und Ihren Irrtum wegwäscht, wenn Sie einen Fehler machen. Lassen Sie die Versagensängste nicht über Ihr Leben herrschen.

An jedem Tag vermassele ich etwas, Vater. Schenke mir deine Gnade, und erinnere mich daran, dass du alles in deiner liebenden Hand hältst.

16. Februar

Stoppen Sie die Informationsflut

... versöhn dich wieder mit Gott, schließ mit ihm Frieden ... Hiob 22,21 (Hfa)

Wir leben in einer von Informationen übersättigten Welt. Wir müssen nur etwas in das Suchfeld unseres Browsers schreiben, und schon stehen uns eine Unmenge an Informationen zur Verfügung. Wenn Sie sich fragen, wovon sich ein Koalabär ernährt, oder wenn Sie wissen wollen, was die ersten Anzeichen von Alzheimer sind, sind diese Informationen nur ein paar Klicks entfernt. Unsere Gesellschaft ist regelrecht abhängig von Informationen; täglich jagen wir ihnen nach.

Doch manchmal brauchen wir Ruhe vor dieser Informationsflut. Unser Hirn wird den lieben langen Tag mit Informationen bombardiert – von Pop-up-Werbeanzeigen, die beim Surfen auftauchen, bis hin zu Nachrichten- oder Wetterwarnungen. Wie wäre es, wenn Sie heute ein Internetfasten einlegen und einmal nicht nach Informationen suchen würden?

Bitten Sie Gott, Ihnen dabei zu helfen, heute trotz Ihrer unbeantworteten Fragen innerlich zur Ruhe zu kommen. Letzten Endes ist es doch so: Müssen Sie wirklich genau in dieser Sekunde wissen, was Koalabären fressen? Gönnen Sie Ihrem Geist etwas Ruhe, und gönnen Sie sich selbst die „Erfrischung", einfach nur zu sein.

Herr, erinnere mich daran, dass es mir zuallererst um dich und dein Reich gehen sollte, wenn mein Geist wieder einmal von Informationen regelrecht überflutet wird.

17. Februar

Entscheiden Sie sich für Ruhe und nicht für Stress

„Kehrt doch um zu mir und werdet ruhig, dann werdet ihr gerettet! Vertraut mir und habt Geduld, dann seid ihr stark!" Jesaja 30,15 (Hfa)

Ich bin ja so gestresst. Wie oft hören – und sagen – wir diesen Satz? Aber Stress ist nicht gut und vor allem nichts, worauf man stolz sein kann. Dabei ist *gestresst sein* für viele von uns schon fast normal geworden.

Wie können Sie sich in einem Umfeld, in dem Stress etwas ganz Normales ist, Oasen der Ruhe schaffen? Indem Sie darum kämpfen. Entscheiden Sie sich morgens bewusst dafür, eine Zeit der Stille mit Gott zu verbringen, selbst wenn jede Faser Ihres Wesens schon loshetzen will, um sich fertig zu machen und Punkte auf Ihrer To-do-Liste abzuhaken. Wenden Sie sich an Gott, wenn Sie sich überfordert fühlen, und bitten einen Freund um Hilfe, wenn Sie erschöpft sind.

Um es noch einmal zu wiederholen: Sie müssen sich für die Ruhe *entscheiden*. Oasen der Ruhe werden sich nicht einfach vor Ihnen auftun; Sie müssen gezielt danach suchen. Und Sie müssen Gott bitten, Sie zu ihnen zu führen. Geben Sie alle Ihre Ängste und Sorgen an ihn ab. Sich für die Ruhe zu entscheiden bedeutet, sich dafür zu entscheiden, auf Gott zu vertrauen – und er wird Sie zu Ihrer Oase der Ruhe führen.

Gott, ich fühle mich so oft gestresst. Erinnere mich dann daran, dass ich mich ganz auf dich verlassen kann.

18. Februar

Frei von Schuldgefühlen

Tief in der Nacht, lange bevor es dämmerte, stand Jesus auf und ging an einen einsamen Ort, um dort zu beten.

Markus 1,35 (WD)

Hätten Sie ein schlechtes Gewissen, wenn Sie sich einmal einen ganzen Tag einfach nur ausruhen würden? Viele werden diese Frage vermutlich bejahen. Aber wenn wir ruhen, sollte das nicht mit Schuldgefühlen verbunden sein.

Geben Sie sich selbst die Erlaubnis, sich einmal gründlich auszuruhen, und genießen Sie es, Ihren inneren „Akku" ohne Schuldgefühle aufzuladen. Wenn Sie sich ausruhen, werden Sie anschließend gesünder, fröhlicher und entspannter sein. Tatsächlich ist ein ausgeruhter Mensch produktiver und erfolgreicher als ein müder, gestresster und überlasteter.

Wenn Sie sich beim Ausruhen schuldig fühlen, dann denken Sie einmal daran, dass auch Jesus geruht hat. Er sorgte immer wieder dafür, dass er innerlich zur Ruhe kam, damit er seinen Dienst erfolgreicher ausüben konnte, und er lud seine Jünger ein, ihn in ruhige Gegenden zu begleiten. Obwohl es Menschen gab, die hören wollten, was er ihnen zu sagen hatte, kehrte er der Menge den Rücken und ermöglichte so, dass sein menschlicher Körper mit neuer Kraft erfüllt wurde. Ruhe ist für Ihr geistliches, emotionales und körperliches Wohl von grundlegender Bedeutung; es sollte Ihnen keine Schuldgefühle verursachen.

Planen Sie in dieser Woche bewusst eine Zeit der Ruhe ein, und genießen Sie sie. Auch Ruhe ist ein Geschenk von Gott!

Herr, ich bekomme immer ein schlechtes Gewissen, wenn ich mich von anderen zurückziehe, um aufzutanken. Hilf mir, mich daran zu erinnern, dass auch Ruhe ein Geschenk von dir ist.

19. Februar

Nein zur Arbeitsüberlastung

Vergeblich ist es, dass ihr so früh aufsteht und euch erst spät wieder hinsetzt, um dann euer mühsam erarbeitetes Brot zu essen – denn genauso viel gibt der Herr den Seinen im Schlaf! Psalm 127,2 (NGÜ)

Der Arbeitszeitmonitor 2017 ergab, dass in Deutschland statistisch gesehen jeder Arbeitnehmer wöchentlich 5,4 Überstunden leistet, davon fünf Prozent der Beschäftigten sogar mehr als 10 Überstunden pro Woche – von denen übrigens mehr als die Hälfte finanziell nicht abgegolten werden! Wir leben also in einer Kultur, in der Arbeitsüberlastung die Norm ist.

Das kommt Ihnen vielleicht vertraut vor. Gleichgültig, ob Sie gerade erst ins Berufsleben eingestiegen sind, vor Kurzem befördert wurden oder in einer unbefristeten Stellung tätig sind: Sie spüren täglich den Druck, sich selbst beweisen zu müssen. Doch die Frage ist: Wollen Sie Ihr Leben wirklich überlastet zubringen und ohne die Möglichkeit, einmal innerlich zur Ruhe zu kommen?

Die meisten werden diese Frage vermutlich mit Nein beantworten. Wir wollen alle am Ende unseres Lebens sagen können, dass wir aus ganzem Herzen geliebt und gelebt haben. Widerstehen Sie also dem Drang, sich immer mehr Arbeit aufhalsen zu lassen. Ja, Sie werden dabei einigen Gegenwind erleben. Aber bleiben Sie unnachgiebig, dann werden Sie Ihr Büro jeden Tag in dem Wissen verlassen, dass Sie sich für ein erfülltes Leben entschieden haben – und nicht für ein überlastetes Leben.

Herr, hilf mir, dem Drang zu widerstehen, immer wieder neue Aufgaben zu übernehmen, obwohl ich schon jetzt überarbeitet bin. Stattdessen will ich mich darauf konzentrieren, ein erfülltes Leben zu führen.

20. Februar

Abends zur Ruhe kommen

Und dennoch: Am Tag wird der Herr mir seine Gnade schenken, und in der Nacht begleitet mich sein Lied, ein Gebet zu dem Gott meines Lebens. Psalm 42,9 (NGÜ)

In der Kindheit hatte unser Abend für gewöhnlich einen von unseren Eltern festgelegten Ablauf: Abendbrot, Badewanne, Bücher und Bett. Doch wenn man erwachsen ist, ist man auf sich allein gestellt. Es gibt niemanden, der einem sagt, dass man ein Bad nehmen oder ins Bett gehen soll. Aber was wäre, wenn Ihre Schlafenszeit eher der eines Kindes gleichen würde?

Es geschieht schnell, dass man abends auf dem Sofa sitzt und sich stumpfsinnig irgendwelche Fernsehsendungen anschaut. Oft verlangt Ihr Geist am Ende eines langen Arbeitstages genau danach. Aber fühlt man sich wirklich ausgeruhter, wenn man Abend für Abend vor dem Fernseher zusammenklappt?

Denken Sie doch einmal darüber nach, den Ablauf Ihres Abends zu ändern und mehr dem eines Kindes anzupassen: Entspannen Sie mit einem Bad oder einer heißen Dusche. Trinken Sie eine beruhigende Tasse Tee. Lesen Sie ein Buch, telefonieren Sie mit einer Freundin oder kuscheln Sie mit Ihrem Ehemann. Laden Sie im Gebet Ihre Sorgen bei Gott ab, und dann *gehen Sie zeitig ins Bett.* Wenn Sie den Ablauf Ihres Abends entspannend gestalten, wird sich Ihr Körper erfrischt fühlen, und Sie werden mit neuer Kraft erfüllt sein. Ruhe wird zu einem regelmäßigen, wunderschönen Teil Ihres Lebens.

Zeige mir, Herr, wie ich meine Abende entspannender und erfrischender gestalten kann.

21. Februar

Lassen Sie die Arbeit auch mal liegen

„Denn in sechs Tagen habe ich, der Herr, den Himmel, die Erde und das Meer geschaffen und alles, was lebt. Aber am siebten Tag ruhte ich. Darum habe ich den Sabbat gesegnet und für heilig erklärt.“ 2. Mose 20,11 (Hfa)

Als Gott die Anweisung in die Zehn Gebote aufnahm, dass die Menschen an einem Tag in der Woche ruhen sollten, fügte er keine Fußnote hinzu, in der er festlegte, dass Sie das aber nur dann tun sollen, wenn Sie Zeit dafür haben. Gott selbst nahm sich ebenfalls nach der Erschaffung der Welt Zeit, sich auszuruhen. Und auch für uns ist Ruhe nicht einfach nur etwas, das wir mal tun könnten.

Heutzutage ist es normal, dass die Menschen ununterbrochen beschäftigt sind. Doch endlose Geschäftigkeit ist nicht Teil von Gottes Geboten. Ja, er will, dass Sie hart arbeiten, doch er will auch, dass Sie ruhen. Er will, dass Sie den Anforderungen des Lebens einmal den Rücken kehren und wieder auftanken. Wann haben Sie das zuletzt getan?

Stellen Sie in dieser Woche sicher, dass Sie Gottes Gebot befolgen. Auch wenn manches unerledigt bleibt, auch wenn noch Aufgaben auf Ihrer To-do-Liste stehen, auch wenn es so aussieht, als ob Ausruhen das *Letzte* wäre, das Sie tun sollten, sollten Sie dafür sorgen, dass es das *Erste* ist. Ruhen Sie trotzdem. Alles andere kann warten.

Vater, oft missachte ich dein Ruhegebot. Doch hier bin ich, Herr; bitte hilf mir zu ruhen.

22. Februar

Entscheiden Sie sich bewusst dafür, zufrieden zu sein

„Kümmert euch doch nicht um eine Nahrung, die so schnell verderben kann. Bemüht euch lieber um die Nahrung, die euch der Menschensohn geben möchte und die euch in Zeit und Ewigkeit ernährt.“ Johannes 6,27 (WD)

Der deutsche Schriftsteller Berthold Auerbach sagte einmal: „Wer nicht zufrieden ist mit dem, was er hat, der wäre auch nicht zufrieden mit dem, was er haben möchte.“ Wir denken so oft, dass wir glücklicher wären, wenn wir nur ein neues Haus, eine andere Arbeitsstelle, neue Kleidung, gehorsamere Kinder, mehr Geld oder einen anderen Ehemann hätten. Aber wären wir wirklich zufriedener?

Zufriedenheit ist eine Frage der Entscheidung; sie ist nicht auf magische Weise einfach plötzlich da. Sie stellt sich nicht automatisch mit einer neuen Arbeitsstelle oder einem Paar neuer Schuhe ein. Wenn Sie zutiefst zufrieden sein wollen, müssen Sie sich bewusst dafür entscheiden – und das Ganze beginnt mit Dankbarkeit. Wenn Sie Ihren Blick auf das richten, was Sie nicht haben, werden Sie augenblicklich weniger dankbar sein für all das, was Sie bereits haben. Gott weiß, dass das ein täglicher Kampf ist, und er will Sie aus der Falle der Unzufriedenheit befreien. Bitten Sie ihn heute um Hilfe. Bitten Sie ihn darum, Ihnen Zufriedenheit und Ruhe zu schenken und Sie von dem ständigen Wunsch nach mehr zu befreien.

Vater, es fällt mir so schwer, mit dem zufrieden zu sein, was ich habe. Bitte hilf mir dabei, täglich Dinge zu entdecken, für die ich dankbar sein kann.

23. Februar

In der Natur zur Ruhe kommen

Der Himmel soll sich freuen, und die Erde soll jubeln, rauschen soll das Meer mit allem, was in ihm lebt. Die Felder sollen in Jubel ausbrechen mit allem, was auf ihnen wächst! Auch alle Bäume im Wald sollen jauchzen … Psalm 96,11–12 (NGÜ)

Wann haben Sie sich das letzte Mal über die Natur gefreut? Und nein, der Gang zum Briefkasten, zum Nachbarhaus oder zu Ihrem Auto zählt nicht. Bei kaltem Wetter geht man nicht gern nach draußen. Ein warmes Haus ist verlockender als ein eisiger Wind, Regen und Schnee. Aber es ist wichtig, dass man auch Zeit in Gottes Schöpfung verbringt.

Gott hat die Natur nicht nur erschaffen, damit wir sie uns anschauen. Er hat sie erschaffen, damit wir uns daran erfreuen können – und das nicht nur aus dem Schutz unserer gemütlichen Wohnung heraus. Nehmen Sie sich heute vor, nach draußen zu gehen. Wenn es kalt ist, ziehen Sie sich eben warm an. Atmen Sie die frische Luft ein. Staunen Sie über die Vögel, die von Ast zu Ast hüpfen. Draußen zu sein bringt eine besondere Form der Ruhe mit sich, die Ihre Seele erfrischt. Kommen Sie heute in der Schönheit von Gottes Schöpfung innerlich zur Ruhe, und preisen Sie ihn für seine wunderschöne Welt.

Herr, es kostet mich in den kälteren Monaten viel Überwindung, nach draußen zu gehen. Erinnere mich daran, dass ich in deiner wunderschönen Schöpfung Ruhe finden kann.

24. Februar

Abschied vom Perfektionismus

Darum will ich vor allem auf meine Schwachheit stolz sein. Dann nämlich erweist sich die Kraft von Christus an mir. 2. Korinther 12,9 (Hfa)

Wir Menschen werden nie perfekt sein. Seit Adam und Eva im Garten Eden Gottes Gebote zum ersten Mal übertraten, ist das Leben einfach nicht länger vollkommen. Doch viele von uns streben weiterhin nach Perfektion. Wir sehnen uns nach einem perfekten Leben, einer perfekten Ehe oder einem perfekten Haus. Wir wollen perfekt ausgestattet sein, und wir wollen an unserem Arbeitsplatz fehlerfreie Arbeit leisten. Wir streben nach Perfektion, als wäre sie doch erreichbar, und am Ende sind wir erschöpft.

Die gute Nachricht ist, dass Gott gar nicht verlangt, dass Sie vollkommen sind. Er weiß, dass Sie nicht perfekt sein können, und deshalb hat er Jesus gesandt, damit er für Sie stirbt. Jesus war *für* Sie vollkommen – an Ihrer Stelle. Und das Beste, das Sie tun können, ist, ihn täglich darum zu bitten, Sie zu führen, und dann seiner Führung zu vertrauen. Sie können alles geben, was Sie zu geben haben, und werden doch niemals perfekt sein. Und das ist auch in Ordnung so. Verabschieden Sie sich also heute von dem Versuch, perfekt zu sein.

Vater, bitte erinnere mich, dass ich gar nicht perfekt sein muss, weil Jesus stellvertretend für mich ein fehlerfreies Leben geführt hat.

25. Februar

Finden Sie heraus, wie viel Ruhe Sie benötigen

Herr, du hast mich erforscht und kennst mich ganz genau. Wenn ich mich setze oder aufstehe – du weißt es; meine Absichten erkennst du schon im Voraus. Psalm 139,1–2 (NGÜ)

Gott hat jeden von uns als einzigartiges Meisterwerk erschaffen. Wahrscheinlich kennen Sie Personen, die unglaublich klug sind, die lustig, wahnsinnig kontaktfreudig oder zurückhaltend sind. Vielleicht sind Sie ein Morgenmensch oder eine Nachteule. Vielleicht stehen Sie gern im Mittelpunkt, oder aber Sie sind lieber im Hintergrund tätig. Wir sind alle unterschiedlich gestrickt – und so ist auch unser Bedarf an Ruhe unterschiedlich.

Manche brauchen nachts nur fünf Stunden Schlaf, während Sie acht oder neun brauchen, um am nächsten Tag zu funktionieren. Ihre beste Freundin braucht vielleicht ruhige Samstage, um wieder neue Kraft zu schöpfen, während Sie sich gern mit Freunden zum Frühstück, Mittag- und Abendessen treffen. Wenn Sie mehr Ruhe als andere benötigen, ist das völlig in Ordnung. Und wenn Sie weniger Ruhe als andere brauchen, dann schauen Sie nicht auf diejenigen herab, die auf mehr angewiesen sind.

Lernen Sie sich selbst besser kennen – auch das Maß an Arbeit und Ruhe, das Sie benötigen –, und respektieren Sie Ihren Bedarf an Ruhe.

Zeige mir, wie viel Ruhe ich brauche, Herr, und hilf mir dabei, entsprechende Zeiten einzuplanen.

26. Februar

Die Angst vor den negativen Auswirkungen

„Kein Mensch kann sein Leben auch nur um ein paar Tage verlängern, indem er sich Sorgen macht. Im Gegenteil! Wenn euch also all euer Sorgen so wenig nützt, warum macht ihr euch dann überhaupt Sorgen?" Lukas 12,25–26 (WD)

Was würde passieren, wenn Sie sich einen Tag freinähmen? Würde in Ihrer Familie weiterhin alles reibungslos ablaufen, wenn Sie einen Tag weg wären? Würde Ihr Dienstbereich in der Gemeinde zusammenbrechen, wenn Sie sich am Wochenende zurückziehen würden? Wenn es um das Thema „Ruhe" geht, fürchten wir vor allem eines: Wenn wir uns ausruhen, geraten wir ins Hintertreffen. Unsere Konkurrenten werden uns überholen; unsere Familie wird auseinanderfallen; unser Dienst wird vernachlässigt werden.

Wenn es Ihnen auch so geht, nehmen Sie sich Folgendes zu Herzen: Wenn Sie sich ausruhen, bekommen Sie neue Kraft. Ruhe erfüllt Sie mit Energie und heilt Ihre Seele. Ruhe kann Ihnen nur guttun – und Sie werden mit neuem Schwung zurückkehren.

Die Welt wird nicht aufhören, sich zu drehen, wenn Sie sich einen Tag freinehmen, um innerlich zur Ruhe zu kommen. Vielleicht müssen Sie vorher oder hinterher hart arbeiten, und Zeit zur freien Verfügung zu haben, mag sich seltsam anfühlen, aber am Ende werden Sie eine bessere Mitarbeiterin, Mutter oder Pastorin sein, werden ein besserer Vater, Kollege oder Chef sein, weil Sie sich die Zeit genommen haben, Ihren „Akku" einmal gründlich aufzuladen. Und Gott *wird* Ihre Bemühungen um Ruhe segnen.

Herr, ich muss gestehen, dass ich Angst habe, dass meine Familie zu kurz kommt oder dass meine Kollegen ein schlechtes Bild von mir bekommen, wenn ich mir freinehme. Schenke mir den Mut, diesen Schritt trotzdem zu gehen.

27. Februar

Wenn das Leben schmerzvoll ist

Wie lange noch, Herr, willst du mich vergessen?
Etwa für immer? Wie lange noch willst du dich vor mir verbergen? ... Doch ich will auf deine Güte vertrauen,
von ganzem Herzen will ich jubeln über deine Rettung!
Mit meinem Lied will ich dem Herrn danken, weil er mir Gutes erwiesen hat. Psalm 13,2.6 (NGÜ)

König David beging in seinem Leben viele Fehler und musste die Konsequenzen tragen. Es kam ihm oft so vor, als sei Gott weit von ihm entfernt, und manchmal verzweifelte er sogar regelrecht.

Machen Sie gerade eine schmerzvolle Zeit durch? Ist Ihr Herz gebrochen, und Sie fragen sich, ob es jemals wieder heil sein wird? Vielleicht haben Sie auch körperliche Schmerzen oder gerade einen geliebten Menschen verloren. Vielleicht leiden Sie unter Depressionen oder fühlen sich schrecklich einsam. Der Schmerz kann auf viele Arten in unserem Leben Einzug halten, und er kann eine unsägliche Last sein. Verzweifeln Sie nicht, denn wenn das Leben voller Schmerz ist, ist Gott an Ihrer Seite.

Auch wenn Ihnen das manchmal anders vorkommt: Gott ist nicht weit weg, oben im Himmel, und er ignoriert Sie auch nicht. Vielmehr trägt er gerade jetzt mit Ihnen Ihren Schmerz. Er hat seine Arme um Sie gelegt und vergießt gemeinsam mit Ihnen Tränen. Wenden Sie sich jederzeit an ihn, und lassen Sie sich von ihm Trost und Kraft schenken. Und Ruhe.

Vater, wie lange werde ich diesen schrecklichen Schmerz spüren? Nimm ihn weg und trockne meine Tränen.

28. Februar

Nehmen Sie sich eine berufliche Auszeit

Wenn der Herr nicht das Haus baut, dann mühen sich alle, die daran bauen, vergeblich. Psalm 127,1 (NGÜ)

„Produktivität" ist ein Wort, das die Menschen voller Stolz gebrauchen. Je mehr wir am Tag oder in der Woche schaffen, desto besser fühlen wir uns. Unser Chef erwartet von uns, dass wir lange arbeiten, und Wochenendarbeit ist in vielen Bereichen normal. Doch wie können wir in einer Gesellschaft, in der Produktivität so ungemein wichtig ist und Ruhe als überflüssig abgetan wird, eine Ruhepause vom ständigen Höher, Schneller, Weiter einlegen?

Wir müssen sie uns einfach nehmen. *Wir ruhen uns einfach einmal aus.* Wir nehmen uns eine Ruhepause, ohne uns deshalb schuldig zu fühlen. Wir nehmen uns eine Auszeit vom Beruf und anderen Verpflichtungen, um Zeit mit Familie, Gott und seiner Schöpfung zu verbringen. Ruhe ist lebensnotwendig, auch wenn unsere Gesellschaft das nicht zugeben will.

Vermutlich glauben Sie zunächst, dass die Welt aufhören wird, sich zu drehen, wenn Sie nicht zur Arbeit geben. Sie meinen, dass Sie unmöglich ruhen können, solange Ihre To-do-Liste nicht abgearbeitet ist. Vielleicht kommt es Ihnen auch so vor, als seien Sie faul oder wertlos, wenn Sie sich Zeit nehmen, um zur Ruhe zu kommen. Verbannen Sie diese Gedanken aus Ihrem

Kopf. Ruhe ist überlebensnotwendig – Gott kann sich um alles andere kümmern.

Gott, ich habe Angst, dass ich mich unproduktiv fühle, wenn ich mir Zeit zum Ausruhen nehme. Zeige mir, dass es meiner kleinen Welt zugutekommt, wenn ich es dennoch tue.

März

Komm wieder zur Ruhe, meine Seele, denn der Herr hat dir Gutes erwiesen.

Psalm 116,7 (NGÜ)

1. März

Zeit mit Gott verbringen

Wenn ihr mich sucht, werdet ihr mich finden. Ja, wenn ihr von ganzem Herzen nach mir fragt, will ich mich von euch finden lassen. Jeremia 29,13–14 (Hfa)

Denken Sie an Ihren Lieblingsnachtisch. Ist es ein warmer, klebriger Brownie, der gerade aus dem Ofen kommt, mit einem Bällchen Vanilleeis oder ein Schälchen mit Obst und einem Kleks frisch geschlagener Sahne? Vielleicht ein Berg Tiramisu oder leckeres Mousse au Chocolat? Und jetzt stellen Sie sich vor, Sie würden Ihren Nachtisch im Auto essen, und zwar im nachmittäglichen Berufsverkehr. Ihre Bluse ist voller Krümel; die Hälfte des Obsts fällt unter den Sitz; Sie verschlucken sich an der Mousse, als der Verkehr abrupt zum Stehen kommt. Das klingt nicht sehr entspannend, oder? Und jetzt stellen Sie sich vor, Sie sitzen in Ihrem gemütlichsten Sessel und genießen langsam jeden Bissen. Das ist eine völlig andere Erfahrung, oder?

Bei Gott ist es ähnlich. Wenn Sie durch Ihre gemeinsame Zeit hetzen, zulassen, dass Ablenkungen überhandnehmen, oder versuchen, in Ihrer Gebetszeit nebenbei noch andere Dinge zu tun, werden Sie die Erfahrung nicht halb so erfüllend finden. Doch wenn Sie sich bewusst Zeit für Gott nehmen und dafür, in sein Wort einzutauchen, wird Sie das von Stress und Sorgen befreien – und Sie werden Ruhe finden.

Herr, hilf mir, genüsslich Zeit mit dir zu verbringen und nicht so zu hetzen, sondern unsere gemeinsame Zeit bewusster zu erleben.

2. März

Technik aus, das Abendessen beginnt

Seid stille und erkennet, dass ich Gott bin!

Psalm 46,11 (LÜ)

Wenn Sie sich vor zwanzig Jahren in einem Restaurant umgesehen haben, sahen Sie Paare, Familien und Freunde, die sich unterhielten, lachten und das Zusammensein genossen. Aber heute wird Ihnen auffallen, dass viele der Gäste über ihre Smartphones gebeugt essen – sie schreiben Nachrichten, browsen im Internet und rufen ihre E-Mails ab.

Die Technologie hat uns auf viele, viele Arten geholfen, und wir sollten für ihre Rolle in unserem Leben dankbar sein. Aber Technologie sollte nicht unser Leben *sein*.

Denken Sie an das Mittag- oder Abendessen: Unterhalten Sie sich mit Ihrer Familie oder Ihren Freunden? Falls Sie allein essen: Genießen Sie bewusst den Augenblick? Oder liegt beim Abendessen immer Ihr Smartphone oder ein anderes technisches Gerät neben Ihnen? Schauen Sie häufiger auf den Bildschirm als in die Gesichter Ihrer Lieben? Blättern Sie durch die Neuigkeiten auf Facebook oder Twitter, anstatt Ihr leckeres Essen zu genießen?

Wie wäre es, wenn Sie beim Mittag- und beim Abendessen einmal auf alle technischen Geräte verzichten? Das könnte Ihnen dabei helfen, intensiver Zeit mit Gott, mit Ihnen selbst und anderen zu verbringen – und Ihre Augen und Ihr Gehirn werden für diese Pause dankbar sein.

Hilf mir, mich mittags und abends mehr auf dich und die Menschen in meinem Umfeld zu konzentrieren.

3. März

Die Gewohnheit der Ruhe lehren

Bring dein Kind schon in jungen Jahren auf den richtigen Weg, dann hält es sich auch im Alter daran.

Sprüche 22,6 (Hfa)

Kinder lernen unter anderem dadurch, dass sie etwas sehen und nachmachen. Sie beobachten diejenigen, die ihnen am nächsten stehen: ihre Eltern, Geschwister, Freunde und Lehrer. Und wie kleine Schwämme saugen sie alles auf, was Sie sagen und tun – ob es etwas Gutes ist oder nicht.

Wenn Sie möchten, dass Ihre Kinder weniger gestresst aufwachsen, weniger genervt und nicht ausgebrannt sind, ist es also wichtig, dass Sie die Gewohnheit entwickeln, sich gelegentlich eine Auszeit zu nehmen. Selbst wenn Sie keine Kinder haben, können Sie ein gutes Vorbild für Nichten oder Neffen, Schüler, Nachbarn und Freunde sein.

Sie müssen dazu diese Zeiten der Ruhe *einplanen*. Das bedeutet, dass Sie bei Ihren Bemühungen, Oasen der Ruhe zu finden, gezielt vorgehen müssen. Das ist nichts, das Sie aufschieben oder hier und da „hineinzwängen" können; anderenfalls wird es zu Ihrer Gewohnheit, Ruhepausen zu vernachlässigen. Setzen Sie sich das Ziel, täglich oder wöchentlich zu ruhen, und beginnen Sie mit dieser Leben spendenden Gewohnheit. Leben Sie Ihrem Umfeld beispielhaft vor, wie ein Leben aussieht, in dem man sich regelmäßig Zeit nimmt, um innerlich zur Ruhe zu kommen, und die Menschen werden ihrerseits ein Leben führen, zu dem solche Ruhezeiten bewusst dazugehören.

Herr, hilf mir, die Gewohnheit zu entwickeln, immer wieder Ruhezeiten einzulegen, und andere dadurch zu inspirieren, das ebenfalls zu tun.

4. März

Bringt das Frucht?

Ganz besonders bitten wir Gott darum, dass er euch die Gabe schenkt, seinen Willen mit aller Weisheit und Einsicht zu erkennen. Nur dann könnt ihr so leben, wie es Jesus gefällt. Er wird durch euch immer mehr Gutes bewirken können; euer Leben wird fruchtbar werden und letztlich werdet ihr Gott dabei immer besser kennenlernen. Kolosser 1,9–10 (WD)

Als Christen sind wir aufgerufen, anderen zu dienen. Wir dienen in Ausschüssen, als Älteste oder Diakone oder als Lehrer. Wir besuchen die Alten, bringen bedürftigen Familien Essen und nehmen an einer Vielzahl weiterer dienstbezogener Aktivitäten teil. Das alles sind gute Dinge, aber nur, weil sich Ihnen eine Gelegenheit auftut, bedeutet das nicht, dass Sie die- oder derjenige sind, die/der berufen ist, sie auch wahrzunehmen.

Wenn Sie merken, dass Sie einfach einmal kürzertreten müssen, kann Ihnen die folgende Frage weiterhelfen: *Bringt dieser Dienst wirklich etwas Gutes? Sehen wir Ergebnisse? Passt er in meinen aktuellen Lebensabschnitt?* Diene ich aus Liebe oder aus Pflichtgefühl? Das sind schwierige Fragen, aber wenn das Leben in Rekordzeit an Ihnen vorübereilt, müssen Sie sie sich stellen. Diese Fragen können Ihnen Erleichterung verschaffen oder Sie etwas nervös machen. Vielleicht haben Sie sogar ein schlechtes Gewissen oder etwas Angst davor, eine Ihrer Verpflichtungen abzugeben. Aber denken Sie daran: Ihr himmlischer Vater will

Ihnen seinen Willen für Ihr Leben zeigen. Bitten Sie ihn, Ihnen zu zeigen, wo Sie wirklich gebraucht werden und wo Sie kürzertreten sollten – und erlauben Sie sich dann, innerlich tatsächlich zur Ruhe zu kommen.

Vater, führe mich, wenn ich Entscheidungen fällen muss, und zeige mir, wann ich dienen und wann ich ruhen soll.

5. März

Reservieren Sie sich Zeit für sich selbst

Er … führt mich zu Wasserstellen, an denen ich ausruhen kann. Er stärkt und erfrischt meine Seele. Psalm 23,2–3 (NGÜ)

Wenn Sie ein geschäftiges Leben führen, sehnen Sie sich vielleicht danach, mal Zeit für sich zu haben, aber irgendwie gelingt Ihnen das nie. Ihr Kalender ist mit beruflichen und familiären Terminen, mit geselligen Unternehmungen, Arztterminen, Erinnerungen an zu zahlende Rechnungen und vielem mehr gefüllt. Und bevor Sie es merken, fallen Sie eine Stunde später ins Bett, als Sie eigentlich wollten.

Oftmals finden wir nur dann Zeit für uns, wenn wir diese kleine „Oase“ unnachgiebig verteidigen. Diese Stunden müssen ein unantastbarer Bestandteil Ihres Tages oder Ihrer Woche sein. Sie sollten nur im Notfall bereit sein, darauf zu verzichten – und dass Ihre Freunde spontan einen Filmabend organisieren oder Ihre Kinder Schlitten fahren wollen oder Sie gerade bemerkt haben, dass Sie keine Milch mehr im Haus haben, das sind alles keine Notfälle! Reservieren Sie sich diese Zeit sorgsam – andere Dinge können warten –, und am Ende werden Sie sich ausgeruhter, energiegeladener und ausgeglichener fühlen.

Bedenken Sie: Ihre Zeit ist wertvoll, also hüten Sie sie gut. Sie werden es nicht bereuen.

Erinnere mich daran, meine Zeit zu hüten, Herr, besonders dann, wenn es gerade viel zu tun gibt.

6. März

Wenn Sie sich zurückziehen, bedeutet das nicht, dass Sie andere im Stich lassen

Haltet euch immer wieder das Vorbild von Jesus vor Augen, der alles ertragen hat, was gottlose Menschen ihm angetan haben, damit ihr nicht müde werdet und den Mut sinken lasst. Hebräer 12,3 (WD)

Wenn Sie ruhen, bedeutet das nicht gleich, dass Sie andere Menschen im Stich lassen. Sie haben vielleicht zu dem zusätzlichen Arbeitsprojekt, zu der Geburtstagseinladung, dem Dienst in der

Gemeinde oder einer anderen Veranstaltung Nein gesagt. Aber Sie haben zu etwas sehr Wichtigem Ja gesagt: zu Ihrem Bedarf an Ruhe.

Haben Sie Angst, dass man Sie für faul hält, wenn Sie sich eine Auszeit nehmen, um sich auszuruhen und zu erholen? Haben Sie das Gefühl, dass Ihnen alles entgleiten könnte, wenn Sie nicht da sind, um es zu kontrollieren? Sie dürfen sicher sein: Es wird Ihnen auf jeden Fall guttun, wenn Sie einmal innerlich zur Ruhe kommen. Sich um sich selbst zu kümmern ist genauso wichtig, wie sich um das Wohlergehen eines anderen zu kümmern – und Sie können anderen nicht wirkungsvoll zur Seite stehen, wenn Ihr Körper und Ihr Geist völlig erschöpft sind.

Machen Sie sich heute bewusst, dass Sie eine gute Wahl treffen, wenn Sie sich fürs Ausruhen entscheiden. Sie lassen niemanden im Stich, und Sie lassen ganz gewiss nicht Gott im Stich. Bitten Sie ihn, Ihnen zu helfen, diese Wahrheit zu erkennen und Frieden darüber zu haben.

Vater, ich habe Angst, mich einmal auszuruhen, weil ich mich vor der Missbilligung anderer fürchte. Bitte zeige mir, wie ich mir beruhigt Zeit für mich selbst nehmen kann.

7. März

Ruhe und Sport

Wenn ihr an das übergroße Erbarmen denkt, das ihr durch Gott erfahren habt, dann möchte ich euch … ermutigen, den einzig entsprechenden Gottesdienst zu feiern: Gebt euch diesem Gott mit eurem Leib und eurem Leben hin. Das ist die Opfergabe, die Gottes Herz erfreut und die seiner Liebe entspricht. Römer 12,1 (WD)

Kann es wirklich erholsam sein, fünf Kilometer zu joggen oder eine Stunde Fahrrad zu fahren? Ja, körperliche Betätigung mag Ihren Körper ermüden, doch sie stellt auch wundervolle Dinge – erholsame Dinge – mit Ihrem Geist an. Wenn Sie sich heute von all den Anforderungen, die Ihr Umfeld an Sie stellt, überwältigt fühlen, sollten Sie vielleicht einmal darüber nachdenken, Ihre Joggingschuhe anzuziehen.

Ihre Herzfrequenz hochzujagen, ins Schwitzen zu geraten und sich selbst körperlich auszupowern, wird Ihnen tatsächlich dabei helfen, sich zu entspannen. Wenn Sie gestresst sind und versuchen, das damit zu bekämpfen, dass Sie zu Hause Trübsal blasen und Schokolade in sich hineinstopfen, werden Sie innerlich noch unruhiger werden, weil sich Ihre Gedanken nur auf eines konzentrieren: wie gestresst Sie sind. Wenn Sie dagegen Sport treiben, produzieren Sie Endorphine, können besser schlafen und bekommen einen Energieschub.

Wenn Sie niedergeschlagen und entmutigt sind, brauchen Sie

vielleicht nur ins Schwitzen zu geraten – und dadurch werden Sie Ruhe finden.

Gott, inspiriere mich, für meinen Körper zu sorgen und Ruhe für meinen überbeanspruchten Geist zu finden.

8. März

Gott wird für Sie sorgen

„Macht euch nicht ständig Gedanken darüber, was ihr essen oder was ihr anziehen sollt. Denn das Leben ist mehr als die Nahrung und der Körper ist wichtiger als die Kleidung.“ Lukas 12,22–23 (WD)

Selbst Menschen, die viel Geld besitzen, machen sich Sorgen darüber, ob sie genug haben. An jedem Tag verzeichnen Unternehmen Zuwächse oder geraten in eine Krise. Der Aktienmarkt könnte einbrechen oder steigen. Selbst wenn Sie Millionen auf dem Konto haben, können Ihre Finanzen doch eine ständige Stressquelle darstellen. Menschen, die damit kämpfen, über die Runden zu kommen, haben sogar noch ernstere Sorgen, weil sie nicht wissen, wie sie Kleidung kaufen und Essen auf den Tisch stellen sollen. Ganz zu schweigen davon, dass sie nicht wüssten, was sie machen sollten, wenn sie ihre Arbeitsstelle verlieren würden.

Geldsorgen können sowohl bei Wohlhabenden als auch bei Armen für Unruhe sorgen – und bei allen anderen Menschen ebenfalls. Wären Sie gern die Sorge ums liebe Geld los? Gott will Ihnen diese Last nehmen. Ob Sie sich darum sorgen, dass Sie Geld verlieren könnten, sich fragen, wie Sie überhaupt zu Geld kommen sollen, oder sich um Ihre nächste Mahlzeit Gedanken machen: Gott weiß davon. Und er sagt: „Macht euch keine Sorgen." Er weiß, was Sie brauchen, und er verspricht, für Sie zu sorgen. Erinnern Sie sich heute bewusst an dieses Versprechen, und kommen Sie innerlich zur Ruhe.

Vater, bitte nimm mir meine Geldsorgen, und ersetze sie durch das Vertrauen auf dich.

9. März

„Kommt zu mir. Ich schenke euch Ruhe"

„Kommt her zu mir, die ihr euch mit so vielem abmüht und oft bedrückt seid. Bei mir werdet ihr Ruhe finden."

Matthäus 11,28 (WD)

Jesus spricht hier vier Worte, die Ihr Leben revolutionieren könnten: „Kommt her zu mir." Er ruft insbesondere diejenigen zu sich, die sich abmühen und bedrückt sind – diejenigen, die vom Leben überfordert sind, diejenigen, die so viel um die

Ohren haben, dass sie nicht mehr klar sehen können, und diejenigen, die einfach nur müde sind. Was bietet er ihnen an? *Ruhe.* Jesus macht deutlich: „Bei mir werdet ihr Ruhe finden." Beachten Sie, dass er nicht sagt: „Kommt her zu mir, sobald ihr eine Vorstellung davon habt, wie ihr zur Ruhe kommen könntet" oder: „Kommt her zu mir, dann helfe ich euch möglicherweise." Nein, er verspricht: „Kommt her zu mir, die ihr euch mit so vielem abmüht und oft bedrückt seid. Bei mir werdet ihr Ruhe finden."

Gott will nicht, dass Sie so fertig sind, dass Sie nur noch mit Mühe durchhalten. Es interessiert ihn nicht, wer Sie sind oder welcher Tätigkeit Sie nachgehen oder welches Auto Sie fahren. Er will einfach nur sicherstellen, dass Sie Ruhe finden und neue Kraft schöpfen können. Werden Sie heute zu ihm kommen und sein Angebot annehmen?

Herr, ich komme jetzt mit all meinem Chaos zu dir und ich bitte dich um die Ruhe, die du versprichst.

10. März

Ein Tag der Ruhe

„Morgen sollt ihr den Sabbat feiern, den Ruhetag, der ganz dem Herrn geweiht ist." 2. Mose 16,23 (Hfa)

Manchmal ist ein Mittagsschlaf das Geistlichste, das Sie tun können. Pastoren und Referenten versuchen schon seit Jahren, diesen Gedanken zu vermitteln, doch wie oft folgen wir ihrem Rat dann auch wirklich?

Auch unser Körper braucht Ruhe. Wenn wir uns immer weiter antreiben, werden wir bei der Arbeit ausbrennen, zu Hause ausbrennen und unseren Körper verheizen. Körperliche Ruhe ist für uns notwendig, wenn wir wirklich „funktionieren" wollen.

Wie wäre es, wenn Sie heute einmal ein Nickerchen machen? Sich eine Predigt anhören, im Kindergottesdienst mithelfen oder einen Familienausflug unternehmen – das sind allesamt wundervolle Dinge, aber unterschätzen Sie nicht die geistliche Bedeutung eines Mittagsschlafs. Versuchen Sie heute bewusst, ein paar Stunden für ein Nickerchen zu finden. Es kommt Ihnen vielleicht so vor, als würden Sie nichts Sinnvolles tun, sondern nur irgendwelchen selbstsüchtigen Bedürfnissen nachgeben, doch es kann tatsächlich das Beste sein, das Sie für Ihre geistliche, körperliche und emotionale Gesundheit tun. Und auch wenn Sie ein Nickerchen halten, befolgen Sie das Sabbatgebot: regelmäßig zu ruhen.

Herr, mach mir heute neu bewusst, dass ein Nickerchen eine wundervolle geistliche Wohltat für meinen müden Körper sein kann.

11. März

Einatmen, ausatmen und alles herauslassen

Herr, ich bin nicht hochmütig und schaue nicht auf andere herab. Ich strecke mich nicht nach Dingen aus, die doch viel zu hoch für mich sind. Ich bin zur Ruhe gekommen, mein Herz ist zufrieden und still. Wie ein kleines Kind in den Armen seiner Mutter, so ruhig und geborgen bin ich bei dir! Psalm 131,1–2 (Hfa)

Wenn Sie sich Sorgen machen oder gestresst sind, verändert sich Ihre Atmung. Ihre Atemzüge sind kurz und flach und nicht tief und gleichmäßig, und Sie atmen auch nicht bis in Ihr Zwerchfell. Stattdessen beißen Sie die Zähne zusammen und verkrampfen Ihren Kiefer. Wahrscheinlich haben Sie keine Zeit für einen Wellnesstag, aber Sie wollen sich besser fühlen. Sie wollen, dass Ihr Körper und Ihr Geist zur Ruhe kommen. Und hier kommen „einatmen, ausatmen und alles herauslassen" ins Spiel.

Holen Sie mehrmals langsam tief Luft, wenn Sie merken, dass Ihre Atmung flach ist. Füllen Sie Ihre Lungen mit Sauerstoff, und spüren Sie, wie sich Ihr Zwerchfell zusammenzieht. Wenn Sie dann wieder ausatmen, tun Sie es langsam und kontrolliert. Wenn Ihr Kiefer verspannt ist, bewegen Sie ihn vor und zurück, und dehnen Sie ihn ein wenig. Dabei kommen Sie sich vielleicht ein bisschen albern vor, doch Sie werden sich auch besser fühlen. Wiederholen Sie die Atemzüge und den Kiefercheck im Verlauf des Tages immer wieder einmal. Wenn Sie Anspannung spüren, atmen Sie ein, aus und entspannen Sie sich … und kommen Sie bewusst atmend innerlich zur Ruhe.

Vater, erinnere mich daran, dass ich auch dadurch innerlich ein wenig zur Ruhe kommen kann, indem ich bewusst atme.

12. März

Freuen Sie sich über die Erfolge von heute

Dies ist der Tag, den der Herr gemacht hat; heute wollen wir fröhlich jubeln und unsere Freude haben. Psalm 118,24 (NGÜ)

Am Ende eines Tages belastet es uns oft, dass wir so vieles nicht erledigt haben. Wir haben vergessen, die Kleidung aus der Reinigung abzuholen, wir haben das Besprechungsprotokoll nicht fertiggestellt, und es gab mal wieder Fast Food zum Abendessen. Und unsere To-do-Liste? Sie ist wieder länger geworden.

Wie wäre es, wenn wir unseren Blick nicht länger auf die Misserfolge des Tages richten, sondern die Erfolge von heute feiern? Notieren Sie sich doch einmal alles, was Sie geschafft *haben* – von vermeintlichen Nebensächlichkeiten bis hin zu den wichtigen Dingen. Vielleicht haben Sie Ihre drei Kinder mit Essen versorgt und sie rechtzeitig zur Schule gebracht. Möglicherweise ist Ihnen im Büro die große Präsentation gelungen. Haben Sie heute eine Freundin ermutigt, gelacht, bis Ihnen die Tränen kamen, oder jemandem von Jesus erzählt? Schreiben Sie alles auf.

Die heutigen Niederlagen können frustrierend sein, aber lassen Sie nicht zu, dass diese negativen Gefühle Ihnen die Stimmung verderben. Kommen Sie in der Gewissheit zur Ruhe, dass Ihnen heute auch vieles gelungen ist. Feiern Sie Ihre Erfolge, und machen Sie sich bewusst, dass Gott Ihre Bemühungen gesehen hat, auch wenn niemand anders sie wahrnimmt.

Herr, ich will heute all das feiern, was gut gelaufen ist. Und auch morgen will ich wieder mein Bestes geben – zu deiner Ehre!

13. März

In einer überfüllten Woche Oasen der Ruhe schaffen

Wende dich mir, deinem Diener, freundlich zu und lehre mich, deinen Bestimmungen zu folgen. Psalm 119,135 (NGÜ)

Wird Ihnen manchmal angst und bange, wenn Sie in Ihren Kalender schauen? Jeder Tag ist mit Arbeit gefüllt, und abends wartet auch noch irgendeine Verpflichtung auf Sie. Manchmal kann man nichts dagegen machen, dass die Woche bis zum Bersten gefüllt ist. Aber Sie können kontrollieren, wie Sie damit umgehen. Und Sie können trotz der Arbeit noch Auszeiten nehmen; sie sehen vielleicht nur ein wenig anders aus.

Halten Sie bewusst nach Oasen der Ruhe Ausschau. Stecken Sie im Stau? Hören Sie sich eine CD mit Anbetungsmusik an, oder sitzen Sie einfach in der Stille da, und freuen Sie sich darüber, dass Gott auch in diesem Augenblick bei Ihnen ist. Reiht sich eine Besprechung an die nächste? Ziehen Sie sich nach einem Meeting für ein paar Augenblicke zurück, und atmen Sie bewusst tief und langsam durch; Sie werden Ihre nächste Besprechung ruhiger und erfrischter beginnen. Wenn Sie an der Osteraufführung Ihrer Gemeinde mitwirken, nehmen Sie sich ein paar Minuten Zeit, um Gott für das zu preisen, was er für Sie getan hat.

Vielleicht fühlen Sie sich erschöpft, wenn Sie an die bevorstehende Woche denken, aber Sie sollen wissen, dass immer wieder Oasen der Ruhe auf Sie warten – selbst wenn Ihr Kalender voll ist.

Herr, bitte hilf mir, immer wieder für einige Augenblicke in deiner Gegenwart zur Ruhe zu kommen – vor allem, wenn ich das Gefühl habe, dass ich völlig überfordert bin.

14. März

Unerledigte Aufgaben

Herr, du gibst Frieden dem, der sich fest an dich hält und dir allein vertraut. Jesaja 26,3 (Hfa)

Ihr Körper und Ihr Geist schreien Ihnen zu: *Geh ins Bett!*, doch Sie ignorieren ihre Stimmen. Schließlich gibt es an diesem Tag noch so viele Dinge zu erledigen. Kommt Ihnen das vertraut vor?

Während manche Aufgaben wirklich erledigt werden müssen (ein Projekt für die Arbeit, das Baby füttern, eine Rechnung bezahlen), gibt es viele andere Verantwortlichkeiten, die auf einen anderen Zeitpunkt verschoben werden können.

Fragen Sie sich doch einmal: *Hat es negative Konsequenzen, wenn ich das heute nicht mehr mache?*, wenn Sie wieder einmal schrecklich müde und erschöpft sind. Wägen Sie dann die Vor- und Nachteile ab. Manchmal müssen Sie die Aufgabe doch einfach durchziehen. Aber oftmals stehen nur Ihr Stolz oder Ihre Sturheit zwischen Ihnen und der verdienten Ruhe.

Selbst wenn die Dinge nicht erledigt werden, wenn das Haus chaotisch aussieht und sich das Geschirr auf der Spüle stapelt, selbst wenn Sie nicht mit Packen fertig sind oder das Zimmer nur zur Hälfte gestrichen ist: Ruhe ist wichtiger. Seien Sie etwas nachsichtiger mit sich selbst, und erlauben Sie sich zu ruhen, selbst wenn dann ein paar Dinge liegen bleiben.

Regelmäßige Zeiten der Ruhe sollen in meinem Leben Priorität haben, Herr. Hilf mir, darauf zu vertrauen, dass sich alles andere von selbst ergibt.

15. März
Leben im Überfluss

„Ich bin gekommen, damit sie das Leben haben, und das im Überfluss." Johannes 10,10 (WD)

Im Frühjahr denken Christen an das Leben, den Tod und die Auferstehung von Jesus Christus. Die Kreuzigung wird beklagt und gefeiert; wir denken ganz neu oder zum wiederholten Male intensiv darüber nach. Doch spiegelt sich das, was Jesus am Kreuz für Sie getan hat, auch in Ihrem Leben wider? Als er am Kreuz hing, sagte Jesus: „Es ist vollbracht." Er starb, damit Sie Leben im Überfluss haben. Beschäftigen Sie sich doch heute einmal mit der Frage, ob Sie dieses erfüllte Leben tatsächlich führen?

Zu viele von uns würden diese Frage mit Nein beantworten. Unser Leben kommt uns viel zu oft alles andere als erfüllt oder erfüllend vor, eher wie eine Belastung. Wir versuchen, uns unseren Freunden, Familien und sogar Gott gegenüber zu beweisen. Die Arbeit in unserer Gemeinde oder für unseren Chef gibt unserem Leben Sinn, aber ist es wirklich auf Gott ausgerichtet?

Jesus starb, damit Sie Ruhe und Heilung erfahren und sich

nicht um Gottes Anerkennung bemühen müssen. Er will nicht, dass Ihr Leben turbulent und hektisch ist, sondern dass es mit Freude und Frieden erfüllt ist. Machen Sie sich das heute bewusst und kommen Sie innerlich zur Ruhe.

Vater, hilf mir dabei, in meinem hektischen Alltag Zeiten der Ruhe zu finden, um mich an das Opfer zu erinnern, das du für mich gebracht hast.

16. März

Nur Gott schenkt wahre Ruhe

Bei Gott allein findet meine Seele Ruhe,
von ihm kommt meine Hilfe. Psalm 62,2 (NGÜ)

Wenn Sie müde und erschöpft sind und sich nach Ruhe sehnen, sollten Sie sich die ultimative Frage stellen: *Sehne ich mich danach, bewusst in Gottes Gegenwart zu kommen und Zeit mit ihm zu verbringen?* Nur Gott kann uns wahre Ruhe schenken. Sport, Auszeiten, heiße Bäder und das Ordnen der eigenen Prioritäten sind großartige Möglichkeiten, um etwas Ruhe in unser Leben zu bringen, aber nur einer kann uns durch und durch Ruhe schenken: Gott.

Das sagt schon David in Psalm 62: Nur Gott allein kann uns wirklich retten, nur er kann uns Ruhe schenken. Sie müssen ihn nur um Hilfe bitten, dann wird er Ihnen den Weg zur Ruhe zeigen. Aber Achtung: Das kann ungemütlich und herausfordernd werden. Gott verlangt vielleicht von Ihnen, dass Sie etwas aufgeben, oder vielleicht zeigt er Ihnen auch, wo Sie ihm ungehorsam sind. Aber am Ende werden Sie die beste Ruhe finden, die es gibt – die Ruhe, die nur Gott schenken kann.

Fragen Sie sich heute einmal, ob Sie Ihre Beziehung zu Gott wirklich pflegen. Hat er Priorität in Ihrem Leben? Nur er schenkt Ihnen Ruhe, die Sie durch und durch erfrischt. Betrachten Sie das als Trost und als Herausforderung zugleich.

Herr, letzten Endes bist du der Eine, der uns wahre Ruhe schenkt. Ich will mehr Zeit mit dir verbringen und genau das erleben.

17. März

Ein Tag, um sich innerlich wieder neu auf Gott auszurichten

Somit wartet auf Gottes Volk noch eine Zeit vollkommener Ruhe – die wahre Sabbatfeier. Denn wer an Gottes Ruhe Anteil bekommt, darf von all seiner Arbeit ausruhen, genauso wie Gott ruhte, als er alles erschaffen hatte.

Hebräer 4,9–10 (NGÜ)

Der Sabbat ist nicht nur ein Ruhetag, sondern ein Daseinszustand. Und damit ein Sabbat ein wahrer Sabbat sein kann, muss er erholsam sein – denn beim Sabbat, wie Gott ihn sich gedacht hat, geht es um Ruhe.

Der Sabbat hilft uns nicht nur dabei, uns für die vor uns liegende Woche zu erfrischen, sondern er erinnert uns daran, dass die Welt sich auch einen Tag lang ohne uns weiterdreht. Er richtet unsere Herzen wieder neu auf Gott aus. Der Sabbat ist ein Tag, an dem wir ihn feiern und darüber nachdenken, was er für uns tut. Schließlich hätte Gott uns auch sagen können, dass wir sieben Tage die Woche arbeiten sollen, aber weil er uns liebt, sagte er, dass wir uns regelmäßig ausruhen sollen.

Wenn Ihr Sabbat kein Tag der Ruhe ist, dann ist es an der Zeit, sich neu zu überlegen, wie er aussehen könnte. Immerhin sollte ein Sabbat Balsam für eine erschöpfte Seele sein. Nutzen Sie den Sabbat, um innerlich zur Ruhe zu kommen. Das wird Ihre Woche auf erfrischende, fröhliche Weise verändern.

Herr, ich möchte diesen Sabbat auf eine Art und Weise feiern, die meine Seele erfrischt. Zeige mir, wie man an diesem Tag wirklich innerlich zur Ruhe kommt.

18. März

Beginnen Sie mit Gnade

Wir sind aus reiner Gnade erlöst worden. Das Einzige, was wir Gott entgegenbringen mussten, war unser Vertrauen. Nichts von all dem, was Gott uns geschenkt hat, haben wir uns selbst verdient. Epheser 2,8 (WD)

Viele halten den Montag für den schlimmsten Tag der Woche. Er steht ganz am Anfang der Woche, und er ist der Tag, der am weitesten vom kommenden Wochenende entfernt ist. Oft gibt der Montag auch den Ton für den Rest der Woche vor. Wie wäre es, wenn Sie diese Woche mit einer großen Portion Gnade beginnen?

Verbringen Sie bewusst Zeit mit Gott. Sprechen Sie mit ihm darüber, dass Sie sicher Fehler machen und seine Vergebung brauchen werden. Erzählen Sie ihm von all Ihren Sorgen und Ängsten. Wenden Sie sich mit allem an ihn, was Sie beschäftigt und was Sie in dieser Woche brauchen werden – kleine und große Dinge. Und beschließen Sie dann, sich selbst auch mit Nachsicht zu begegnen.

Die Woche wird nicht perfekt werden. Sie werden weder eine perfekte Mutter noch ein perfektes Kind oder ein perfekter Großvater sein. Sie werden es vermasseln, unbedeutende und bedeutende Dinge. Sie werden in dieser Woche Erfolge erleben und versagen. Doch Gott will Ihnen bei allen diesen Dingen mit Gnade begegnen. Sie haben einen Vater, der Sie unendlich liebt, und seine Segensgeschenke sind jeden einzelnen Morgen neu. Beginnen Sie Ihren Montag damit, dass Sie seine Hand ergreifen und innerlich in der Gewissheit zur Ruhe kommen, dass er Ihnen gnädig sein will, gleichgültig, wie oft Sie versagen.

Jesus, in dieser Woche werde ich Fehler machen. Aber ich will dich schon im Voraus dafür preisen, dass du mir immer wieder gnädig sein willst.

19. März

Schaffen Sie sich ein Zuhause, das ein Ort der Ruhe ist

Der Herr sagt: „Mein Volk lebt dann in einem Land, in dem Frieden herrscht. Ruhig und ohne Sorgen wohnen sie dort, ihre Häuser sind vor jeder Gefahr sicher."

Jesaja 32,18 (Hfa)

Unser Zuhause spiegelt wider, wer wir sind. Bei manchen ist es total ordentlich, alles liegt an seinem Platz. Bei anderen köchelt ein Topf Chili auf dem Herd, die Fußballklamotten liegen auf dem Boden, und Spielzeugautos bedecken den Wohnzimmertisch. Es gibt Wohnungen, die elegant und modisch eingerichtet sind, andere einfach und praktisch. Manche Menschen fühlen sich auf 40 Quadratmetern wohl, andere breiten sich auf 100 aus.

Ein Zuhause sieht bei unterschiedlichen Menschen unterschiedlich aus, aber einen wichtigen Aspekt darf man nicht vergessen: Ist das jeweilige Zuhause ein Ort der Ruhe?

Wenn man ein Zuhause hat, in dem man innerlich zur Ruhe kommen kann, bedeutet das nicht, dass man ein bequemes Bett hat oder dass es dort abends ganz ruhig ist. Ein Zuhause zu haben, das ein Ort der Ruhe ist, bedeutet: Sie vermitteln anderen, dass Ruhe für Sie Priorität hat. Vielleicht haben Sie Regeln, was die Zeiten angeht, die Sie am Rechner oder vor dem Fernseher verbringen oder wann Sie zu Bett gehen. Das kann etwas Gutes sein, aber damit eine Wohnung wirklich ein Ort der Ruhe ist, müssen dort auch Gnade und Liebe und Frieden zu Hause sein. Sie muss ein Ort sein, der Menschen, die von den Anforderungen der Welt erschöpft sind, eine Verschnaufpause gewährt. Ist Ihr Zuhause ein solcher Ort der Ruhe?

Lieber Gott, zeig mir, wie ich dafür sorgen kann, dass mein Zuhause ein Ort der Ruhe ist – ein Ort, an dem ich selbst, aber auch andere Liebe, Gnade und Frieden finden.

20. März

Die Verheißung des Frühlings

Treue wird aus der Erde sprießen und Gerechtigkeit herabschauen vom Himmel. Psalm 85,12 (NGÜ)

Der März ist gewöhnlich ein Monat voller Krokusknospen und Märzenbecher. Wenn es schon länger etwas wärmer ist, zeigen sich vielleicht auch erste Blüten an den Bäumen, und sanfte Regenschauer überziehen das Land. Aber vielleicht ist der Boden auch noch gefroren und von einer Schneedecke überzogen. Wie auch immer der Frühling bei Ihnen aussieht, man kann daran sehr schön ablesen, dass nach dem „Tod" neues Leben folgt.

Verlieren Sie nicht den Mut. Auch wenn Sie gerade erschöpft sind und vielleicht noch keinerlei Anzeichen dafür zu sehen sind, dass der Frühling vor der Tür steht: Er kommt. Er kommt immer. Nackte Zweige werden bald voller Blätter sein, der Erdboden wird weicher werden, Fruchtbäume werden blühen, und aus dem trockenen Boden wird neues Leben sprießen.

Machen Sie sich bewusst, dass der Frühling nicht lange auf sich warten lassen wird. Vielleicht ist er noch nicht hier, doch das wird er bald sein. Auch der Winter in Ihrem Leben wird nicht ewig anhalten. Gott verspricht Ihnen, dass sein Frühling – sein neues Leben und seine neue Kraft – auch dort Einzug halten wird.

Selbst im Winter meiner Seele weiß ich, dass du bei mir bist, Vater. Ich ruhe in deiner Verheißung des Frühlings.

21. März

Kein Grund, sich zu entschuldigen

Jesus sagte zu ihnen: „Lasst uns einen einsamen Ort aufsuchen und ruht euch ein wenig aus." Denn es war ein ständiges Kommen und Gehen. Manchmal hatten sie nicht einmal Zeit zum Essen. Markus 6,31 (WD)

Wenn Sie einer Freundin oder Kollegin davon erzählen, dass Sie gerade ein entspanntes, erholsames Wochenende hinter sich haben – haben Sie dann das Gefühl, Sie müssten sich entschuldigen? Wir prahlen gern damit, dass unser Leben unheimlich geschäftig ist, aber wir zögern, über unser Bedürfnis nach Ruhe zu sprechen. Und wenn wir uns dann ausruhen, fühlen wir uns oft schuldig, so als hätten wir wertvolle Zeit verschwendet.

Sie müssen sich nicht dafür entschuldigen, dass Sie sich Zeit nehmen, um sich einmal richtig auszuruhen. Sie müssen kein schlechtes Gewissen haben, weil Sie sich um Ihren Geist, Ihren Körper und Ihre Seele kümmern. Auch Gott entschuldigte sich nicht dafür, dass er nach der Schöpfung einen Ruhetag einlegte, und außerdem hat er Ihnen auch das Gebot gegeben, regelmäßig zu ruhen – er *will* sogar, dass Sie sich ausruhen.

Befreien Sie sich von dem Gefühl, sich dafür schämen zu müssen, wenn Sie sich eine Auszeit nehmen. Freuen Sie sich stattdessen darüber, dass Sie neue Kraft und Freude bekommen und Ihren Stress los sind, wenn Sie bewusst und ausgiebig ruhen.

Herr, ich möchte, dass mir deine Anerkennung wichtiger ist als das, was andere vielleicht über mich denken. Hilf mir dabei!

22. März
Erholsame Freundschaften

Zwei haben es besser als einer allein, denn zusammen können sie mehr erreichen. Stürzt einer von ihnen, dann hilft der andere ihm wieder auf die Beine. Doch wie schlecht steht es um den, der alleine ist, wenn er hinfällt! Niemand ist da, der ihm wieder aufhilft! Prediger 4,9–10 (Hfa)

Wahre Freunde geben Ihnen das Gefühl, zu Hause zu sein. Sie fühlen sich in ihrer Gegenwart wohl, auch wenn Sie einen ausgeleierten Pulli oder eine Jogginghose tragen oder einfach einen schlechten Tag haben. Bei ihnen müssen Sie nicht so tun, als sei alles in Ordnung; Sie können ihnen alles sagen.

Andere Freundschaften sind etwas schwieriger. Sie haben vielleicht das Gefühl, sich stets beweisen zu müssen, sich immer von Ihrer besten Seite zeigen und jegliche Unsicherheit verbergen zu müssen. Beschreibt das eine Ihrer Freundschaften? Kommt es Ihnen so vor, als müssten Sie ständig an sich arbeiten, um die Anerkennung des anderen nicht zu verlieren? Falls das bei Ihnen der Fall ist, bitten Sie Gott doch einmal, Ihnen Freundschaften zu schenken, in denen Sie zur Ruhe kommen können.

Schon in Sprüche 17,17 heißt es: „Ein Freund handelt immer liebevoll …" (NGÜ). Eine Freundin liebt Sie, wenn Sie das heulende Elend sind und einen Fehler begangen haben. Ein Freund steht in guten und in schwierigen Zeiten zu Ihnen; ein wahrer Freund verschwindet nicht einfach. Freunde sollten Ihnen dabei helfen, zur Ruhe zu kommen – und nicht für noch mehr Stress sorgen. Danken Sie Gott heute für die Freunde in Ihrem Leben, bei denen Sie sich so zeigen können, wie Sie wirklich sind.

Herr, bitte bring du besondere Menschen in mein Leben, die bereit sind, ein Leben der Ruhe mit mir zu führen.

23. März

Ruhe während des Wartens

… der Friede Gottes, der unsere Vorstellungskraft übersteigt, wird eure Herzen und eure Gedanken in Jesus Christus bewahren. Philipper 4,7 (WD)

Warten fällt uns schwer. Es erfordert Geduld, Vertrauen auf Gott und noch mehr Geduld. Ob Sie auf einen Ehemann warten, auf ein Kind, auf eine Antwort von Gott oder eine Arbeitsstelle: Es kann eine Qual sein, wie langsam die Zeit vergeht. Sie würden so gern etwas tun. Immerhin wird es die Sache vorantreiben, wenn Sie etwas tun, richtig?

Denken Sie daran, dass Gottes Pläne vollkommen sind. Er kennt Ihre nächsten Schritte bis ins kleinste Detail. Gott will Ihnen zeigen, welch wunderschöne Geschichte er für Sie zusammenwebt, doch er will auch, dass Sie auf ihn warten. Warten formt den Charakter und stärkt die Ausdauer. Es führt uns vor Augen, dass wir kein Recht darauf haben, etwas zu bekommen, und lehrt uns Demut.

Suchen Sie Gottes Nähe, wenn Sie gerade eine Zeit des Wartens durchmachen. Bitten Sie ihn um Hilfe, wenn Sie entmutigt sind, und kommen Sie innerlich zur Ruhe, indem Sie sich seine Verheißungen vor Augen führen. Erinnern Sie sich daran, wie er Sie in der Vergangenheit schon beschenkt hat. Werden Sie innerlich ruhiger, während Sie warten – Gott ist gerade jetzt in Ihrem Leben am Werk. Warten Sie darauf, was er tut.

Jesus, es kommt mir so vor, als müsste ich ewig warten. Aber ich freue mich auch darauf, die Geschichte zu sehen, die du für mich schreibst.

24. März

Der Götze namens „Mehr“

Wahrer Glaube und die Fähigkeit, mit wenigem zufrieden zu sein, sind tatsächlich ein großer Reichtum.

1. Timotheus 6,6 (NL)

Der Götze namens „Mehr" begleitet uns seit unserer Kindheit: Wir wollen mehr Weihnachtsgeschenke, mehr Eis, mehr Aufmerksamkeit. Und „Mehr" stellt in der heutigen Zeit auch für viele Erwachsene eine große Herausforderung dar.

Unternehmen geben Milliarden von Euro aus, um Sie davon zu überzeugen, dass Sie mehr Kleidung, mehr technische Geräte, mehr … Zeug brauchen. Je mehr Sie sich ehrenamtlich an der Schule engagieren, in die Ihr Kind geht, desto mehr Respekt und Anerkennung erwarten Sie. Je mehr Stunden Sie arbeiten, desto mehr Lohn bekommen Sie. Die Liste des „Mehr" ist schier endlos.

Doch in Wirklichkeit brauchen wir weniger – weniger von uns und von dem, was wir selbst zu brauchen und zu wollen meinen, und mehr von ihm. Wenn wir mehr Zeit mit Jesus verbringen, werden wir Erfüllung erleben und eine besondere Belohnung bekommen: Wir werden mehr wie er werden. Er wird für uns immer wichtiger werden, und wir werden immer mehr in den Hintergrund treten. Nehmen Sie sich heute Zeit für Jesus, und lassen Sie sich von dem Götzen namens „Mehr" nicht länger Ihre Ruhe rauben.

Vater, ich will mehr wie Jesus werden. Schenke mir einen unstillbaren Durst nach mehr von dir.

25. März

Seien Sie für andere einfach nicht verfügbar

Doch sehnt sich der Herr danach, euch gnädig zu sein. Bald wird er zu euch kommen und sich wieder über euch erbarmen ... Jesaja 30,18 (Hfa)

Müde. Erschöpft. Ausgebrannt. Überarbeitet. Gestresst. Gehetzt. Wenn diese Worte Sie beschreiben, ist es Zeit, dafür zu sorgen, dass Sie für andere einfach einmal eine Weile nicht verfügbar sind. Setzen Sie Grenzen, und ziehen Sie sich zurück – und vielleicht wird Ihnen das nur dadurch gelingen, dass Sie konsequent Nein sagen.

Sie möchten anderen so gern helfen und engagieren sich gern. Sie lieben es, gebraucht zu werden und produktiv zu sein. Doch es könnte der Zeitpunkt kommen, an dem Sie „Jetzt ist es genug!" sagen müssen.

Denken Sie darüber nach, ob es nicht klug wäre, für eine Weile bei gewissen Dingen „nicht verfügbar" zu sein. Machen Sie Ihre Arbeit, kümmern Sie sich um Ihre Familie, und verbringen Sie Zeit mit Gott. Aber alles andere muss vielleicht eine Zeitlang zurückstehen. Wenn Sie nicht verfügbar sind, bedeutet das nicht, dass Sie sich nie wieder engagieren werden, und die Welt wird deshalb auch nicht aus den Angeln gehoben. Stattdessen wird diese Entscheidung in Ihrem Leben Raum schaffen, damit Sie erfrischt werden können, mehr beten und tiefer lieben können. Und am wichtigsten: Sie werden Zeit für Gott haben und innerlich zur Ruhe kommen, wenn Sie ihm Priorität einräumen.

Herr, lehre mich, wann ich verfügbar und wann ich nicht verfügbar sein sollte.

26. März

Ihre Nachtruhe

Nachts auf meinem Lager denke ich an dich, stundenlang sinne ich über dich nach: So viele Male hast du mir geholfen, und im Schutz deiner Flügel kann ich jubeln.

Psalm 63,7–8 (NGÜ)

Abends in Bett zu gehen ist eigentlich die offensichtliche Art, sich auszuruhen, aber das ist leichter gesagt als getan. Wenn Sie ein hektisches Leben führen, können Sie vielleicht nur abends Zeit mit Ihrem Partner oder Ihren Kindern verbringen. Die Abende sind unter Umständen die einzige Tageszeit, die Sie für sich allein haben, und wenn Sie ein introvertierter Mensch sind, ist das sehr wichtig. Vielleicht können Sie sich nur nach der Arbeit mit Ihren Freunden treffen, und wenn Sie ein extrovertierter Mensch sind, brauchen Sie diesen sozialen Austausch. Und manchmal ist der Spielfilm oder die Episode Ihrer Lieblingsserie, die Sie sich gerade anschauen, einfach zu spannend, um auszuschalten.

Das alles sind gute Gründe dafür, *nicht* ins Bett zu gehen – und sie sind auch der Grund dafür, dass das Zubettgehen Disziplin erfordert. Eine feste Schlafenszeit einzuhalten erfordert die feste Verpflichtung, eine angemessene Menge an Schlaf zu bekommen, damit Ihr Körper wieder auftanken kann.

Ruhe erfordert manchmal Opfer. Entscheiden Sie sich bewusst dafür, zu einer vernünftigen Zeit ins Bett zu gehen, und halten Sie daran fest. Sie werden staunen, wie gut ausgeruht Sie am Morgen sein werden.

Herr, ich weiß, dass ich mehr Schlaf brauche. Bitte hilf mir dabei, die Selbstdisziplin zu entwickeln, regelmäßig zeitig ins Bett zu gehen.

27. März

Ruhe zur Essenszeit

Jede gute Gabe und jedes vollkommene Geschenk kommt von oben, von unserem Vater, der im ewigen Licht wohnt. Er ändert sich nicht, und kein Schatten fällt auf uns, weil seine Einstellung zu uns ständig wechseln würde. Nein, sein Wille steht fest ... Jakobus 1,17 (WD)

Essenszeiten sind oft hektisch – ob Sie nun Teil einer Familie sind und den Ansprüchen kleiner Kinder gerecht werden müssen, eine alleinerziehende Mutter sind, die ihren Teenagern hinterherjagt, oder einfach nur sehr beschäftigt sind und unterwegs mit Müh und Not etwas zu essen ergattern. Trotz dieser Hindernisse ist es möglich, zur Essenszeit innerlich zur Ruhe zu kommen.

Die meisten Menschen nehmen täglich drei Mahlzeiten zu sich: Frühstück, Mittagessen und Abendessen. Legen Sie fest, welche dieser Mahlzeiten eine Zeit der Ruhe sein soll. Das kann vieles bedeuten: dass der Esstisch ein handyfreier Raum ist, dass Sie das Mittagessen in stiller Abgeschiedenheit einnehmen, sich als Familie vor dem Essen Zeit fürs Gebet nehmen oder sogar bewusst das Essen genießen, anstatt es hinunterzuschlingen. Stellen Sie insbesondere sicher, dass Sie die Essenszeit als eine Möglichkeit genießen, sich in Ruhe hinzusetzen und sich an Gottes Fürsorge zu erfreuen.

Ob Sie nun warme Waffeln essen, ein saftiges Steak oder ein Schüsselchen Müsli: Gott hat das für Sie bereitet. Nehmen Sie sich während des Essens Zeit, um sich bewusst zu machen, mit wie viel Güte und Liebe Gott Ihnen begegnet.

Du bist mein ultimativer Versorger, Jesus. Du bist so gütig, dass du meinen Körper und meine Seele nährst.

28. März

Auf Gottes leises Reden lauschen

Da trat der Herr zu ihm und rief wie vorher: „Samuel, Samuel!" Der Junge antwortete: „Sprich nur, ich höre. Ich will tun, was du sagst." 1. Samuel 3,10 (Hfa)

Haben Sie sich schon einmal still hingesetzt und bewusst Zeit mit Gott verbracht? Haben Sie schon einmal zwischen all den Bitten und Klagen in Ihren Gebeten eine Pause eingelegt, um auf das zu lauschen, was er Ihnen sagen will? Auf Gottes leises Reden zu hören ist ein wichtiger Teil Ihres Lebens als Christ. Doch weil wir täglich so viel um die Ohren haben, fällt es uns oft schwer, uns still hinzusetzen und einfach nur zu lauschen.

Üben Sie, auf Gottes leises Reden zu hören. Setzen Sie sich nach dem Lesen dieses Textes und dem Studieren Ihres heutigen Bibelabschnitts einfach still hin, und warten Sie, was geschieht. Widerstehen Sie dem Drang loszureden, und laden Sie ihn stattdessen ein, zu Ihnen zu sprechen. Sie werden wahrscheinlich keine hörbare Stimme vernehmen und vielleicht noch nicht einmal sicher sein, was er sagt, aber wenn Sie einüben, auf ihn zu hören, werden Sie auch lernen, seine leise Stimme zu erkennen.

Gottes leises Reden zu vernehmen ist auch eine Art der Ruhe. Dazu gehört, dass Sie still werden und geduldig darauf warten, dass er spricht. Und wenn Ihr Herz, Ihr Geist und Ihre Seele still geworden sind, wird er antworten – und Sie werden Ruhe finden.

Ich will auf dich hören, Herr, und nicht nur all meine Bitten vorbringen. Sprich, Herr, ich höre.

29. März

Die Jagd nach Bestätigung beenden

Ihr könnt sicher sein, dass ich niemanden, weder Menschen noch Gott, in irgendeiner Weise beeindrucken möchte. Auch rede ich niemandem nach dem Mund. Wenn ich das täte, könnte ich wohl kaum noch im Dienst Jesu stehen.

Galater 1,10 (WD)

Wir alle lieben es, wenn andere uns und das, was wir tun, gut finden. Wir lieben es, geliebt zu werden. Dieses Gefühl ist berauschend und macht abhängig, und es ist sehr förderlich für unsere Selbstachtung. Aber zu vielen von uns ist der Beifall anderer wichtiger als der Beifall Gottes.

Wenn es uns nur um die Bestätigung anderer geht, werden wir lebenslang auf der Jagd sein. Denn in dem Moment, in dem wir die Bestätigung einer Person bekommen – sei diese Person unser Chef, eine Freundin, der Partner, die Eltern, jemand, der uns etwas bedeutet, oder ein Lehrer –, werden wir sogleich Ausschau nach jemand anderem halten, der uns ebenfalls Beifall klatscht. Das kann überaus ermüdend sein.

Es ist völlig normal, beliebt sein zu wollen. Wir wollen, dass andere uns mögen, und wir wollen respektiert werden. Aber in erster Linie sollte es uns um Gottes Bestätigung gehen. Seine Meinung ist letztlich die einzige, die zählt. Weil er uns annimmt, dürfen wir innerlich zur Ruhe kommen, denn wir dürfen sicher sein, dass wir seine Liebe und seine Gnade niemals verlieren werden.

Herr, ich will mein Leben nicht so führen, dass mir die Menschen Beifall klatschen. Ich will nur eines: danach streben, dich zu kennen und dir zu gefallen.

30. März

In Ihrem aktuellen Lebensabschnitt Ruhe finden

Aber der Gott, der euch Gnade schenkt und durch Jesus Christus zu seiner ewigen Herrlichkeit berufen hat, wird euch ans Ziel bringen. Er wird euch Kraft geben und innerlich stark machen, damit ihr diese kurze Zeit der Leiden besteht.

1. Petrus 5,10 (WD)

Wir alle durchleben verschiedene Phasen in unserem Leben – Zeiten der Freude und der Feste, Zeiten des Kummers und der Verzweiflung und Zeiten des Wartens und Empfangens. Manche dauern nur einen Moment, während andere scheinbar ewig währen. Vielleicht würden Sie sich gerade lieber in einer anderen Lebensphase befinden, aber Sie können dort, wo Sie sind, trotzdem zur Ruhe kommen.

Wir Menschen richten unseren Blick am liebsten nach vorn. Wenn Sie gerade eine Zeit des Leides oder der Traurigkeit durchmachen, hoffen Sie natürlich darauf, dass bald eine Zeit der Heilung und des Feierns beginnt. Aber manchmal möchte Gott, dass Sie bewusst in Ihrer aktuellen Lebensphase bleiben – und das kann anstrengend sein. Doch seien Sie gewiss: Er wird Ihnen eine Atempause verschaffen.

Auch wenn Sie ihn nicht verstehen: Gottes Plan ist perfekt erdacht. Es gibt einen Grund, warum Sie zu dieser Zeit an diesem Ort sind. Machen Sie sich bewusst, dass Gott auch jetzt bei Ihnen ist. Und er flüstert Ihnen gerade zu: „Ich habe die Kontrolle. Hab keine Angst." Kommen Sie bei ihm zur Ruhe.

Gott, danke, dass du bei mir bist, sowohl auf den Höhen der Freude als auch in den Tiefen der Traurigkeit.

31. März

Ruhe durch Dankbarkeit

Wer den Herr achtet und ehrt, dem steht das Leben offen. Er kann ruhig schlafen, denn Angst vor Unglück kennt er nicht. Sprüche 19,23 (Hfa)

Wenn wir das Wort „Dankbarkeit" hören, müssen wir unweigerlich an das Erntedankfest denken. Während eines gemütlichen Essens mit der Familie unterhalten wir uns nach dem Gottesdienst darüber, wofür wir dankbar sind. Aber warum sollten wir nicht das ganze Jahr hindurch dankbar sein?

Auch wenn es banal klingt: Es gibt einen Bezug zwischen dem Bewusstsein für all die Segensgeschenke, die man erhalten hat, und Ruhe. Wenn wir unsere Segensgeschenke aufzählen, wird uns bewusst, wie viel wir in Wirklichkeit haben. Wenn wir die Dinge aufzählen, für die wir dankbar sind, richten wir unseren Blick nämlich weniger auf das, was wir nicht haben.

Ein dankbares Herz ist ein ruhiges Herz. Es will nicht immer noch mehr. Es verspürt nicht den Drang, sich in den Vordergrund zu drängen oder wettzueifern oder härter zu arbeiten; es ist zufrieden. Können Sie das über sich sagen?

Achten Sie heute einmal auf Ihre Segensgeschenke. Öffnen Sie Ihre Augen für diese erstaunliche Welt. Sie werden merken, dass Sie weniger zu Gier und Neid neigen, und stattdessen werden Sie einen Frieden erfahren, der alles menschliche Verstehen übersteigt. Es ist der Friede der Zufriedenheit und Ruhe.

Herr, lehre mich, mir der vielen Segensgeschenke bewusst zu werden, mit denen du mich jeden Tag überschüttest.

April

Jesus sagte zu ihnen: „Lasst uns einen einsamen Ort aufsuchen und ruht euch ein wenig aus."

Markus 6,31 (WD)

1. April

Finden Sie Ihren eigenen Weg

„Ihr aber, haltet dem Herrn, unserem Gott, von ganzem Herzen die Treue; lebt immer nach seinen Weisungen und befolgt seine Gebote, so wie ihr es heute tut!“ 1. Könige 8,61 (Hfa)

Viele sagen, dass sie sich engagiert für ihren Job, ihre Familie oder ihren Glauben einsetzen. Aber haben Sie schon einmal gehört, dass jemand sagt: „Ich setze mich engagiert für Ruhe ein“? Abgesehen davon, dass das in unseren Ohren etwas seltsam klingt, läuft dieses Anliegen auch allem zuwider, was unsere Gesellschaft propagiert. Wir sind darauf programmiert, schneller, härter und länger zu arbeiten – und das Bedürfnis nach Ruhe wird oft als Schwäche angesehen. Aber in der Bibel gibt es sogar ein Gebot, das uns anweist, an einem Tag in der Woche zu ruhen!

Wie könnte es aussehen, wenn Sie sich engagiert darum bemühen, regelmäßig körperlich und seelisch zu ruhen? Sie müssen solche Gelegenheiten zum Beispiel bewusst planen. Nehmen Sie sich jeden Tag Zeit, um in der Bibel zu lesen und mit Ihrem himmlischen Vater zu reden. Schalten Sie Handy, Computer und Fernseher aus, und seien Sie ganz „da“, wenn Sie Zeit mit Ihrer Familie verbringen. Oder hören Sie auf Ihren Körper, und halten Sie ein Nickerchen, wenn Sie eines brauchen. Gehen Sie an der frischen Luft spazieren. Nehmen Sie Ihr Leben unter die Lupe, und finden Sie heraus, wofür Sie dankbar sein können. Es gibt viele Möglichkeiten, wie Sie innerlich zur Ruhe kommen können, aber gleichgültig, was Sie tun: Es muss zu Ihrem Leben und Ihren Bedürfnissen passen. Finden Sie also heraus, was für Sie am besten funktioniert, und dann praktizieren Sie diese Form der Ruhe ganz beharrlich und regelmäßig.

Herr, ich will mich körperlich und geistlich ausruhen. Hilf mir dabei herauszufinden, wie das in meinem Fall aussehen kann.

2. April
Verletzlichkeit wagen

Seht, wie schön und angenehm es ist, wenn Brüder einträchtig beieinander wohnen! Psalm 133,1 (NGÜ)

Zu wem gehen Sie, wenn Sie ein Gebetsanliegen haben? Oder wenn Sie einen schweren Tag hatten? Wenn Sie jetzt bestimmte Personen vor sich sehen, sind das „Ihre Leute". Sie sind diejenigen, die Ihnen ganz konkret dabei helfen können zu ruhen – und sie sind diejenigen, bei denen Sie es wagen können, sich verletzlich zu machen.

Verletzlich zu sein ist in der heutigen Ellenbogengesellschaft kein angenehmes Gefühl. Aber wenn Sie es wagen, jemandem gegenüber ehrlich zu sein und sich verletzlich zu zeigen, ist die Wahrscheinlich groß, dass dieser Mensch es ebenfalls wagt, sich Ihnen gegenüber ehrlich und verletzlich zu zeigen. Vielleicht haben Sie gerade eine Operation hinter sich und brauchen jemanden, der Sie zum Arzt fährt; fragen Sie „Ihre Leute". Vielleicht brauchen Sie Hilfe mit dem Baby; fragen Sie „Ihre Leute". Oder vielleicht sind Sie frustriert darüber, dass Sie trotz der unzähligen Bewerbungen immer noch keine neue Stelle gefunden haben; fragen Sie „Ihre Leute", ob sie für Sie beten.

Seien Sie mutig: Wagen Sie es, um Hilfe zu bitten, riskieren Sie es, verletzlich zu sein. Und erwidern Sie diesen Gefallen!

Herr, es fällt mir so schwer, andere um Hilfe zu bitten. Gib mir den Mut, mich anderen gegenüber verletzlich zu zeigen.

3. April

Ruhe am Morgen

Herr, in aller Frühe bringe ich mein Gebet wie ein Opfer vor dich und warte sehnsüchtig auf deine Antwort.

Psalm 5,4 (NGÜ)

Ein zweistündiges Nickerchen ist heute vielleicht nicht drin. Einen einwöchigen Urlaub gibt Ihr Geldbeutel nicht her. Aber Sie können trotzdem dafür sorgen, dass Sie heute etwas Ruhe finden.

Es klingt vielleicht etwas unlogisch, wenn ich Ihnen vorschlage, morgens früher aufzustehen. Aber wenn Ihr Wecker nur zwanzig Minuten früher klingelt, könnte Ihnen das genug Zeit geben, in Ruhe einen Kaffee zu trinken, zu beten und ein paarmal tief durchzuatmen, bevor der Alltagsstress einsetzt. Sie werden konzentrierter, energiegeladener und ausgeglichener sein, als wenn Sie sich nur aus dem Bett gewälzt und gleich voll durchgestartet hätten. Ich verspreche Ihnen: Wenn Sie diese Zeiten der Ruhe am frühen Morgen zu einer festen Gewohnheit machen, werden Sie sich Ihren Start in den Tag ohne diese stille Zeit bald nicht mehr vorstellen können.

Probieren Sie es doch einmal aus. Stehen Sie morgens früher auf, und schauen Sie, wie das Ihr Leben verändert. Wenn Sie Ihren Morgen mit bewusster Ruhe beginnen, werden Sie einen weniger stressigen und dafür entspannteren Tag vor sich haben.

Vater, bitte segne meine Zeiten der Ruhe. Ich bitte dich darum, dass die Zeit, die ich morgens mit dir verbringe, Frucht bringt.

4. April
Ruhe am Nachmittag

Ständig will ich ihn mit starker Hand begleiten, mein Arm soll ihn stützen und stärken. Psalm 89,22 (NCÜ)

Manchmal fliegt der Morgen nur so vorüber, aber ein andermal kriecht er mit qualvoller Langsamkeit voran. Wie auch immer der Morgen war: Das Nachmittagstief erwischt Sie auf jeden Fall. Sie würden am liebsten ein Nickerchen machen, kochen sich aber stattdessen eine weitere Tasse Kaffee und hoffen, dass Sie bis zum Abendessen durchhalten. Kommt Ihnen das vertraut vor?

Wie wäre es, wenn Sie wirklich versuchen würden, sich am Nachmittag eine kleine Oase der Ruhe zu schaffen? Natürlich werden Sie sich im Büro nicht zu einem Nickerchen zurückziehen können, vielleicht noch nicht einmal zu Hause, wenn die Kinder unterhalten werden wollen. Doch Ihr Nachmittagstief ist vielleicht genau der Zeitpunkt, wenn Ruhe für Sie am wichtigsten ist – und Ruhe ist nicht immer gleichbedeutend mit Schlafen.

Fahren Sie innerlich herunter, indem Sie zehn Minuten an die frische Luft gehen. Wenn Sie zu Hause etwas Stille Zeit machen wollen, können Sie versuchen, die Kinder für eine Viertelstunde in ihre Zimmer zu schicken. Setzen Sie sich mit einer Tasse Tee auf die Veranda, schließen Sie Ihre Bürotür, oder verdrücken Sie sich an ein ruhiges Plätzchen, und bitten Sie Gott um neue Kraft.

Wenn Sie im Laufe des Nachmittags bewusst innerlich zur Ruhe kommen, können Sie das Nachmittagstief bekämpfen. Schöpfen Sie also neue Hoffnung: Sie können auch an stressigen Tagen etwas Ruhe finden.

Vater, bitte schenk mir neue Kraft, und hilf mir, an meinen Nachmittagen Ruhe – und dich – zu finden.

5. April

Schalten Sie Ihr Handy aus

Mein Sohn, sei aufmerksam, und hör auf meine Lehre, denn ich weiß, wovon ich rede! Sprüche 5,1 (Hfa)

Ihr Wecker klingelt, und Sie wachen auf. Automatisch greifen Sie nach Ihrem Handy, um gleich frühmorgens Ihre E-Mails abzurufen. Sie vernehmen ein summendes Geräusch und kramen auf der Suche nach Ihrem Smartphone in Ihrer Tasche. Sie wollen unbedingt wissen, wie spät es ist, also greifen Sie zu Ihrem Telefon. Und das sind nicht die einzigen Gelegenheiten, bei denen Sie nach Ihrem Handy greifen.

Ihr Handy ist Ihnen auf unterschiedlichste Weise eine Hilfe: Es liefert Ihnen die aktuelle Uhrzeit, Routenplanung, Informationen, schnelle Kommunikationsmöglichkeiten und Videochats mit Familienmitgliedern, die weit entfernt leben. Es gibt zahllose Apps, die bei allem helfen – angefangen von Apps, die Ihre täglichen Schritte zählen, bis hin zur Lieferung Ihrer Lieblingspizza. Doch manchmal müssen Sie das Handy ausschalten und mit Gott in Verbindung treten.

Vor Jahren – als das Telefon wirklich nur zum Telefonieren benutzt wurde – war es noch nicht nötig, das Gerät auszuschalten. Doch mit der Entwicklung des Smartphones und all seiner Möglichkeiten ist das Abschalten heute eine Notwendigkeit.

Schalten Sie also heute Ihr Handy einmal bewusst aus. Setzen Sie sich still hin und beten Sie. Achten Sie auf das, was Gott Ihnen vielleicht sagt, und genießen Sie das Geschenk der Stille.

Herr, erinnere mich regelmäßig daran, mein Smartphone auszuschalten und mit dir in Verbindung zu treten.

6. April

Die Welt dreht sich auch ohne Sie weiter

„Dies alles habe ich euch gesagt, damit euch das Kommende nicht erschüttert und ihr tiefen Frieden habt. In dieser Welt werdet ihr immer wieder meinetwegen in Schwierigkeiten geraten und oft auch scheitern. Aber verliert nie den Mut! Ich habe diese Welt bereits besiegt." Johannes 16,33 (WD)

Sie sind völlig erschöpft. Ihr Gehirn dreht sich mit einer Million Umdrehungen pro Minute, und Ihre Schultern sind so verspannt, dass Sie sie – bildlich gesprochen – bis zu den Ohren hochgezogen haben. Sie haben so viel zu tun, dass schon allein der Gedanke daran, sich kurz hinzusetzen und diese Worte zu lesen, undenkbar ist. Kommt Ihnen das bekannt vor?

Tun Sie es trotzdem: Halten Sie einmal inne. Die Welt wird sich auch ohne Sie weiterdrehen, und das ist in Ordnung. Ja, die Uhr tickt, und jede Sekunde ist so unglaublich wertvoll, aber noch wertvoller ist die Zeit, die Sie mit Gott verbringen. Atmen Sie tief ein; kommen Sie innerlich zur Ruhe. Entspannen Sie Ihre Schultern, und fangen Sie Ihre Gedanken ein.

Geben Sie jetzt alles an Gott ab, was Sie beschäftigt: Ihren vollen Terminplan, Ihre finanziellen Sorgen, den beruflichen Stress, den Kummer über schwierige Kinder oder gesundheitliche Probleme. Er will, dass Sie ihm vertrauen. Sie dürfen sich darauf verlassen, dass es das einzig Richtige ist, bei ihm zur Ruhe zu kommen – und dass die Welt dann auch wirklich nicht stehen bleiben wird.

Vater, hilf mir, mich aus der Geschäftigkeit dieser Welt zurückzuziehen und bei dir zur Ruhe zu kommen.

7. April

Wenn Sie nicht mehr weiterkönnen

Ich richte meinen Blick empor zu den Bergen – woher wird Hilfe für mich kommen? Meine Hilfe kommt vom Herrn, der Himmel und Erde geschaffen hat. Psalm 121,1–2 (NGÜ)

Sie sind völlig erschöpft. Anders kann man es nicht ausdrücken. Wenn Sie aufwachen, würden Sie am liebsten im Bett bleiben. Und wenn Sie einschlafen, ist viel zu schnell Morgen. Nur Kaffee und Adrenalin halten Sie noch auf den Beinen, und Sie sehnen sich nach Schlaf, wie sich ein Wanderer in der Wüste nach Wasser sehnt.

Das Leben kann so überwältigend sein. Die Verantwortung frisst Sie auf, und manchmal kommt es Ihnen so vor, als würden Sie nie eine Pause bekommen. Doch Gott will nicht, dass Sie alle Aufgaben übernehmen. Er will nicht, dass Sie so erschöpft sind, dass Sie Ihre Gesundheit aufs Spiel setzen.

Bitten Sie Gott heute um Hilfe. Bitten Sie ihn, jemanden zu Ihnen zu führen – Ihre Schwester oder Ihren Bruder, ein Elternteil, eine Freundin, eine Nachbarin, eine Kollegin oder ein Mitglied Ihrer Gemeinde –, der Ihnen Ihre Last abnimmt. Es ist so viel wichtiger, Ihren Körper, Ihren Geist und Ihre Seele vor der Erschöpfung zu bewahren, als so zu tun, als bekämen Sie alles auf die Reihe. Ihre Erschöpfung hat bald ein Ende; Hilfe ist schon unterwegs.

Jesus, ich richte meinen Blick bewusst auf dich. Ich bin so erschöpft und schwach. Hilf mir!

8. April

Sie können es nicht erzwingen

... auf dich vertraue ich. Lass mich den Weg wissen, den ich gehen soll ... Psalm 143,8 (NGÜ)

Wenn Sie ein Puzzle zusammensetzen – ganz gleich, ob es aus hundert Teilen besteht oder aus tausend –, trifft eines immer zu: Sie können nicht erzwingen, dass die Teile zusammenpassen. Selbst wenn Sie denken, dass ein Teil an eine bestimmte Stelle gehört: Wenn es nicht passt, können Sie das Puzzleteil einfach nicht an dieser Stelle platzieren. Sie müssen weitersuchen und ein Teil finden, das wirklich passt.

Kann man dasselbe nicht auch über unsere Lebenspläne sagen? Es kann verlockend sein, alles zu tun, um unsere eigenen Pläne umzusetzen. Wir wissen, was wir wollen, und denken, dass wir das richtige Puzzleteil haben, um die Pläne Wirklichkeit werden zu lassen. Vielleicht versuchen wir sogar zu erzwingen, dass es passt. Und dann sind wir überrascht, wenn wir bei der Arbeit nicht weiterkommen oder eine Beziehung zerbricht. Die Ruhe verabschiedet sich und Hektik hält Einzug.

Wenn Sie versuchen, dafür zu sorgen, dass ein Teil passt, es aber partout nicht funktioniert, dann bitten Sie doch Gott darum, Ihnen das richtige Teil zu zeigen. Vertrauen Sie darauf, dass er den Überblick hat. Immerhin ist er Fachmann, was Lebenspuzzles angeht, und er weiß, wie man scheinbar unzusammenhängende Teile zu einem wunderschönen Leben verbinden kann.

Herr, zeige mir, wie ich das Puzzle meines Lebens auf eine Weise zusammensetzen kann, die dich verherrlicht.

9. April

Machen Sie bei diesem Wettlauf nicht länger mit

„Denn ich urteile nach anderen Maßstäben als die Menschen. Für die Menschen ist wichtig, was sie mit den Augen wahrnehmen können; ich dagegen schaue jedem Menschen ins Herz.“ 1. Samuel 16,7 (Hfa)

Der Frühling kommt – und mit ihm halten in den sozialen Netzwerken Fotos Einzug. Ob Sie nun Twitter, Instagram oder Facebook nutzen: Überall werden jetzt die ersten Urlaubsfotos auftauchen. Sie scrollen durch die unterschiedlichen Seiten – Bilder von Kreuzfahrten in exotische Gefilde und Hotelanlagen, an denen man wunderbar entspannen kann, von aufregenden Skandinavien-Urlauben und atemberaubenden Bergwanderungen. Und obwohl die Bilder wunderschön sind, können Sie sich nicht darüber freuen. Neid macht sich breit. Im Stillen kritisieren Sie entweder die Fotos Ihrer Freunde oder sich selbst, weil Sie in diesem Jahr nicht verreisen können, zumindest nicht so großartig wie Ihre Bekannten. In aller Liebe: *Hören Sie damit auf.*

Kein Leben ist perfekt. Das ist nur eine Illusion, die uns weiterstreben und weitersuchen lässt. Es gibt nur einen, der wirklich Zufriedenheit schenkt, nur einen, der Gottes Anforderungen vollkommen genügt: Jesus.

Machen Sie sich bewusst, dass Gott nicht auf Ihre äußere Erscheinung, Ihre Urlaubsfotos, Ihren Beziehungsstatus oder

Ihren materiellen Reichtum sieht; er sieht in Ihr Herz. Und er lädt Sie ein, bei ihm zur Ruhe zu kommen. Also machen Sie nicht länger bei diesem „Wettlauf" in den sozialen Netzen mit, und schließen Sie Frieden mit Ihrem eigenen Leben.

Das Leben ist schwerer, wenn ich mich mit anderen vergleiche, Gott. Ich will meinen Blick stattdessen auf dich richten.

10. April

Ihr Leben ist in den Händen eines liebenden Gottes

Hoffe auf den Herrn, sei stark, und dein Herz fasse Mut – ja, hoffe auf den Herrn! Psalm 27,14 (NGÜ)

Wenn etwas Unerwartetes geschieht, kommt es uns schnell so vor, als hätten wir die Dinge nicht länger unter Kontrolle. Vielleicht haben Sie Ihre Arbeitsstelle verloren oder einen geliebten Menschen, oder Sie haben einen Unfall verschuldet. Vielleicht hat Ihnen Ihr Kind gerade etwas mitgeteilt, das Ihre Welt aus dem Gleichgewicht bringt, oder Sie haben Eheprobleme. So viele Dinge können dafür sorgen, dass Sie den Eindruck bekommen, Ihr Leben sei außer Kontrolle, und es ist schwer, nicht auch innerlich zu zerbrechen, wenn äußerlich alles zerbricht.

Richten Sie Ihren Blick auf Gott, wenn die Dinge außer

Kontrolle geraten. Erzählen Sie ihm davon, wenn Sie knietief in Rechnungen stecken, vor Sorgen im Kummer versinken oder unglaublich gestresst sind. Ihr Leben ist nicht wirklich außer Kontrolle; es liegt in den Händen eines überaus fähigen, liebenden Vaters. Er weiß nicht nur genau, was Sie brauchen, sondern er verfolgt auch gute Absichten für Ihr Leben. Kommen Sie innerlich zur Ruhe, und machen Sie sich bewusst, dass Ihr Leben in seinen liebevollen Händen ist.

Herr, es kommt mir so vor, als hätte ich gar nichts mehr im Griff. Bitte erinnere mich daran, dass du die Kontrolle hast.

11. April

Abschied vom Besser und Mehr

Wir sollten also damit zufrieden sein, dass wir etwas zum Essen und zum Anziehen haben. 1. Timotheus 6,8 (WD)

Sehen Sie sich in einer beliebigen Buchhandlung um, und Sie werden über viele Bücher stolpern, in deren Titel Begriffe wie „stärker“, „ruhiger“, „reicher“, „dünner“, „schneller“ oder „größer“ vorkommen. Die Gesellschaft versucht, uns einzureden, dass wir besser sein und mehr haben müssen. Wir brauchen mehr Erfolg. Mehr Geld. Und nur wer dünner ist, führt ein besseres Leben.

Und jedes Jahr nehmen wir uns etwas vor, bei dem es um „mehr" und „besser" geht. *Dieses Jahr werde ich es endlich schaffen*, denken wir. Wir streichen uns den Termin im Kalender an, stellen einen Plan auf, kaufen ein Buch, suchen uns jemanden, dem wir Rechenschaft ablegen wollen ... und dann versagen wir.

Ja, es ist großartig, gesünder zu leben, besser organisiert zu sein, strategischer vorzugehen oder erfolgreicher zu sein. Doch in all dem schwingt auch die Gefahr mit, ständig zu versuchen, den „Mehr"- und „Besser"-Maßstäben der Gesellschaft zu entsprechen. Es ist in Ordnung, manchmal zu sagen: „Ich werde in diesem Jahr stattdessen mehr Ruhe in mein Leben bringen, und ich will mehr von Gott." Das ist kein Zeichen von Faulheit; das ist ein bewusster Umgang mit der Zeit, die Gott Ihnen gegeben hat. Verabschieden Sie sich vom Besser und Mehr.

Herr, es kommt mir so vor, als müsste ich tagtäglich bei einem imaginären Rennen mitlaufen und alle würden mich ständig überholen. Hilf mir dabei, nicht länger nach Mehr und Besser zu streben.

12. April

Gott will Ihnen zeigen, was Sie tun sollen

„Ich will dich unterweisen und dir den Weg zeigen, den du gehen sollst. Ich will dich beraten und immer meinen Blick auf dich richten.“ Psalm 32,8 (NGÜ)

Lesen Sie die Worte von Psalm 32,8 noch einmal. Ist das nicht toll! Was für eine Verheißung! Und was für eine Entlastung!

Machen Sie sich darüber Sorgen, was nächste Woche oder nächsten Monat geschehen wird? Klopft Ihr Herz, wenn Sie an die Zukunft denken? Belasten Sie Ihre Finanzen, die Arbeitsmarktlage, Ihre Familie, Ihr Liebesleben oder die allgemeine Ungewissheit? Wenn ja, dann hat Psalm 32,8 genau die richtige Botschaft für Sie.

Gott verspricht, Ihnen zu zeigen, was Sie tun sollen. Er wird Ihnen den richtigen Weg weisen. Und er wird es auf liebevolle Weise tun. Beruhigt dieser Gedanke Sie?

Sie müssen sich nicht länger Sorgen um die Zukunft machen. Gott wird für Sie sorgen. Bevor Sie ihn auch nur nach etwas fragen, weiß er schon, was Sie brauchen. Hören Sie auf seine Stimme, die Sie führt, und folgen Sie dem Weg, über den er Sie führen will. Überlassen Sie die Zukunft Gott.

Herr, flüstere mir deine Verheißungen ins Herz, wenn ich mir wegen der Zukunft Sorgen mache.

13. April

Vorbereitung auf den Sabbat

„Schärfe den Israeliten ein, dass sie den Sabbat als Ruhetag achten! Denn er ist das Zeichen meines Bundes mit euch: Jeder soll daran erkennen, dass ich der Herr bin, der euch zu seinem heiligen Volk macht. Dieses Zeichen bleibt für alle Generationen bestehen.“ 2. Mose 31,13 (Hfa)

Haben Sie je darüber nachgedacht, sich auf den Sonntag vorzubereiten? Das kann eine große Rolle dabei spielen, wie sich dieser Tag für Sie anfühlt. Wenn Sie am Abend zuvor lange unterwegs sind, mit Ihren Kindern streiten, bevor Sie in die Kirche gehen, oder Mühe haben, der Predigt zu folgen, weil Sie erschöpft sind, wird Ihnen der Sabbat nicht wirklich wie ein Tag der Ruhe vorkommen. Stattdessen fühlt er sich am Ende wie jeder andere Tag an, und Sie versuchen bloß, ihn irgendwie zu überstehen.

Versuchen Sie, eine innere Haltung der Ruhe zu kultivieren, noch bevor der Sonntag überhaupt beginnt. Gehen Sie früh ins Bett. Erstellen Sie eine Liste all der Dinge, die den Tag der Ruhe stören – die Wäsche, der Abwasch, die Zubereitung des Essens, Hausaufgaben oder andere Dinge. Beschließen Sie, am Sonntag so weit wie möglich keines von diesen Dingen zu tun – nicht weil Gott das von Ihnen erwartet, sondern weil Sie sich wirklich nach Ruhe sehnen. Als Gott uns das Gebot gab, den Sabbat als Ruhetag zu achten, meinte er das auch. Ruhen Sie sich an diesem Sonntag also bewusst von allem aus.

Herr, ich will mich bewusster auf den Sabbat vorbereiten. Bitte zeige mir, wie das in dieser Woche aussehen könnte.

14. April

Ihr Schlafzimmer: eine Oase der Ruhe

Ich konnte mich hinlegen und ruhig schlafen; wohlbehalten bin ich wieder aufgewacht, denn der Herr ist mein Schutz. Psalm 3,6 (NGÜ)

Wenn Sie sich Fotos von einer Ferienanlage oder einem Hotel anschauen, herrscht in den Schlafzimmern Ruhe. Die Räume sind perfekt eingerichtet, sie sind aufgeräumt, und es gibt frische weiße Laken auf großen, luxuriösen Betten, auf die durch saubere Fensterscheiben das Sonnenlicht fällt.

Wenn Sie in Ihr eigenes Schlafzimmer gehen: Erweckt es in Ihnen dieselben Gefühle des Friedens und der Ruhe? Oder stolpern Sie über Berge schmutziger Wäsche, irgendwelches Zeug und Stapel von Büchern, die Sie gerade lesen? Wenn Ihr Schlafzimmer – der Ort, an dem Sie sich ausruhen wollen – keine Oase der Ruhe ist, könnte es Zeit für ein paar kleine Änderungen sein.

Räumen Sie auf, entrümpeln Sie Ihr Schlafzimmer und bringen Sie es auf Vordermann. Es sollte kein Ort sein, an dem Sie nur über Dinge stolpern, die Sie unbedingt noch erledigen müssen. Machen Sie es zu einem Ort, an dem Sie sich zutiefst wohlfühlen und durchatmen können. Wenn Sie Ihr Schlafzimmer zu einem Rückzugsort machen, können Ihr Körper und Ihr Geist dort zur Ruhe kommen. Schaffen Sie sich Ihre eigene Oase – und finden Sie Ruhe.

Hilf mir, eine Oase der Ruhe zu schaffen, Herr, einen Ort, an dem ich in deiner Gegenwart verweilen kann.

15. April

Nicht nach Anerkennung dürsten

„… dein Vater, der ins Verborgene sieht, wird dich belohnen." Matthäus 6,6 (NGÜ)

Anerkennung ist eine sehr verlockende Sache. Es fühlt sich gut an, wenn man Anerkennung für seine Bemühungen erntet, sei es als Ehefrau, Mutter oder Kollegin, Lehrer, Vater oder Freund. Es gefällt uns zu wissen, dass wir bemerkt und geschätzt werden. Und es beflügelt unser Vertrauen in unsere Fähigkeiten und unsere Arbeit und gibt uns die Gewissheit, dass wir auf dem richtigen (Lebens-)Weg sind. Doch das Streben nach Anerkennung führt auch manchmal von Gott weg.

Die ständige Jagd nach Anerkennung kann Sie müde machen und frustrieren. Sie haben so hart gearbeitet, doch die Beförderung haben Sie trotzdem nicht bekommen, oder ein Kollege, der es in Ihren Augen nicht verdient, wurde zum Angestellten des Monats ernannt. Sie haben alle Register gezogen, um eine gesunde Mahlzeit zuzubereiten, aber Ihre Kinder mäkeln am Essen herum. Sie haben einer Familie in Not eine Geldspende zukommen lassen, aber sie bedankt sich nie dafür. Sie wollten Bestätigung haben. Sie wollten Applaus bekommen. Sie wollten anerkannt werden.

Sie müssen sich nicht länger abstrampeln, denn: Gott sieht Sie – als Kind, Freund oder Freundin, Vater oder Mutter, Kollege oder Kollegin. Sie werden beachtet, und Ihre Bemühungen werden anerkannt.

Gott, du bist der Eine, der Einzige, den ich anbeten soll. Vergib mir, dass ich nach Anerkennung suche und nicht deine Nähe.

16. April

Innere und äußere Ruhe

Denn er ist unser Gott, und wir sind sein Volk,
die Schafe auf seiner Weide … Psalm 95,7 (NGÜ)

Von außen betrachtet, mag Ihr Leben einem Wirbelsturm gleichen. Ständig haben Sie irgendwelche Termine, und doch fühlen Sie sich zufrieden und ausgeglichen; Sie befinden sich im Zustand der Ruhe. Aber vielleicht sieht Ihr Leben von außen betrachtet auch absolut friedlich aus. Sie wachen auf und treiben ein wenig Sport, gemütlich nehmen Sie Ihre gesunden Mahlzeiten ein, und Sie bekommen jede Nacht neun Stunden Schlaf. Aber in Ihrer Seele tobt das Chaos.

Innere Ruhe ist noch viel wichtiger als ein aufgeräumter Terminkalender oder ein langsameres Lebenstempo. Jemand ist dann innerlich ruhig, wenn er sich bewusst ist, dass alles Gnade ist und dass nur Gott ihm die Kraft schenken kann, alle Herausforderungen des Lebens zu bewältigen. Nehmen Sie Ihr Leben einmal unter die Lupe. Sind Sie innerlich ruhig? Wenn Sie sich danach sehnen, sollten Sie sich bewusst Zeit mit Gott nehmen. Saugen Sie seine Gegenwart regelrecht in sich auf, und erleben Sie, wie Sie nicht nur innerlich ruhiger werden, sondern wie Ruhe auch in Ihr äußerliches Leben Einzug hält.

Meine Seele sehnt sich nach Ruhe, Vater. Erneuere mich von innen heraus und schaffe in mir einen Ort des Friedens.

17. April

Lauschen Sie still auf Gottes Flüstern

„Ach, würde mein Volk doch auf mich hören …“

Psalm 81,14 (NGÜ)

Es gibt viele verschiedene Vorstellungen davon, wie Ihre Zeit mit Gott aussehen sollte. Die einen empfehlen intensives Bibelstudium mit Konkordanzen und Kommentaren, andere Tagebuchschreiben, stille Reflexion, eine tägliche Andacht oder einen Spaziergang im Wald. Ja, es gibt zahllose Methoden, um Zeit mit Gott zu verbringen, und eine davon ist *Ruhe*.

Was wäre, wenn Sie einfach nur still in seiner Gegenwart säßen und auf sein leises Reden lauschten? Was wäre, wenn Sie nichts in Ihre Stille Zeit mitnähmen außer einem hörenden Ohr und einem offenen Herzen? Dieser Vorschlag klingt für Sie vielleicht fremd, und es kommt Ihnen so vor, als würden Sie etwas falsch machen, weil Sie *nichts* machen. Aber manchmal müssen wir einfach nur still in der Gegenwart Gottes sitzen und ihm unser Herz öffnen. Erlauben Sie sich, in den offenen Armen eines vollkommenen, liebenden und heiligen Gottes Ruhe zu finden: Manchmal ist es genau das, was Sie brauchen.

Verbringen Sie heute bewusst Zeit mit Ihrem Vater im Himmel, und freuen Sie sich darüber, dass er bei Ihnen ist, dass er für Sie da ist und Sie liebt.

Vater, mein Herz ist offen und lauscht, damit es deine Stimme hört. Danke, dass du mit mir sprechen willst.

18. April

Jammern Sie nicht länger ständig herum

Was ihr auch tut, tut es ohne zu klagen und zu zweifeln, damit niemand euch irgendetwas vorwerfen kann. Als Kinder Gottes sollt ihr ein reines, vorbildliches Leben führen in einer dunklen Welt voller verdorbener und verirrter Menschen, unter denen euer Leben wie ein helles Licht leuchtet.

Philipper 2,14–15 (NL)

Die Schlangen im Supermarkt sind lang, der Feierabendverkehr ist die Hölle, und Ihre Kollegin lässt eine Bemerkung fallen, die Ihr Blut zum Kochen bringt. Die Milch für Ihr Müsli war schlecht, Ihr Auto muss mal wieder in die Werkstatt, und Ihre älter werdende Mutter treibt Sie zur Verzweiflung. Wir beklagen uns jeden Tag über unzählige Dinge. Aber lohnt sich das?

Oftmals verschlechtern unsere Beschwerden unsere Laune noch mehr. Und da unser Jammern den Mangel nicht behebt, beklagen wir uns erneut. Und wenn wir ständig herumjammern, hat das auch Auswirkungen auf unsere Freunde, Familie und Kollegen und jeden, der uns über den Weg läuft. Warum machen wir nicht einfach mal eine Pause und beklagen uns eine Zeitlang nicht?

Erinnern Sie sich jedes Mal, wenn Sie anfangen, sich zu beschweren, daran, dass Sie eigentlich innerlich zur Ruhe kommen wollen. Konzentrieren Sie sich auf das Positive. Atmen Sie tief durch und machen Sie einfach weiter. Bitten Sie Gott, Ihnen dabei zu helfen, auf das zu achten, was aus Ihrem Mund kommt. Herumzujammern kann ein Vollzeitjob werden, also nehmen Sie sich unbegrenzten Urlaub vom Klagen.

Herr, erinnere mich sanft daran, mich auf das Positive zu konzentrieren, wenn ich in Versuchung gerate, wieder zu jammern.

19. April
Aufschieberitis

Wenn jemand um das Gute weiß, das Gott durch ihn tun will, es aber nicht tut, lädt er Schuld auf sich. Jakobus 4,17 (WD)

Sie haben es schon wieder getan. Die Uhr tickt und der Abgabetermin rückt näher. Sie wissen nicht, wie Sie unter diesen Umständen fertig werden sollen. Aber Sie wissen, wie es passieren konnte, dass Sie erneut in der Bredouille stecken: Sie haben das Projekt vor sich hergeschoben. Sie wissen doch, dass das Aufschieben Sie unnötig stresst und erschöpft – warum nehmen Sie sich nicht vor, in Zukunft etwas daran zu ändern?

Wo schieben Sie Dinge vor sich her? Warten Sie mit Ihrer Steuererklärung bis kurz vor Torschluss, oder besorgen Sie das Hochzeitstagsgeschenk erst am Vortag? Vielleicht schieben Sie ständig irgendwelche Arbeitsprojekte so lange vor sich her, bis der Abgabetermin vor der Tür steht. Oder Sie warten mit der Buchung der Flugtickets, bis die Preise explodieren, oder zögern Ihre Weihnachtseinkäufe bis zum 24. Dezember hinaus. Kommt Ihnen das bekannt vor?

Wenn Sie ständig Dinge vor sich herschieben, werden Sie nie zur Ruhe kommen. Befreien Sie Ihr Leben von Stress, indem Sie sich von der Aufschieberitis verabschieden. Entscheiden Sie sich heute dafür … und nicht erst morgen.

Du weißt, wie sehr ich dazu neige, Dinge vor mir herzuschieben, Herr. Hilf mir, diese Angewohnheit abzulegen.

20. April

Ihr bester Freund

„Ich nenne euch nicht länger Diener, weil Diener nichts von dem verstehen, was ihre Herren denken und planen. Nein, ich habe euch Freunde genannt, weil ich euch Einblick in alles gab, was ich von meinem Vater gehört habe."

Johannes 15,15 (WD)

Es gibt Menschen, die Sie einfach verstehen. Wenn Sie sich treffen – und seien dazwischen Monate oder Jahre vergangen –, machen Sie einfach dort weiter, wo Sie aufgehört haben. Sie müssen sich nicht erst wieder beschnuppern, es gibt keinen Grund zum Small Talk, und freundliche Vorstellungsrunden sind auch Geschichte. Diese Freunde sollten Sie sich warmhalten!

Jesus ist einer dieser Freunde; er ist in der Tat der perfekte Freund. Er weiß, wo Sie sich falsch verhalten, kennt Ihre Unsicherheiten und peinlichen Erlebnisse. Und er liebt Sie trotzdem. Er sieht Tag für Tag, wo Sie versagen oder scheitern, und er will trotzdem Zeit mit Ihnen verbringen. Erstaunlich, nicht wahr?

Falls Sie schon seit einer Weile nicht mehr mit Jesus gesprochen haben: Gehen Sie einfach wieder mal vertrauensvoll zu ihm. Sehen Sie, wie er auf Sie zuläuft, ganz wild darauf, Sie wieder willkommen zu heißen. Spüren Sie, wie er Sie liebevoll in die Arme nimmt. Und merken Sie, wie Sie innerlich zur Ruhe kommen, wenn Ihnen klar wird, dass er treu zu Ihnen steht. Wenn Jesus Ihr Freund ist, kann Ihre erschöpfte Seele, die sich ständig nach mehr sehnt, jederzeit Ruhe finden. Gibt es einen besseren Freund?

Jesus, du bist der beste Freund, den ich jemals hatte. Danke, dass du immer für mich da bist.

21. April

Sie sind ein Meisterwerk

Was wir jetzt sind, ist allein Gottes Werk. Er hat uns durch Jesus Christus neu geschaffen, um Gutes zu tun. Damit erfüllen wir nun, was Gott schon im Voraus für uns vorbereitet hat. Epheser 2,10 (Hfa)

Sie sind Buchhalter, Krankenschwester, Feuerwehrmann, Musikerin. Sie sind Mutter, Vater, Schwester, Opa, Freundin, Kollege. Sie sind liebenswürdig und treu, lebhaft und lustig, intelligent und stark. Sie sind so vieles, und das alles steckt in einem einzigen Körper.

Sie sind ein echtes Meisterwerk. Doch Sie fühlen sich vielleicht gar nicht meisterlich. Sie fühlen sich schwach, entmutigt, überwältigt oder wütend. Sie wären vielleicht gern jemand anders. Sie wären gern größer oder kleiner, dünner, reicher oder gelassener. Aber wissen Sie was? Sie sind Sie, und das ist gut so, denn es gibt niemanden, der so ist wie Sie. Sie sind ein einzigartiges Geschöpf mit einer einzigartigen Kombination von Gaben und Eigenschaften. Ihr Verstand, Ihre Stimme, Ihr Lachen und Ihre Persönlichkeit sind auf wundervolle Weise unersetzlich.

Versuchen Sie nicht länger, jemand zu sein, der Sie nicht sind. Fangen Sie an, die Person zu sein, als die Gott Sie geschaffen hat: Sie selbst. Denken Sie heute einmal darüber nach, und spüren Sie, wie Sie innerlich zur Ruhe kommen. Bitten Sie Ihren Schöpfer jedes Mal, wenn Sie merken, dass Sie sich selbst kritisieren, darum, dass er Ihnen zeigt, wie er Sie sieht. Nehmen Sie sich selbst an, und schließen Sie Frieden mit der Person, die Sie sind – ein geliebtes Kind Gottes.

Vater, erinnere mich daran, dass ich dein geliebtes Kind bin, wenn ich mir wieder einmal wünsche, jemand anders zu sein.

22. April

Gegen Unruhe und Angst

Als mir die Sorgen keine Ruhe mehr ließen, hast du mich getröstet und wieder froh gemacht. Psalm 94,19 (Hfa)

Angst und Unruhe sind sehr mächtige Emotionen. Sie verschlingen alles und lähmen uns, und oftmals gaukeln sie uns vor, dass wir die Kontrolle verlieren oder dass uns keiner liebt. Vielleicht haben Sie täglich damit zu kämpfen, oder vielleicht sind Sie nur dann ausgesprochen unruhig und ängstlich, wenn Sie mit dem Flugzeug unterwegs sind oder in einem Taxi. Jeder Mensch fürchtet sich hin und wieder vor Dingen, doch Fakt ist: Angst kann durchaus überwältigend sein.

Wenn Sie sich heute unruhig und ängstlich fühlen, gibt es Hoffnung. Sie können Frieden finden und Ihre Angst überwinden. Es wird der Tag kommen, an dem Ihr Herz nicht länger unkontrollierbar rast. Es wird eine Zeit kommen, in der Sie nicht das Gefühl haben, dass Ihnen die Aufgaben über den Kopf wachsen.

Sie können ganz konkrete Schritte unternehmen, wenn Sie Ihre innere Unruhe oder Ihre Angst überwinden wollen: Bitten Sie Gott um Hilfe. Wenden Sie sich danach an ein Familienmitglied, eine Freundin oder einen Berater. Beschäftigen Sie sich mit Bibelstellen, in denen von dem Frieden die Rede ist, den Gott Ihnen schenken will. Und seien Sie gewiss: Ihre Unruhe und Ihre Angst werden nicht ewig andauern. Sie werden Ruhe finden.

Vater, ich will bei dir Zuflucht finden, wenn Unruhe und Furcht mich aufzufressen drohen. Schenke du mir Frieden.

23. April

Nein sagen ohne Schuldgefühle

„Euer Ja sei ein Ja und euer Nein ein Nein …“

Matthäus 5,37 (NGÜ)

Fakt ist: Wenn Sie zu einer Sache Nein sagen, erlaubt Ihnen das, zu anderen Dingen Ja zu sagen, die (für Sie) wichtiger sind.

Wenn Ihnen die Anerkennung der Menschen wichtig ist, wird es Ihnen schwerfallen, Nein zu sagen. Sie würden lieber Ja sagen und sich selbst überfordern, als Nein zu sagen und jemanden zu enttäuschen. Aber wenn Ihre Jas sich häufen, stehlen sie anderen Aspekten Ihres Lebens wertvolle Zeit: Ihrer Arbeit oder Ihrer Familie, Ihren Freunden, der Gemeinde … und sie stehlen Ihnen Ihre Ruhe. Wenn Sie Ja sagen, fühlen Sie sich gut, weil Sie jemand anderem helfen können – aber manchmal schaden Sie damit sich selbst.

Deshalb sollten Sie keine Schuldgefühle haben, wenn Sie hin und wieder Nein sagen. Nein zu sagen ist nicht selbstsüchtig; Sie handeln lediglich in dem Bewusstsein, dass Ihre Zeit wertvoll ist. Auch Jesus sagte nicht zu allem und jedem Ja. Er ließ Menschenmengen zurück, verbrachte Zeit mit seinen Jüngern, und er ruhte sich aus.

Wenn Sie heute merken, dass Sie aus einem Schuldgefühl heraus Ja sagen, halten Sie kurz inne. Fragen Sie Gott, ob Sie – höflich, sanftmütig und liebevoll – nicht doch Nein sagen sollten.

Herr, oft habe ich ein schlechtes Gewissen, wenn ich eigentlich Nein sagen muss. Erinnere mich dann an meine Grenzen.

24. April

Vertrauen Sie Gott Ihre Familie und Ihre Freunde an

„Herr, du bist der wahre Gott, auf dein Wort kann man sich verlassen. Du hast mir, deinem Diener, so viel Gutes verheißen.“ 2. Samuel 7,28 (Hfa)

Ihr Vater leidet an Alzheimer. Ihre Freundin trifft ständig unkluge finanzielle Entscheidungen. Ihre Mutter hat ihre Arbeitsstelle verloren. Ihr Sohn wird in der Schule gemobbt. Ihre Tochter hat gerade eine erschreckende Diagnose erhalten. Familienmitglieder werden krank und alt, treffen schlechte Entscheidungen oder ringen mit Problemen – das mitanzusehen kann hart und beängstigend sein. Es wäre so viel leichter, wenn Sie alles kontrollieren könnten … Doch wäre es das wirklich?

Machen Sie sich gerade um einen Ihrer Lieben Sorgen? Sind Sie ganz unruhig oder leiden Sie mit? Halten Sie sich vor Augen, dass Gott alles in seiner liebevollen Hand hält. Er, der das Universum erschaffen hat, kennt jedes Detail dieser Situation. Er weiß, wie die Sache ausgehen wird, und er möchte, dass Sie auf sein Timing, seine Fürsorge und seinen Trost vertrauen. Es ist schwierig, aber es ist auch sehr befreiend anzuerkennen, dass Sie nicht die Kontrolle besitzen. Aber Sie haben einen Gott, der Sie zutiefst liebt. Er kann Ihnen selbst in Ihren tiefsten Ängsten und Ihrem größten Kummer Ruhe schenken.

Jesus, ich will dir alle Menschen anvertrauen, die mir am Herzen liegen. Ich weiß, dass du dich liebevoll um sie kümmern willst.

25. April

Wenn Ihr Konto im Minus ist

Manche Völker verlassen sich auf ihre Heere und Waffen, wir aber vertrauen dem Herrn, unserem Gott.

Psalm 20,8 (NL)

Sie holen Ihre Kreditkarte heraus, um Ihre Lebensmittel zu bezahlen, und zucken innerlich zusammen. Sie geben der Gemeinde Ihren Zehnten und beten, dass Gott Sie versorgen wird. Sie nehmen einen Nebenjob an und haben sich zu einem echten Experten für Gutscheine entwickelt. Aber noch immer ist Ihr Konto im Minus.

Auch wenn Sie mit Geldsorgen kämpfen, gilt: Gott kennt Ihre Not. Er weiß, wie viel die nächste Autoreparatur kosten wird, wie lange Sie ohne Arbeit sein werden und wann der nächste Schulausflug bezahlt werden muss. Er ist aufs Engste in Ihr Leben eingebunden, und er sorgt sich um Sie und Ihr Wohlbefinden.

Atmen Sie tief durch, und spüren Sie, wie die Luft in Ihre Lungen strömt. Gott – der Ihre Atemwege und jedes einzelne Sauerstoffmolekül, das sie füllt, erschaffen hat – weiß um *alles*, was Sie brauchen, und er verspricht, dafür zu sorgen. Klammern Sie sich heute an seine Verheißungen. Selbst wenn Ihre Finanzen trostlos aussehen, dürfen Sie innerlich ganz ruhig sein: Gott wird für Sie sorgen.

Du versprichst, für mich zu sorgen, Herr, und darauf will ich vertrauen. Hilf mir, weiser mit dem umzugehen, was du mir anvertraut hast.

26. April

Wenn das Leben nicht so läuft, wie Sie es gern hätten

Doch ich verlasse mich auf den Herrn, ich warte auf seine Hilfe. Ja, mein Gott wird mich erhören! Micha 7,7 (Hfa)

Wie konnte das nur passieren?, fragen Sie sich. Das Leben läuft einfach nicht so, wie Sie es sich vorgestellt hatten, als Sie jünger waren. Es ist viel härter – mehr Verantwortung, Sorgen, Leid und Stress. Wenn man als Kind „Mama, Papa, Kind" spielt, ist das etwas ganz anderes, als wirklich erwachsen zu sein, oder?

Wenn das Leben nicht so läuft, wie Sie es erhofft hatten, sind Sie schnell entmutigt. Vielleicht stecken Sie beruflich in einer Sackgasse, oder Ihr Traum vom Musikerdasein ist zerplatzt. Ihre Mutter ist gerade verstorben, Ihr Ehemann hat Sie verlassen, Ihre Kinder sind eine echte Herausforderung, oder Ihre beste Freundin ist Ihnen in den Rücken gefallen. Das Leben wirft uns Knüppel zwischen die Beine, und manchmal fallen wir hin.

Wie können Sie diese Herausforderungen bewältigen? Wie können Sie trotzdem innerlich ruhig und zufrieden sein?

In der Bibel steht, dass Gott uns helfen will. Erzählen Sie ihm von all Ihren Kämpfen, und vertrauen Sie seinem offenen Ohr Ihre Ängste an. Er hört zu – und er will Ihnen Ruhe schenken.

Herr, mein Gott und König, nur du schenkst mir Hoffnung, Erfüllung, Freude und Zukunft.

27. April

Eifersucht überwinden

... Eifersucht ist wie Fäulnis in den Knochen.

Sprüche 14,30 (NGÜ)

Eifersucht beginnt schleichend, doch dann ist sie „wie Fäulnis in den Knochen". Und wie Unkraut, das einmal Wurzeln geschlagen hat, verbreitet es sich schnell und ist schwer auszurotten.

Unsere materialistische Gesellschaft fördert die Vorstellung, dass wir niemals genug haben, und viele von uns sind diesen Lügen auf den Leim gegangen. Wenn wir Menschen sehen, die glücklich wirken, wollen wir, was sie haben: eine Kreuzfahrt in die Karibik, perfekte Haut, eine beeindruckende Berufsbezeichnung, einen attraktiveren Ehemann, besser erzogene Kinder, einen makellosen Körper – die Liste ist endlos.

Eifersucht ist ein unerbittlicher Herrscher, der unser ganzes Leben gefangen nehmen kann – doch sie muss Sie nicht beherrschen. Sie können sie überwinden. Bitten Sie Gott, Sie von Ihrer Eifersucht zu befreien, dann werden Sie mit Ihrem eigenen Leben und Ihrer eigenen Geschichte zufrieden sein. Lassen Sie nicht zu, dass Eifersucht Ihre Knochen verfaulen lässt. Gebieten Sie ihr Einhalt, bevor sie auch Ihr Herz infiziert. Bitten Sie Gott darum, jeden dieser eifersüchtigen Gedanken gefangen zu nehmen. Machen Sie sich dann bewusst, mit welchen Segensgeschenken Gott Sie schon beschenkt hat – Sie werden merken, dass Sie innerlich viel ruhiger und zufriedener werden.

Bitte, Herr, nimm all meine Gedanken gefangen – insbesondere die eifersüchtigen – und schenke mir Ruhe.

28. April

Gehen Sie in die Natur

Wer diese Welt auch nur ein wenig unvoreingenommen betrachtet, kann das, was wir darin von Gott erkennen können, selbst entdecken. Denn das, was an Gott unsichtbar ist, wird, seit es Menschen gibt, an seiner Schöpfung selbst erkannt. Römer 1,20 (WD)

Viele Untersuchungen haben gezeigt, dass es nicht nur für unser körperliches Wohlbefinden gut ist, Zeit in der Natur zu verbringen, es ist auch für unser mentales und soziales Wohlbefinden förderlich. Die Natur hilft dabei, Aufmerksamkeitsspanne, Kreativität, Fähigkeiten zur Problemlösung und das Selbstwertgefühl zu erhöhen. Sie kann Stress reduzieren, die Fähigkeit zur Konfliktlösung erhöhen, unsere Widerstandskräfte stärken, Noten verbessern und Depressionen lindern.

Warum sollte man bei all diesen Vorteilen nicht häufiger nach draußen gehen? Die Natur ist ein großartiger Ort, um zu entspannen und innerlich zur Ruhe zu kommen. Ob Sie eine lange Fahrradtour unternehmen, eine Wanderung machen, durch Ihre Nachbarschaft joggen oder einfach nur an einem See sitzen: Sie werden sehr davon profitieren, innerlich bewusst im Freien zur Ruhe zu kommen.

Gottes Schöpfung ist wunderschön – aber sie schenkt uns auch neue Kraft, sie inspiriert und bringt uns innerlich ins Gleichgewicht. Wenn Sie erschöpft sind oder einfach eine Pause vom täglichen Allerlei brauchen, dann öffnen Sie doch einmal die Tür, und gehen Sie nach draußen. Kommen Sie in den Wundern der Natur innerlich zur Ruhe.

Wenn ich das betrachte, was du erschaffen hast, Herr, muss ich einfach staunen.

29. April

Vom richtigen Umgang mit der Zeit

Achtet also darauf, wie ihr lebt! Man braucht Weisheit, um in dieser Zeit das Richtige zu tun und die Tage gut zu nutzen. Lasst euch von Gott Weisheit schenken!

Epheser 5,15–17 (WD)

Das ist eine wichtige Frage: *Gehe ich mit meiner Zeit klug um?* Sie werden vielleicht überrascht sein, wie oft die Antwort Nein lautet. Wenn Sie nicht länger „mal eben" zehn Minuten im Internet surfen, sich eine halbe Stunde lang über den Streit mit Ihrem Ehemann aufregen oder eine Stunde vor der Glotze hängen und sich eine Sendung anschauen, die Sie nur halb interessiert, werden Sie entdecken, dass Sie mehr Zeit zur Verfügung haben, als Sie dachten.

Wenn Sie sich regelmäßig die Frage stellen: *Gehe ich mit meiner Zeit klug um?*, können Sie die Zeitspannen, die Sie frei gemacht haben, mit etwas Lebenspendendem füllen – Sie könnten ein Nickerchen machen, Zeit im Gebet verbringen, mit Ihrem Kind spielen, Ihre Schwester anrufen oder ein Buch lesen. Oder Sie könnten einige notwendige Aufgaben erledigen, wie Pausenbrote schmieren, eine Telefonkonferenz vorbereiten oder den Essensplan für die nächste Woche aufstellen … Auf diese Weise haben Sie mehr Zeit dafür, sich bewusst Oasen der Ruhe zu schaffen.

Herr, erinnere mich daran, dass mir nur eine bestimmte Zeitspanne gegeben ist. Hilf mir dabei, mein Leben bewusster zu führen und immer wieder Raum zum Ausruhen zu schaffen.

30. April

Versöhnung schenkt Ruhe

Er wird dich wieder lachen lassen und dir Grund zum Jubel geben ... Hiob 8,21 (Hfa)

Wir alle geraten von Zeit zu Zeit mit anderen aneinander. Ob es nun um unsere Eltern, Geschwister, Gemeindemitglieder, Kollegen, Freunde oder Kinder geht: Beziehungsturbulenzen sind unvermeidlich. Wir sind fehlerhafte Menschen, und manchmal sagen und tun wir etwas, das andere verletzt.

Gibt es eine Beziehung in Ihrem Leben, in der es gerade drunter und drüber geht? Sind Sie darüber ernsthaft beunruhigt? Hält dieses Problem Sie nachts wach? Spüren Sie einen Knoten im Bauch, wenn Sie an diese Person denken? Wenn ja, erzählen Sie Gott davon. Bitten Sie ihn, Ihnen zu zeigen, inwiefern Sie die Schuld an den Problemen tragen.

Wenn Beziehungen gestört sind, man aber trotzdem mit diesen Menschen zu tun hat, kann das ausgesprochen stressig, heikel und schmerzvoll sein. Aber wenn Sie Gott vertrauen, kann er Ihnen diese Last nehmen und Sie seinen vollkommenen Weg entlangführen. Bitten Sie ihn, Ihnen dabei zu helfen, heute einmal nicht an diese Beziehungsprobleme zu denken, sondern zur Ruhe zu kommen. Sie werden innerlich Frieden finden, wenn Sie sich bewusst machen, dass er jederzeit an Ihrer Seite ist, selbst in den schwierigsten Situationen.

Vater, du möchtest, dass wir Menschen in Frieden miteinander leben. Bitte zeige mir, wo ich schuldig geworden bin, und bring Frieden in diese schwierige Beziehung.

Mai

„Wer aber auf mich hört, lebt ruhig und sicher, vor keinem Unglück braucht er sich zu fürchten.“

Sprüche 1,33 (Hfa)

1. Mai

Wenn Gott nicht sofort antwortet

Der Herr ist meine Stärke und mein Schild. Auf ihn habe ich vertraut, darum wurde mir geholfen. Deshalb ist mein Herz voll Freude und Jubel, ich will ihn preisen mit meinem Lied. Psalm 28,7 (NGÜ)

Wir leben in rasanten Zeiten. Bestellungen sollen noch am selben Tag bearbeitet und abgeschickt werden, Mahlzeiten müssen in fünf Minuten fertig sein, und wenn wir Veränderungen durchführen, wollen wir sofort Ergebnisse sehen. Heutzutage erwarten wir einfach, dass unsere Bedürfnisse sofort erfüllt werden, und wenn wir warten müssen, ist das eine echte Qual.

Warten Sie gerade darauf, dass Gott Ihre Gebete erhört? Vielleicht sehnen Sie sich nach einem Ehemann oder einem Kind, doch die Antwort scheint bisher ein Nein zu sein. Vielleicht suchen Sie nach einem neuen Arbeitsplatz, sparen für die Rente oder warten darauf, ob die Untersuchungsergebnisse negativ sind. Wir warten auf die unterschiedlichsten Dinge, und meistens werden unsere Gebete nicht sofort beantwortet. Und das ist in Ordnung so.

Es ist in Ordnung, weil Gottes Absichten für uns besser sind, als wir uns das vorstellen können. Er hört Ihre Gebete, und er kennt Ihre Wünsche. Er ignoriert Sie nicht; er handelt einfach nur auf seine Weise und zu seiner Zeit. Kommen Sie in dem Wissen zur Ruhe, dass Gott gut ist und Sie liebt und dass er Sie gern mit seinen Segensgeschenken überschüttet – diese werden nur oft nicht über Nacht zugestellt.

Hilf mir, darauf zu vertrauen, dass du nur Gutes für mich willst, Herr, besonders während ich gerade sehnsüchtig darauf warte, dass etwas eintritt.

2. Mai

Sie müssen nicht perfekt sein!

Dabei ist es wichtig, dass sich eine Frau nicht auf Äußerlichkeiten stützt, indem sie sich aufwendige Frisuren machen lässt, sich über und über mit goldenem Schmuck behängt und teure Kleider trägt. Sie sollte sich auf das verlassen, was auch in den Augen Gottes kostbar ist: Alles, was ihr Wesen wertvoll macht, Sanftheit, Liebe, Bescheidenheit ….

1. Petrus 3,3–4 (WD)

Versuchen Sie, ein bestimmtes Bild von sich zu vermitteln? Möchten Sie, dass andere Sie für eine Supermutti halten, für einen einflussreichen Geschäftsmann, für jemanden, der alles kann und dem alles gelingt, für einen Menschen, der die Party in Schwung bringt, oder das Kirchengemeindemitglied mit der perfekten Familie? Das ist an sich nichts Schlechtes – außer Ihr Leben dreht sich nur noch um diese Dinge. Beschäftigen Sie sich zu viel damit, *wie Sie aussehen*, um noch Zeit zu finden, damit zufrieden sein zu können, *wer Sie sind?*

Die Wahrheit ist: Wir alle sind nicht gut genug. Wir alle machen Fehler. Wir lassen andere im Stich und enttäuschen sie. Niemand beherrscht alles. Und obwohl wir alles tun, damit andere uns für perfekt halten, sind wir in Wirklichkeit weit davon entfernt. In der Bibel steht, dass die Menschen sich von der äußeren Erscheinung eines anderen beeindrucken lassen, aber Gott weiß, wie es in dieser Person aussieht (1. Samuel 16,7). Jagen Sie nicht länger einer perfekten Erscheinung oder einem perfekten Image nach, sondern bitten Sie Gott darum, Ihr Herz zu verändern und Sie von dem Wunsch zu befreien, einem äußeren Bild nachzueifern, das Sie niemals wirklich zufriedenstellen wird.

Vater, befreie mich von meiner Schuld, und verändere mich von innen heraus. Erneuere mich, und gib mir die Kraft, dir treu zu sein.

3. Mai

Alles eine Frage der Perspektive

Doch ich segne jeden, der seine Hoffnung auf mich, den Herrn, setzt und mir ganz vertraut. Jeremia 17,7 (Hfa)

Wenn Ihr Wecker Sie aus dem Schlaf reißt, das Baby mit lautem Geschrei erwacht oder Ihre Besprechung auf 8 Uhr vorverlegt wird, beginnt Ihr Tag schnell ausgesprochen hektisch. Doch wie wir schon gesehen haben, kann es den Ablauf eines Tages völlig verändern, wenn Sie ihn mit einer kleinen Oase der Ruhe beginnen.

In der Ruhe und der Stille können wir Gottes Stimme besonders gut vernehmen. Wenn wir also morgens unseren Blick als Erstes auf ihn richten, machen wir damit deutlich, dass wir diesen Tag nicht aus eigener Kraft bewältigen können. Wenn wir ihm den Tag und all den Frust, die Freuden und den Stress, die uns erwarten, übergeben, können wir in dem Bewusstsein ruhen, dass er die Kontrolle hat.

Beginnen Sie Ihren Tag also damit, dass Sie Ihren Blick auf die Macht Gottes richten und nicht auf Ihre eigenen beiden Hände, denen so vieles entgleitet. Selbst wenn es einer „dieser Tage" ist und Sie nur wenige Minuten mit Gott verbringen können: Atmen Sie tief durch, lassen Sie sich von seinem Frieden erfüllen, und machen Sie sich bewusst, dass er bei Ihnen ist. Sie müssen nicht länger die Last der Kontrolle tragen. Ruhen Sie in dem Wissen, dass Gott mit Ihnen durch diesen Tag geht.

Segne mich an diesem Morgen, Gott, und erinnere mich heute den ganzen Tag hindurch daran, dass du bei mir bist.

4. Mai
Entspannungspausen

Nehemia sagte: „Und nun geht nach Hause, esst und trinkt! Bereitet euch ein Festmahl zu und feiert! Gebt auch denen etwas, die sich ein solches Mahl nicht leisten können! Dieser Tag gehört unserem Gott. Lasst den Mut nicht sinken, denn die Freude am Herrn gibt euch Kraft!" Nehemia 8,10 (Hfa)

In Schweden versammeln sich Kollegen, Freunde oder Familienmitglieder während des Arbeitstages zu einer Kaffeepause, die *fika* genannt wird. Sie findet jeden Morgen und jeden Nachmittag statt und geht mit Kaffee, Naschereien und Gemeinschaft einher. Es handelt sich dabei um eine kulturelle Gepflogenheit, und es wäre sehr unhöflich, nicht an einer *fika* teilzunehmen. Können Sie sich vorstellen, wie Ihr Leben aussehen würde, wenn Sie bewusst regelmäßig *fika*-Pausen einlegten?

Ob bei der Arbeit oder zu Hause, mit der Familie, mit Kollegen oder einem Freund: Bei der *fika* genießt man die Zeit, die man mit anderen verbringt. Sie stellt eine willkommene Unterbrechung des Alltagstrotts dar. *Fika* lädt ein, alles langsamer anzugehen, eine Pause einzulegen und den Druck herauszunehmen.

Was wäre nötig, damit Sie selbst regelmäßig *fika* praktizieren? Vielleicht müssten Sie ein wenig planen, und es kostet Sie unter Umständen etwas Überredung, aber es ist trotzdem möglich, bewusst Zeiten der Ruhe einzurichten, selbst im geschäftigsten

Alltag. Finden Sie heute Zeit, ein wenig *fika* zu machen, und genießen Sie die Entspannung!

Ich brauche deine Hilfe, um bewusst Zeiten der Ruhe in meinen Alltag einzubauen, Herr. Segne mich mit deiner liebenden Gegenwart!

5. Mai
Ruhe durch Vertrauen

Lehre mich gesundes Urteil und rechte Erkenntnis, denn auf deine Gebote vertraue ich. Psalm 119,66 (NGÜ)

Wenn Sie Zeit mit jemandem verbringen, dem Sie nicht vertrauen, wie verhalten Sie sich da? Wahrscheinlich sind Sie wachsam und überlegen bei allem, was diese Person sagt und tut, ob sie irgendwelche Absichten und Hintergedanken hat. Sie sind im Alarmzustand.

Aber wenn Sie mit jemandem zusammen sind, dem Sie vertrauen, verhalten Sie sich völlig anders. Sie sind entspannt. Ihre Worte sprudeln nur so aus Ihnen heraus, und Sie lachen viel. Sie sind entspannt. Vertrauen ändert alles.

Wenn Sie Gott mit allen Ihren Plänen, Ängsten, Hoffnungen und Bestrebungen vertrauen, können Sie entspannt sein. Sie können innerlich zur Ruhe kommen. Er ist vertrauenswürdiger als jeder andere im Universum, und Sie können sicher sein, dass er nur das Allerbeste für Sie will. Vertrauen ist kein blinder Fall in die Arme Gottes; es ist ein mutiger und zuversichtlicher Sprung, der auf dem Wissen beruht, dass Gott seit Tausenden von Jahren beweist, dass er treu ist. Vertrauen Sie heute darauf, dass er gut ist. Lassen Sie sich von ihm Ruhe schenken.

Ich vertraue dir und bete dich an, mein Vater und König. Ich will in deiner Gegenwart zur Ruhe kommen.

6. Mai

Der Montag kann ein Tag der Freude sein

Du hast mir den Weg gezeigt, der zum Leben führt, und dass ich in deiner Nähe sein darf, erfüllt mich mit Freude.

Apostelgeschichte 2,28 (NGÜ)

Was? Schon wieder eine neue Woche? Wie konnte das Wochenende so schnell vorübergehen? Sie versuchen zwar, sich auf die neue Woche einzustimmen, sind aber einfach zu müde. Sie sehnen sich nach einem weiteren Ruhetag, aber der Montag ist schon angebrochen. Kommt Ihnen das bekannt vor?

Sie können die Zeit nicht zurückdrehen, und Sie können keine weitere Stunde an das Wochenende dranhängen, aber es ist trotzdem möglich, positive Signale zu senden. Wie? Mit Freude.

Freude fängt mit Dankbarkeit an, und ja, Sie können an jedem einzelnen Tag etwas finden, wofür Sie dankbar sein können. Vielleicht müssen Sie es einüben, aber wenn Sie regelmäßig nach Dingen Ausschau halten, für die Sie dankbar sein können, wird die Freude in Ihrem Herz Wurzeln schlagen. Und diese tiefe Freude – die Art von Freude, die Sie trotz der Herausforderungen des Lebens nicht aufgeben lässt – wird Ihnen immer wieder neue Hoffnung schenken.

Gott wartet nur darauf, Sie mit seiner Freude zu füllen. Bitten Sie ihn am Beginn dieser neuen Woche, Ihnen eine dankbare und von Freude erfüllte Einstellung zu schenken, die Ihre Seele immer wieder zur Ruhe kommen lässt.

Herr, lass mich in tiefer Dankbarkeit durch diesen Tag gehen – Dankbarkeit dafür, dass du mir eine neue Gelegenheit gibst, den Menschen vor dir zu erzählen.

7. Mai

Wenn die Welt aus dem Gleichgewicht ist

Vierzig Tage lang hat [Jesus sich seinen Aposteln] *nach seiner Auferstehung bei den verschiedensten Gelegenheiten eindeutig zu erkennen gegeben. Immer wieder sprach er mit ihnen über Gottes neue Welt.*

Apostelgeschichte 1,3 (WD)

Wenn Sie sich die Nachrichten anschauen, einem Radiobeitrag lauschen oder einen Blick in die Zeitung werfen, wird Ihnen immer wieder neu bewusst, wie kaputt unsere Welt ist. Gewalt, Krieg, Ungerechtigkeit, Rassismus, Armut und mehr sind heute immer noch an der Tagesordnung – und an manchen Tagen hat es ganz den Anschein, als werde es noch schlimmer.

Verlieren Sie nicht den Mut. Auch wenn Sie das Gefühl haben, dass die Welt grausam und völlig kaputt ist, ist Gott trotzdem am Werk. Wenn die Schlagzeilen Ihnen das Herz brechen und die Nachrichten Ihnen den Hals zuschnüren, muss Ihnen das nicht die Ruhe rauben. Gottes Liebe und sein Wunsch, die Menschen zu ihm zu ziehen, werden am Ende über all das Schlimme triumphieren.

Es gibt heutzutage zwar viel Leid, aber das Leid wird nicht das letzte Wort haben. Der allmächtige Gott wird siegen – und er verspricht Ruhe, Wiederherstellung und Heilung. Klammern Sie sich heute an diese Tatsache, und kommen Sie innerlich zur

Ruhe, indem Sie den Verheißungen eines mächtigen und liebenden Gottes vertrauen.

Wenn es mir so vorkommt, als sei die Welt aus dem Gleichgewicht, lass mich flüchtige Blicke auf deine Zeichen der Liebe und Gnade erhaschen, Jesus.

8. Mai

Hinfallen, aufstehen, Krone richten und weitergehen

Wir alle leben von seiner übergroßen Güte, erhalten Gnade über Gnade.

Johannes 1,16 (WD)

Sie haben es vermasselt. Sie haben die Fassung verloren. Sie haben eine Grenze überschritten. Sie haben sich für das Böse entschieden und nicht für das Gute. Sie haben Ihre Freundin verletzt. Trifft eine dieser Aussagen zu?

Als Menschen stolpern wir wieder und wieder. Wir schütteln den Kopf über unsere Fehler, schämen uns, machen uns Vorwürfe und enttäuschen andere. Wir tappen in die Falle der Versuchung, sind ungerecht und lassen zu, dass die Sünde unser Denken und Handeln beherrscht. Aber trotzdem gibt es Gnade – Gnade über Gnade über Gnade –, und die sehr reale Zusicherung von Gottes niemals endender Güte ist für unsere durstige Seele wie eine tiefe Wasserquelle.

Gott weiß, dass wir Sünder sind. Er kennt unsere Unzulänglichkeiten und Kämpfe. Er kennt dieses Fehlverhalten, das Sie einfach nicht ablegen können, und er bietet Ihnen Gnade an. Es ergibt keinen Sinn, und es wird durch nichts bedingt, was Sie tun, stattdessen spiegelt es die Güte und Gnade Gottes. Seien Sie versichert: Es ist genug Gnade da.

Ich habe deine Gnade nicht verdient, doch du verschwendest sie wieder und wieder an mich. Danke, Herr.

9. Mai

Gott kann mit der Wahrheit umgehen

„Wenn dieses Volk, das meinen Namen trägt, sich mir in Demut unterordnet, von seinen falschen Wegen umkehrt und nach mir fragt, dann will ich ihnen vergeben und ihr geplagtes Land wieder heilen." 2. Chronik 7,14 (Hfa)

Haben Sie schon einmal etwas getan, für das Sie sich hinterher geschämt haben? Gibt es Fehlverhalten, das Sie so verlegen macht, dass Sie nicht einmal Ihren engsten Freunden davon erzählen? Verstecken Sie sich gerade sogar vor Gott, weil Ihr Vergehen zu schockierend ist? Hören Sie: Gott kann mit der Wahrheit umgehen.

Ja, er will, dass Sie seinen Geboten gegenüber gehorsam sind, aber Sünder sind bei ihm trotzdem jederzeit willkommen. Jesus hat Gottes Gebote nie verletzt, doch er liebt diejenigen, die einfach nicht von ihrer Sünde loskommen. Gott kennt Ihre dunkelsten, entsetzlichsten Seiten, und wenn Sie sie ihm bekennen, wird er Sie nicht abweisen. Stattdessen wird er Sie reinwaschen.

Wenn Sie gerade vor Gott davonlaufen oder Ihre Fehler vor ihm zu verbergen versuchen, dann halten Sie inne. Atmen Sie tief durch und wenden Sie sich bewusst an ihn. Wissen Sie, Sie können nichts tun, das er Ihnen nicht vergeben würde, wenn Sie ihn darum bitten. Und Sie können nichts tun, durch das er Sie mehr oder weniger lieben würde. Gott kann mit der Wahrheit umgehen, und er sehnt sich danach, dass Sie nicht länger wegrennen, sondern in seiner heilenden Gegenwart zur Ruhe kommen.

Hier bin ich, Herr, zerbrochen und mit Schuld bedeckt. Danke, dass du mich liebst und mich mit deiner Gnade umfängst.

10. Mai

Gott wird Sie nicht verlassen

Auf dich, Herr, werden alle vertrauen, die dich und deinen Namen kennen, denn wer deine Nähe sucht, den lässt du nie allein. Psalm 9,11 (NGÜ)

In Ihren dunkelsten Momenten fühlen Sie sich von Gott verlassen. Sie meinen, dass Ihre Gebete auf taube Ohren stoßen oder dass Gott sich einfach nicht mehr für Sie interessiert. Ging es Ihnen schon einmal so?

Sie sind nicht verlassen! Und Gott wird Sie auch niemals vergessen. Sie durchqueren vielleicht gerade ein dunkles Tal, und es kommt Ihnen so vor, als würden Ihre Gebete nicht beantwortet, doch Gott ist selbst in der Dunkelheit an Ihrer Seite.

Werfen Sie die Angst und die Unruhe über Bord, richten Sie den Blick auf Ihren himmlischen Vater, und bitten Sie ihn, sich Ihnen mitzuteilen. Er sagt in seinem Wort immer wieder, dass er diejenigen, die nach ihm suchen, nicht im Stich lässt. Gott hat also auch Sie nicht verlassen. Er ignoriert Sie nicht und verschließt nicht die Ohren vor Ihren Gebeten. Lassen Sie sich in seine Arme fallen – er ist ein liebender, treuer und immer gegenwärtiger Gott. Halleluja!

Erinnere mich an deine Verheißungen, wenn ich mich verlassen fühle. Du hast versprochen, dass du mich nie verlassen oder im Stich lassen wirst, Herr.

11. Mai

Wenn die Arbeit gegen Sie arbeitet

Ein König siegt nicht durch die Stärke seiner Truppen. Ein mutiger Soldat überlebt nicht durch seine große Kraft. Psalm 33,16 (NGÜ)

Über eine hohe Arbeitsmoral zu verfügen ist eine großartige Eigenschaft. Das bedeutet nämlich, dass Sie hart und gut arbeiten und man sich darauf verlassen kann, dass Sie Ihre Aufgaben erledigen. Aber manchmal arbeitet diese hohe Arbeitsmoral auch gegen Sie. Zum Beispiel wenn Sie anfangen, Tag und Nacht zu arbeiten, die Mahlzeiten ausfallen zu lassen, und zu wenig Schlaf bekommen, weil Sie Ihre Arbeit hundertzehnprozentig erledigen wollen.

Gott möchte, dass wir mit ganzem Einsatz arbeiten. Er wünscht sich, dass wir ihn durch unsere Leistungen ehren und verherrlichen. Aber er will nicht, dass wir ausgebrannt sind, uns nur mit Mühe auf den Beinen halten und unsere Arbeit irgendwann hassen.

Arbeitet Ihre Arbeitsmoral gegen Sie? Sehen Sie ein, dass Sie nicht alles tun können – denn Sie wurden nicht dazu geschaffen, alles zu tun. Gönnen Sie sich doch etwas Ruhe. Feiern Sie den Sonntag als Tag der Ruhe. Machen Sie einen Wochenendausflug. Auch Gott hat nur sechs Tage gearbeitet und danach ausgeruht. Folgen Sie doch seinem Beispiel.

Ich sehe ein, dass ich nicht alles tun kann, Herr. Hilf mir dabei, auch einmal Nein zu sagen und einen Ruhetag einzulegen.

12. Mai

Auf der Suche nach Ruhe

„Ganz gleich, worum ihr in meinem Namen bitten werdet, ich werde es tun." Johannes 14,14 (WD)

Ruhe zu finden ist ein echter Kampf. Es ist ja nicht so, dass Sie nicht ruhen wollen, aber es kann manchmal schwierig sein, die Zeit und den Ort zu finden, an dem Sie wirklich zur Ruhe kommen können. Manchmal ist es schon ein seltenes Vergnügen, wenn man auch nur fünf Minuten für sich allein hat, vor allem wenn Sie ein fleißiger Schüler, Vater oder Pfleger sind oder Karriere machen wollen.

Denken Sie heute darüber nach, was Sie davon abhält, innerlich zur Ruhe zu kommen. Das Baby, das alle drei Stunden aufwacht? Ihre Arbeit, die Ihnen lange Abende und geschäftige Wochenenden abverlangt? Oder einfach ein überfüllter Terminkalender? Bitten Sie Gott, Ihnen da Türen zu öffnen.

Vielleicht erinnert er Sie daran, dass Sie ja eine Freundin anrufen und sie bitten könnten, eine Stunde lang auf Ihr Kind aufzupassen, oder dass Sie an einem Abend pro Woche einfach mal das Firmenhandy ausschalten. Vielleicht gibt es auch eine wöchentliche oder monatliche Verpflichtung, zu der Sie eine Weile Nein sagen können.

Bleiben Sie in dieser Sache mit Gott im Gespräch. Halten Sie Ausschau nach Oasen der Ruhe – er wird Sie dorthin führen.

Ich brauche ganz dringend Ruhe, Herr. Bitte zeige mir doch bald, was ich tun könnte, um wieder ins Gleichgewicht zu kommen.

13. Mai

Ein verschneiter Tag im Frühling

Dann werde ich von ganzem Herzen über den Herrn jubeln, mich freuen über seine Rettung.

Psalm 35,9 (NGÜ)

Wenn Sie in einer Gegend leben, in der im Winter viel Schnee fällt, wissen Sie, dass die Kinder Schnee lieben. Wenn große Schneeflocken an den Fenstern vorbeifliegen, lässt sich ihre Begeisterung kaum bändigen – schließlich könnte ja die Schule wegen der Schneemassen ausfallen! Und dann könnten sie länger schlafen und hätten einen Tag frei!

Aber Sie müssen nicht erst auf den Winter warten, um sich einen freien Tag zu gönnen. Alles, was Ihre Alltagsroutine unterbricht, kann sich als eine herrliche Atempause entpuppen.

Jeder Mensch, egal, wie alt er ist, braucht einen Tag der Ruhe. Vielleicht werden Sie nicht unbedingt einen Mittagsschlaf halten und vielleicht werden Sie auch nicht am Wochenende freihaben. Aber ein solcher Tag der Ruhe bedeutet, dass Sie die Gelegenheit haben, Zeit mit Gott zu verbringen, sich von ihm mit neuer Kraft erfüllen zu lassen – und in dieser so hektischen Welt zur Ruhe zu kommen.

Bremse mich von Zeit zu Zeit aus, Herr. Komm in meinen Tag hinein, erfrische mich, und überrasche mich mit einem Tag der Ruhe.

14. Mai

Sie können immer wieder von vorn beginnen

Noch am Abend weinen wir – doch am Morgen kehrt wieder Jubel ein. Psalm 30,6 (NGÜ)

Denken Sie ein paar Wochen zurück, an den Anfang des Jahres. In den ersten Tagen haben Sie noch erwartungsvoll in die Zukunft geblickt. Sie waren voller Hoffnung, das Jahr war noch ein unbeschriebenes Blatt und bot viele Chancen für Neuanfänge. Jetzt ist der Frühling da – blicken Sie immer noch erwartungsvoll in die Zukunft? Sind Sie mit Hoffnung erfüllt? Aber vielleicht haben Sie mittlerweile auch schon vor Verzweiflung die

Hände über dem Kopf zusammengeschlagen und denken: *Es ist wieder eines von* diesen *Jahren.*

Sie können sicher sein: Es gibt immer noch Gelegenheiten für einen Neuanfang. Ja, das Leben bringt Enttäuschungen mit sich – und oft genug sind wir von uns selbst enttäuscht –, aber uns bieten sich ebenfalls Möglichkeiten, von Neuem zu beginnen.

Selbst wenn sich herausstellt, dass Ihr Jahr völlig anders verläuft, als Sie das erwartet hatten, müssen Sie die Hoffnung nicht aufgeben. Ärgern Sie sich nicht länger darüber. Sie können heute von Neuem beginnen … und morgen und übermorgen auch. Auch nachdem Sie versagt haben, können Sie noch Oasen der Ruhe finden – und neue Kraft schöpfen. Diesmal werden Sie es schaffen!

Vater, erinnere mich daran, dass ich mit dir immer von Neuem beginnen kann.

15. Mai

Die Welt wird sich trotzdem weiterdrehen

Ihr seid von Gott auserwählt und seine geliebten Kinder, die zu ihm gehören. Darum soll jetzt herzliches Mitgefühl euer Leben bestimmen, ebenso wie Güte, Bescheidenheit, Nachsicht und Geduld. Kolosser 3,12 (Hfa)

Wenn ich nicht da bin, wird hier alles drunter und drüber gehen! Das denken viele Menschen über ihre Arbeit, ob sie nun Mutter oder Hausfrau sind, Assistent des Vorstands, Präsidentin einer Non-Profit-Organisation oder irgendwo ehrenamtlich tätig.

Es stimmt: Es kann durchaus ein wenig chaotisch werden, wenn Sie nicht da sind. Wenn Sie zurückkommen, stapelt sich vielleicht mehr Arbeit auf Ihrem Schreibtisch, Ihr Ehemann ist völlig fertig, oder es herrscht ein wenig Durcheinander. Aber vielleicht auch nicht. So oder so: Das Leben wird weitergehen – auch wenn Sie nicht da sind, um zu führen, anzuleiten, anzuspornen und in die Bresche zu springen.

Wenn Sie darauf verzichten, sich regelmäßig auszuruhen, weil Sie das Gefühl haben, dass Sie unersetzlich sind, sollten Sie Ihre Haltung überdenken. Geben Sie jemand anderem die Chance, Verantwortung zu übernehmen, und helfen Sie ihm oder ihr, mehr Selbstvertrauen zu entwickeln. Und erlauben Sie sich selbst, endlich die wohlverdiente Ruhe zu genießen. Stecken Sie einfach einmal zurück, und lassen Sie den Dingen einen

Tag oder auch nur ein paar Stunden lang ihren Lauf. Nachdem Sie ausgeruht haben, werden Sie sich mit neuem Schwung und neuer Kraft wieder an die Arbeit machen können.

Herr, hilf mir, mich daran zu erinnern, dass die Welt nicht aufhört, sich zu drehen, wenn ich mir eine kurze Auszeit gönne.

16. Mai

Leben im Gleichgewicht

Lass den Herrn deinen Weg bestimmen, vertrau auf ihn, und er wird handeln. Psalm 37,5 (NGÜ)

Wir alle sehnen uns danach, ein ausgewogenes Leben zu führen, nicht wahr? Wir sind regelrecht davon besessen, das rechte Maß von Arbeit, Ruhe, Familie, Hobbys und Freunden zu finden. Wir wollen alles machen, aber weil wir das wollen, und zwar sofort, scheitern wir. Es ist wirklich schwer, eine Balance zwischen den unterschiedlichen Bereichen unseres Lebens zu finden, und deshalb versagen wir ständig dabei.

Wenn Sie das Gefühl haben, dass Sie das nicht hinbekommen und dass das „Puzzle" einfach zu viele Teile hat, wenden Sie sich an Gott. Er ist ein Meister in Sachen Problemlösung. Er weiß genau, was Sie brauchen, und er weiß, wie er Ihnen helfen kann, diese schwer zu erreichende Balance in Ihrem Leben zu erreichen.

Atmen Sie tief durch, und machen Sie sich bewusst, dass Gott der ultimative Geber von Ruhe, Arbeit und Gemeinschaft ist. Er weiß, dass dies alles gute Dinge sind, und er weiß, dass Sie manchmal Hilfe benötigen, damit diese Bereiche in ausgewogenem Maß Teil Ihres Lebens sind. Bitten Sie Gott um Hilfe, und dann warten Sie geduldig auf seine Antwort.

Ich bin so erleichtert, Herr, dass du der Meister der Problemlösung bist – und dass das nicht alles nur bei mir liegt.

17. Mai

Warum Ruhe Priorität haben sollte

Herr, du allmächtiger Gott, richte uns wieder auf! Wende uns dein Angesicht freundlich zu, damit wir gerettet werden! Psalm 80,20 (NGÜ)

Ob Sie nun Abteilungsleiterin in einem Unternehmen sind oder studieren: Sie haben wahrscheinlich eine Menge zu tun. Und manche Aufgaben sind dringender als andere. Abgabetermine müssen eingehalten werden; Ihre Abschlussprüfung ist unglaublich wichtig; die Bedürfnisse von drei hungrigen Kindern sind ebenfalls eine Notwendigkeit. Es gibt viele Prioritäten in Ihrem Leben, aber wie können Sie Ruhe priorisieren?

Wir stellen Ruhe oft zurück. Sie opfern Ihren Schlaf, um noch etwas zu erledigen – und so manches Mal aus gutem Grund. Sie entscheiden sich dafür, mit Ihren Freundinnen auszugehen, statt sich früh schlafen zu legen. Sie bereiten eine Präsentation für die Arbeit vor, statt auszuschlafen. Sie kümmern sich um ein krankes Kind und verzichten auf Ihren Nachmittagsschlaf. Aber wie oft können Sie Ruhe opfern, bevor Sie am Ende sind?

Versuchen Sie heute, Ruhe in irgendeiner Weise Priorität einzuräumen. Schieben Sie sie auf Ihrer To-do-Liste weiter nach oben. Sie werden sich erfrischter, optimistischer und liebevoller fühlen. Und den Menschen in Ihrem Umfeld werden Sie dadurch auch etwas Gutes tun.

Herr, oft verbanne ich die Ruhe ganz von meiner Aufgabenliste. Bitte zeige mir heute Möglichkeiten auf, wie ich in all der Hektik etwas Ruhe finden kann.

18. Mai
Den Lärm abstellen

Auf einmal zog ein heftiger Sturm auf, riss ganze Felsbrocken aus den Bergen heraus und zerschmetterte sie. Doch der Herr war nicht in dem Sturm. 1. Könige 19,11 (Hfa)

Läuft Ihr Fernseher ohne Unterbrechung, oder bettelt Ihr Handy ständig um Ihre Aufmerksamkeit? Betäuben Sie den Schmerz in

Ihrem Inneren oder schalten Sie ab, indem Sie sich viele Filme oder Serien anschauen? Muss das Radio immer an sein, wenn Sie im Auto unterwegs sind? Unsere Welt ist so laut, und deshalb ist es wichtig, dass wir uns regelmäßig einen stillen Ort suchen, um Zeit mit Gott zu verbringen.

Wann ziehen Sie sich vom Lärm dieser Welt zurück? In den frühen Morgenstunden, wenn der Mond verblasst, oder am Abend, wenn die ersten Sterne am Himmel stehen? Vielleicht stehlen Sie sich am Nachmittag ein paar Minuten, um draußen zu sitzen und nachzudenken, oder Sie nehmen sich nach dem Abendessen etwas Zeit, um spazieren zu gehen und mit Gott zu reden.

Es wird immer Lärm geben und etwas, das um Ihre Aufmerksamkeit buhlt. Stellen Sie sicher, dass Sie bewusst Zeit dafür reservieren, in der Stille innerlich zur Ruhe zu kommen und auf die leise Stimme Gottes zu lauschen.

Ich werde mit den lauten Forderungen dieser Welt bombardiert, Herr. Erinnere mich daran, mich immer wieder bewusst in die Stille zurückzuziehen, damit ich dein leises Reden vernehmen kann.

19. Mai

Heilige Ruhe

„... der Menschensohn ist Herr über den Sabbat."

Matthäus 12,8 (NGÜ)

Betrachten Sie doch einmal die Zehn Gebote, und achten Sie darauf, auf welches Gebot Gott die meiste Zeit verwendet. Nicht das, in dem es um Mord, Diebstahl oder Ehebruch geht. Auch nicht das Gebot, in dem es darum geht, dass wir unsere Eltern ehren und keine Götzen anbeten sollen. Das umfangreichste Gebot ist das Gebot der Ruhe.

Meinen Sie, dass es einen Grund dafür gibt?

Vielleicht hat Gott so viele Worte für dieses Gebot verwendet, weil er wusste, dass wir unser geschäftiges Leben lieben und dass es uns schwerfällt, uns davon frei zu machen. Daher hat er sich schon vor Tausenden von Jahren darum gekümmert.

Wenn Gott uns befiehlt, uns regelmäßig auszuruhen, dann tut er das nicht, weil er uns den Spaß an der Arbeit verderben will. Gott will, dass wir ruhen, weil es gut für uns ist. Unsere Körper wurden nicht dafür erschaffen, rund um die Uhr zu arbeiten. Wir können nicht immer funktionieren, wir sind ja keine Maschinen. Wir sind Menschen und wir sind schwach.

Machen Sie sich bewusst, dass heute wirklich ein Ruhetag sein sollte – und genießen Sie diese heilige Ruhe.

Herr des Sabbats, hilf mir, mir immer wieder Auszeiten zu gönnen und mich auszuruhen – und das nicht nur am Sonntag.

20. Mai

Für sich selbst sorgen

Vater, schenke ihnen aus dem Reichtum deiner Herrlichkeit die Kraft, die dein Geist zu geben vermag, und stärke sie innerlich.

Epheser 3,16 (WD)

Stellen Sie sich vor, Sie hätten eine Tochter. Aber anstatt dieses Kind mit Liebe und Freundlichkeit zu überschütten, stellen Sie hohe Anforderungen an sie. Sie wecken sie nach nur wenigen Stunden Schlaf, Sie verdonnern sie dazu, noch vor dem Frühstück den Boden zu schrubben, und Sie erlauben ihr erst dann, etwas zu essen, wenn Sie schon das Haus verlassen haben.

Nach der Schule drücken Sie ihr eine nicht zu bewältigende Aufgabenliste in die Hand – und wenn es Zeit fürs Abendessen wird und sie nicht alles erledigt hat, schreien Sie sie an. Sie zwingen sie dazu, noch lange über ihre normale Zubettgehzeit hinaus wach zu bleiben, und machen sie herunter, wenn sie auf dem Sofa einschläft. Wer würde sein Kind so behandeln? Niemand.

Aber vielleicht behandeln Sie sich selbst auf diese Weise.

Für sich selbst zu sorgen ist lebenswichtig, wenn man ein gesundes Leben führen will – aber gleichzeitig fällt uns das unglaublich schwer. Behandeln Sie sich heute, wie Sie auch ein Kind behandeln würden: Schrauben Sie Ihre Erwartungen zurück, seien Sie freundlich zu sich selbst, und ruhen Sie sich aus, wenn Sie überfordert sind. Sorgen Sie für sich selbst.

Herr, hilf mir, mich so um meine eigenen körperlichen, geistlichen und emotionalen Bedürfnisse zu kümmern, wie sich eine Mutter um ihr Kind kümmert.

21. Mai

Der eigentliche Sinn Ihres Lebens

Es geht uns nicht darum, Menschen zu gefallen, sondern [Gott], *der unser Innerstes kennt und prüft.*

1. Thessalonicher 2,4 (NGÜ)

Warum bin ich hier? An einem gewissen Punkt unseres Lebens stellen wir uns alle diese Frage. Was ist der Sinn unseres Lebens? Warum hat Gott jeden Einzelnen von uns auf diese Welt gestellt?

Für die einen ist die eigene Karriere der Sinn ihres Lebens. Vielleicht sind Sie Feuerwehrmann oder Anwältin, Lehrer oder Referentin oder Hausfrau. Das alles ist lobenswert und wichtig, aber Ihre Karriere ist nicht der primäre Grund, warum Sie auf dieser Erde sind.

Ihre Rolle als Großvater, Mutter, Schwester, Freund oder

Tante ist ebenfalls nicht der wichtigste Grund. Was ist der eigentliche Grund? Sie sind auf diesem Planeten, um Gott zu lieben und ihn mit Ihrem Leben zu ehren.

Machen Sie sich das heute einmal bewusst. Sie sind genug – ob Sie nun in Ihrem Traumjob tätig sind oder einer Arbeit nachgehen, die lediglich dafür sorgt, dass Sie die Miete zahlen können, ob Sie alleinstehend oder verheiratet sind, ob Sie eine Katze haben oder Mutter von sechs Kindern sind – Sie sind genug. Lieben Sie Gott, und kommen Sie innerlich in dem Gedanken zur Ruhe, dass Sie damit heute Ihren wichtigsten Sinn im Leben erfüllen.

Ich will die Rollen, die ich in diesem Leben spiele, in Zukunft nicht mehr ganz so wichtig nehmen. Erinnere mich immer wieder daran, dass es in meinem Leben vor allem darum gehen sollte, dich zu lieben und zu ehren, Vater.

22. Mai

Zeiten der Ruhe bewusst nutzen

Darum entfernte [Jesus] *sich unbemerkt aus ihrer Mitte und stieg auf einen Berg, um allein zu sein.*

Johannes 6,15 (WD)

Wenn Sie endlich die Möglichkeit haben, sich auszuruhen: Tun Sie es dann auch wirklich? Oder füllen Sie die freie Zeit mit geistlosen Aktivitäten wie dem Surfen auf Instagram und der Aktualisierung Ihres Facebook-Accounts? Wenn sich ein Zeitfenster auftut, sehen Sie das als Chance zum Ausruhen oder dafür, ein paar Punkte von Ihrer Aufgabenliste abzuhaken, wie Einkaufen oder Putzen, oder zusätzliche Arbeiten zu übernehmen? Lassen Sie keine wertvolle Zeit verstreichen, sondern gehen Sie bewusst damit um. Verbringen Sie Zeit mit Gott, führen Sie Tagebuch, und entspannen Sie Ihren Geist. Machen Sie etwas, das Ihnen Freude bereitet, wie Wandern oder Gartenarbeit. Zeiten der Ruhe müssen genossen werden, und nur wenn Sie sich bewusst Zeit dafür nehmen, werden Sie sich auch erfrischt fühlen.

Bitten Sie Gott um Hilfe, damit Sie Ihre Zeiten der Ruhe weise nutzen. Manchmal gehört dazu vielleicht einfach nur, dass Sie sich eine Pizza bestellen und fernsehen. Oder vielleicht gehören Sie ja zu denen, die beim Putzen oder Backen so richtig entspannen können. Stellen Sie sicher, dass Sie Ihre Zeiten der Ruhe bewusst nutzen.

Du hast mir vorgelebt, wie wichtig es ist, sich immer wieder Zeiten der Ruhe zu nehmen, Jesus. Hilf mir, dass ich deiner Führung folge.

23. Mai

Stützen Sie sich auf Ihre Freunde

Duftendes Öl und Weihrauch erfreuen das Herz, genauso wohltuend ist der gute Rat eines Freundes.

Sprüche 27,9 (Hfa)

1972 war ein Lied mit dem Titel „Lean on me" – „Stütz dich auf mich" – in den Charts. Bill Withers erinnert uns darin: Wir können uns auf unsere Freunde stützen, wenn wir uns schwach fühlen; wir müssen bloß über unseren Schatten springen und um Hilfe bitten; und wir alle brauchen jemanden, auf den wir uns stützen können.

Wie oft stützen Sie sich auf Ihre Freunde? Wenn Sie mal etwas Zeit nur für sich brauchen: Rufen Sie dann eine Freundin an, damit sie auf Ihre Kinder aufpasst? Wenn Sie bei einem großen Arbeitsprojekt in Zeitverzug geraten: Bitten Sie Ihre Freunde, für Sie zu beten? Ihre Kollegen zu helfen? Und was ist, wenn Sie völlig erschöpft sind: Vertrauen Sie sich Ihren Freunden an?

Unsere Freunde helfen uns, nicht aufzugeben. Sie sind für uns da und wollen uns helfen, sei es ganz praktisch, mit einem Gebet oder einfach einem offenen Ohr. Wenn Sie merken, dass Sie am Ende sind: Erzählen Sie einer Freundin davon. Gestehen Sie ein, dass Sie nicht alles schaffen, und Ihre Freundin wird wie der Blitz da sein und sagen: „Stütz dich auf mich."

Ich preise und lobe dich dafür, Herr, dass du mir Freunde zur Seite gestellt hast, auf die ich mich stützen kann, wenn ich Hilfe brauche.

24. Mai

Still sitzen

Dem Herrn entgeht nichts auf dieser Welt;
er sieht auf gute und böse Menschen.
Sprüche 15,3 (Hfa)

Verspüren Sie den Drang, aufzustehen und etwas zu tun, wenn Sie diese beiden kleinen Worte lesen? Können Sie überhaupt gemütlich still dasitzen, oder bekommen Sie ein schlechtes Gewissen – selbst wenn Sie sich nur die paar Minuten nehmen, um den heutigen Beitrag zu lesen?

Wir alle brauchen das – wir müssen von Zeit zu Zeit einfach mal still sein, ruhig dasitzen. Gott möchte zu Ihnen sprechen, und oft spricht er dann am lautesten, wenn Sie die Ablenkungen abstellen, zu arbeiten aufhören und Ihre Ohren für das öffnen, was er Ihnen sagen will. Vielleicht haben Sie das Gefühl, faul zu sein, wenn Sie einfach nur still dasitzen, oder das Ganze kommt Ihnen unnatürlich vor. Vielleicht kostet es Sie viel Selbstdisziplin, nicht gleich auf dem Smartphone die Facebook-App zu öffnen oder nachzuschauen, ob Sie neue E-Mails haben. Aber in aller

Ruhe Zeit in der Gegenwart Gottes zu verbringen, kann das Produktivste sein, das Sie heute tun.

Beginnen Sie Ihren Tag mit demjenigen, der Ihnen Ihr Leben geschenkt hat. Lassen Sie ihn zu Ihnen sprechen. Wenn Sie Zeit mit ihm verbringen, werden Sie merken, dass sich Ihre Einstellung zu den Dingen und Ihre Haltung verändern – und alles, was Sie dazu tun müssen, ist, still zu sein und auf sein Reden zu lauschen.

Meine Ohren sind offen, mein Körper ist ruhig, und mein Geist ist bereit. Sprich zu mir, Jesus.

25. Mai
Unzufriedenheit

Ob damals, als ich jung war, oder heute im Alter: Niemals habe ich erlebt, dass ein Mensch, der sich an Gottes Gebote hält, völlig verlassen gewesen wäre, niemals mussten seine Kinder um Brot betteln. Psalm 37,25 (NGÜ)

Wenn es Ihnen schwerfällt, zufrieden zu sein, ist das keine Überraschung. Wir werden mit Nachrichten und Anzeigen bombardiert, die uns weiszumachen versuchen, dass wir nicht genug haben. Werbeagenturen sagen uns, dass nur die Menschen wirklich glücklich sind, die das neueste Automodell fahren, das modernste Smartphone oder die hippsten Klamotten besitzen oder das dickste Bankkonto haben. Wir sind zutiefst unzufriedene Geschöpfe, und all das hat mit Adam und Eva begonnen.

Als der Satan Adam und Eva einzureden versuchte, dass sie noch mehr haben könnten – dass sie sein könnten wie Gott –, da sagten sie natürlich nicht Nein. Sie erkannten, dass es eine Sache gab, die sie nicht hatten, und waren bereit, alles zu tun, um es zu bekommen. Sie übertraten das einzige Gebot, das Gott ihnen gegeben hatte. Unzufriedenheit führte zur ersten Sünde, und manchmal kommt es uns so vor, als hätten wir uns bis heute nicht davon befreit. Aber Sie müssen nicht verzweifeln: Gott *kann* Ihnen Zufriedenheit schenken.

Sind Sie es müde, nach mehr zu streben? Bitten Sie Gott um Hilfe, und er wird Ihnen auch in dieser Hinsicht Ruhe schenken. Wenn Sie merken, dass sich Unzufriedenheit bei Ihnen breitmachen will, dann bitten Sie Gott, Ihnen zu zeigen, dass nur er alle Ihre Bedürfnisse stillt.

Ich denke oft, dass ich wüsste, was ich brauche, Herr, aber du weißt wirklich, was ich brauche. Zeige mir, wie und wo du meine wahren Bedürfnisse stillst.

26. Mai

Ruhen Sie sich aus und essen Sie etwas

Er machte sie zu Herrschern eines weiten, guten Landes und schenkte ihnen reiche Ernten. Wo sie zuerst nur Felsen sahen, entdeckten sie bald wilden Honig, und wo bisher nur Steine lagen, da wuchsen nun Olivenbäume. 5. Mose 32,13 (Hfa)

Für Ihre Seele ist Ruhe unabdingbar, aber auch Ihr Körper braucht Ruhe und Fürsorge. Wussten Sie, dass Jesus darauf achtete, dass seine Jünger sich Zeit zum Ausruhen und Essen nahmen? In Markus 6,31 (WD) heißt es: „Jesus sagte zu ihnen: ‚Lasst uns einen einsamen Ort aufsuchen und ruht euch ein wenig aus.' Denn es war ein ständiges Kommen und Gehen. Manchmal hatten sie nicht einmal Zeit zum Essen."

Jesus wusste, dass seine Jünger bei all dem Trubel keine Gelegenheit hatten, etwas zu essen. Aber er verlangte nicht von ihnen, ihren Hunger auszuhalten, weil ihre Arbeit zu wichtig war, sondern sagte ihnen, dass sie sich von der Menge zurückziehen und in Ruhe etwas essen sollten.

Ermutigt Sie das? Jesus selbst sagte seinen Jüngern, sie sollen eine Pause machen, einen ruhigen Ort aufsuchen, ausruhen und etwas zu sich nehmen – und das, wo ihr Dienst wirklich wichtig war! Ist das nicht großartig? Gott will geistlich *und* körperlich für Sie sorgen. Finden Sie heute etwas Zeit, um sich an einen ruhigen Ort zurückziehen, auszuruhen und etwas Gesundes zu essen.

Jesus, erinnere mich daran, regelmäßig auszuruhen und etwas zu essen, so wie du es vor so vielen Jahren für deine Jünger getan hast.

27. Mai

Angst vor der Ruhe

„Halte dich mutig und entschlossen an das ganze Gesetz, das dir mein Diener Mose gegeben hat. Weiche kein Stück davon ab! Dann wirst du bei allem, was du tust, Erfolg haben."

Josua 1,7 (Hfa)

Manchmal gelingt es uns nicht, uns auszuruhen, weil wir zu viel um die Ohren haben. Aber es gibt noch andere Gründe, warum wir nicht ruhen, und einer mag Sie vielleicht überraschen: Angst. Wir haben Angst davor, zur Ruhe zu kommen.

Haben Sie den Mut, sich in Ihrem überfüllten Terminplan etwas Raum für Ruhe zu reservieren? Oder machen Sie sich Gedanken darüber, dass Ihr Chef Sie für faul hält oder dass Ihr Ehemann Sie dann kritisiert? Vielleicht befürchten Sie, dass Chaos ausbricht, wenn Sie sich mal für einen Moment zurückziehen, oder vielleicht hassen Sie es, sich unproduktiv zu fühlen.

Vielleicht haben Sie viele Ängste, mit denen Sie sich auseinandersetzen müssten, aber Angst sollte nicht der Grund dafür sein, dass Sie erschöpft sind. Sie sollte nicht der Grund dafür sein, dass Sie unerbittlich arbeiten, ständig lange Arbeitszeiten haben oder die ganze Nacht aufbleiben. Erlauben Sie Ihrer Angst nicht, Sie von der Ruhe fernzuhalten. Gottes vollkommene Liebe kann Ihre Angst vertreiben (1. Johannes 4,8). Klammern Sie sich an diese Wahrheit, wenn Sie die gute Gabe der Ruhe genießen wollen.

Seien Sie stark und mutig – und wagen Sie, innerlich und äußerlich zur Ruhe zu kommen.

Herr, schenke mir den Mut und die Kraft, um in deiner Liebe zu ruhen und meine Ängste loszulassen.

28. Mai

Wieder mit Gott in Verbindung treten

Wer auf das hört, was ihm beigebracht wird, der hat Erfolg; und wer dem Herrn vertraut, der findet Glück.

Sprüche 16,20 (Hfa)

Wenn Sie eine gute Freundin haben, die weit entfernt wohnt, wissen Sie, wie schön es ist, wenn Sie wieder einmal Gelegenheit haben, Zeit miteinander zu verbringen. Sie müssen vielleicht in ein Flugzeug oder den Zug steigen, sich ein Auto mieten oder den Bus nehmen, aber das alles ist es wert, um wieder mit dieser

Freundin in Verbindung zu treten. Sie würden sich durch nichts davon abhalten lassen, Ihre Freundin zu sehen.

Und wenn Sie dann endlich zusammen sind, genießen Sie jede Sekunde. Sie machen sich keine Gedanken darüber, was gerade zu Hause los ist, Sie verschwenden nicht Stunden auf Facebook oder Instagram, und Sie bemühen sich, wirklich präsent zu sein.

Bei der Zeit, die Sie mit Gott verbringen, sollte es ähnlich sein. Selbst wenn es eine Weile her ist, dass Sie mit ihm gesprochen haben, wartet er sehnlichst auf Sie, und er will, dass Sie Ihre Zeit mit ihm leidenschaftlich hüten. Treten Sie heute wieder mit Gott in Verbindung, und freuen Sie sich darüber, dass er immer ein offenes Ohr für Sie hat und nie weit entfernt ist.

Herr, ich vermisse es, Zeit mit dir zu verbringen. Hilf mir, in deiner einfühlsamen Umarmung zur Ruhe zu kommen.

29. Mai

Lassen Sie Ihre Sorgen am Kreuz

Christus hat unsere Sünden auf sich genommen und sie am eigenen Leib zum Kreuz hinaufgetragen. Das bedeutet, dass wir für die Sünde tot sind und jetzt leben können, wie es Gott gefällt. Durch seine Wunden hat Christus euch geheilt.

1. Petrus 2,24 (Hfa)

Was liegt Ihnen heute auf der Seele? Ist es die schlechte Angewohnheit, die Sie einfach nicht ablegen können? Warten Sie darauf, dass der Arzt endlich die Testergebnisse hat? Machen Sie sich Sorgen wegen Ihres Sohns oder Ihrer Tochter? Wegen Ihrer Eltern oder Ihres Partners? Haben Sie das Gefühl, einer Sache nicht gewachsen zu sein? Vielleicht fühlen Sie sich auch ungeliebt und ungewollt. Was auch immer es ist: Es ist nicht zu schwer für das Kreuz.

Schreiben Sie heute alles auf, was Sie belastet – jede einzelne Sache. Ob Sie sich wegen Ihres kranken Hundes Sorgen machen, wegen der Arbeit, die Sie schreiben müssen, wegen der ständigen Autoreparaturen oder der Krebserkrankung Ihrer Großmutter: Schreiben Sie es auf. Und dann stellen Sie sich vor, dass Sie diese Liste mit Lasten und Sorgen zum Kreuz bringen und sie dort lassen.

Jesus wird Ihnen diese Liste abnehmen. Er *will* Ihre Lasten für Sie tragen. Er will Sie von den Ängsten befreien, an denen Sie festhalten, und von der Scham, die Sie empfinden. Er will, dass Sie alles am Kreuz lassen und Ruhe finden.

Vater, danke dafür, dass du meine Lasten trägst. Erinnere mich daran, sie auch wirklich bei dir zu lassen.

30. Mai

Freude am heutigen Tag

„Herr, wer unter allen Göttern ist dir gleich? Wer ist wie du, herrlich und heilig? Wer vollbringt so große, furchterregende Taten? Wer tut Wunder – so wie du?“ 2. Mose 15,11 (Hfa)

Haben Sie manchmal einen schlechten Tag? Vielleicht beginnt er damit, dass Sie verschlafen, oder Sie haben nicht gut geschlafen und erwachen noch müder, als Sie es beim Zubettgehen waren. Vielleicht ist der Himmel grau, Ihre Kinder streiten, und die Milch fürs Müsli war schlecht. Oder vielleicht sind Sie einfach mit dem falschen Fuß aufgestanden.

Es ist in Ordnung, wenn man sich eingesteht, dass manche Tage einfach … hart sind. Aber selbst an den härtesten Tagen können Sie Ausschau nach einem Segensgeschenk von Gott halten. Und die Freude, die Sie dann empfinden, wirft einen Sonnenstrahl in Ihre müde Seele und einen hellen Schein in einen ansonsten unangenehmen Tag.

Segensgeschenke kann man an den ungewöhnlichsten Orten finden. Halten Sie einfach Ihre Augen offen, und suchen Sie danach. Selbst wenn Ihr Tag unsagbar schwierig angefangen hat, wird Gott Sie mit seinen Segensgeschenken überschütten – und mit einem Tag voller Wunder segnen.

Herr, hilf mir, an Tagen, an dem ich mit dem falschen Fuß aufgestanden bin, die Zeichen deiner Liebe zu entdecken.

31. Mai

Einfach leben

Und setzt es euch zum Ziel, ein geordnetes Leben zu führen, euch um eure eigenen Angelegenheiten zu kümmern und selbst für euren Lebensunterhalt zu sorgen.

1. Thessalonicher 4,11 (NGÜ)

Ist Ihnen schon mal aufgefallen, dass es früher nur ein paar Waschmittel gab, heute aber Dutzende von Marken, die frischere Gerüche, weißeres Weiß, weniger Chemikalien und mehr Waschkraft versprechen? Und es gibt sie in flüssiger Form, als Pulver, Tabs oder Pods. Oder standen Sie schon einmal im Supermarkt und waren von der Auswahl an Haarpflegemitteln oder Keksen völlig überfordert?

Wir lieben es einfach, die freie Auswahl zu haben. Gleichgültig, ob uns der günstige Preis wichtig ist oder Produkte, die regional, unter ethischen Gesichtspunkten oder biologisch angebaut wurden: Wir haben die freie Wahl. Aber wünschen Sie sich vielleicht manchmal doch, dass die Auswahl ein bisschen begrenzter wäre?

Es mag nur eine Kleinigkeit sein, aber denken Sie doch einmal darüber nach, Ihre Auswahl in manchen Dingen wirklich zu begrenzen. Versuchen Sie, sich beim Abendessen für eine von zwei Alternativen zu entscheiden – Pizza oder Spaghetti. Entscheiden Sie zwischen zwei Arten von Duschgel oder drei verschiedenen Sets von Dankeskarten. Indem Sie Ihre Auswahl reduzieren, werden Sie Zeit und Energie sparen, haben mehr Gelegenheit, über wichtigere Dinge nachzudenken – und Sie haben mehr Zeit, sich auszuruhen.

Herr, zeige mir, wie ich heute einfacher leben kann.

Juni

Er bringt mich auf Weideplätze mit saftigem Gras und führt mich zu Wasserstellen, an denen ich ausruhen kann. Er stärkt und erfrischt meine Seele.

Psalm 23,2–3 (NGÜ)

1. Juni

Ruhe als Waffe

Die Waffen, mit denen wir unseren Kampf führen, sind nicht die Waffen dieser Welt. Es sind Waffen von durchschlagender Kraft, die dazu dienen, im Einsatz für Gott feindliche Festungen zu zerstören. 2. Korinther 10,4 (NGÜ)

Wenn wir an Waffen denken, kommen uns gleich Pistolen, Messer, Schwerter oder Pfeil und Bogen in den Sinn. Und wenn wir in Gefahr sind, wollen wir ja auch beschützt werden – am besten von jemandem, der stark, schnell und in der Lage ist, den Feind aus dem Weg zu räumen.

Aber sind Sie schon einmal auf den Gedanken gekommen, dass auch Ruhe eine Waffe sein könnte? Sie ist zwar keine herkömmliche Waffe, die man in der Hand halten oder abfeuern kann. Sie kommt uns auch nicht besonders gefährlich vor. Tatsächlich klingt „Ruhe" mehr nach etwas, das uns noch verwundbarer macht. Denn wie können wir gleichzeitig wachsam und in der Lage sein, uns zu verteidigen, andererseits aber gelassen und ausgeruht? Auch wenn es ein Widerspruch zu sein scheint: Ruhe ist eine der besten Waffen in unserem Arsenal.

Wenn wir ausgeruht sind, können wir klarer denken. Ruhe versorgt unseren Körper mit neuer Energie. Sie schützt unser Immunsystem. Wenn wir innerlich ruhig und gelassen sind, können wir anderen mit mehr Nachsicht und Zuneigung begegnen. Ruhe schützt uns geistig, körperlich, emotional und geistlich.

Sie ist vielleicht nicht so glamourös wie ein Schwert oder ein Ritter in seiner Rüstung, aber Ruhe ist wirklich eine unserer großartigsten Waffen. Bewaffnen Sie sich heute damit.

Herr, erinnere mich daran, die Waffe der Ruhe zu ergreifen, wenn ich müde und erschöpft bin.

2. Juni

Den Kopf freibekommen

Komm wieder zur Ruhe, meine Seele, denn der Herr hat dir Gutes erwiesen. Psalm 116,7 (NGÜ)

Wenn Sie sich eine Auszeit nehmen, versuchen Sie dann wirklich, nicht länger an all die Dinge zu denken, um die Sie sich kümmern müssen? Es ist verführerisch, auch während des Ausruhens weiterhin über anstehende Aufgaben nachzudenken. Aber Fakt ist: Wahrscheinlich werden Sie nicht wirklich zur Ruhe kommen, wenn Ihre Gedanken mit unzähligen anderen Dingen beschäftigt sind.

Ruhen ist nichts Passives, es ist etwas Aktives. Sie müssen sich bewusst dafür entscheiden, einen Gang zurückzuschalten und Ihren Blick auf Gott zu richten und sich von ihm neue Kraft schenken zu lassen. Denken Sie daran: Ruhe ergibt sich nicht einfach so, Sie müssen sich bewusst Oasen der Ruhe schaffen.

Erlauben Sie sich während des Ausruhens, Ihre Seele wirklich baumeln zu lassen – gleichgültig, ob Sie nun in der Bibel lesen, beten oder einfach nur in der Gegenwart Gottes dasitzen. Geben Sie all Ihre Aufgaben, Verpflichtungen und Belastungen an Gott ab; er will sich darum kümmern. Konzentrieren Sie sich stattdessen darauf, ruhig und tief zu atmen und Ihren Kopf freizubekommen. Und geben Sie jede Sorge, die Ihnen durch den Kopf geht, an Gott ab.

Jesus, bitte befreie mich von all dem, was mich ablenkt und mir Sorgen bereitet, und hilf mir, mich auf dich zu konzentrieren.

3. Juni
Erholsame Hobbys

Komm wieder zur Ruhe, meine Seele, denn der Herr hat dir Gutes erwiesen. Ja, du hast mich vor dem Tod gerettet, meine Tränen hast du getrocknet und meine Füße vor dem Ausgleiten bewahrt, damit ich nicht zu Fall komme.
Psalm 116,7–8 (NGÜ)

Auch Hobbys bieten Ihnen eine gute Möglichkeit, einmal abzuschalten. Wenn es Ihnen so vorkommt, als laufe Ihr Gehirn ständig auf Hochtouren, oder wenn Sie das Gefühl haben, dass Ihr Leben Ihnen über den Kopf zu wachsen droht, könnte es hilfreich sein, eine Pause einzulegen und einem Hobby nachzugehen, bei dem Sie sich erholen können. Gartenarbeit, Musikhören, Backen oder Kochen sind allesamt hilfreiche Methoden zum Stressabbau. Auch Lesen, Angeln, Schreiben, Stricken, Golfen oder Wandern sind Beispiele für Aktivitäten, durch die Sie abschalten können.

Gott hat jeden von uns mit Begabungen und Interessen beschenkt, und jeder von uns kann ein Hobby finden, das ihn begeistert. Wenn Sie sich also in der kommenden Woche gestresst fühlen, dann versuchen Sie doch einfach einmal, einem Hobby nachzugehen, das eine entspannende Wirkung auf Sie hat. Sie müssen nicht gut darin sein – der Akt des Angelns selbst kann genauso lohnend sein, wie tatsächlich einen Barsch zu fangen, und eine kleine Fahrradtour zu unternehmen kann Ihren inneren Tank besser auffüllen, als an einem Radrennen teilzunehmen. Es geht nicht darum, Bestleistungen zu bringen. Es geht darum, sich zu entspannen und Freude dabei zu empfinden – selbst wenn Ihr Kuchen misslingt.

Danke, dass du mir bestimmte Interessen und Fähigkeiten geschenkt hast, Herr. Erinnere mich daran, dass ich mir regelmäßig Zeit für die Dinge nehme, die mir Freude bereiten.

4. Juni

Investieren Sie in Ruhe

Erhöre mein Gebet und hilf mir! Sei mir wie ein schützender Fels, zu dem ich immer fliehen kann, denn du hast zugesagt, mir zu helfen. Du bist mein Fels und meine Burg.

Psalm 71,2–3 (NL)

Wenn Sie Geld investieren, sind Sie angenehm überrascht, wenn Sie merken, dass aus Ihren 100 Euro plötzlich 150 Euro geworden sind oder sogar noch mehr. Wenn Sie sich ein Haus kaufen, ist es ein angenehmes Gefühl zu sehen, wie sein Wert steigt. Und die Investition in eine Freundschaft kann uns einen der größten Schätze des Lebens einbringen. Schlau ist also, wer investiert.

Aber haben Sie schon einmal darüber nachgedacht, dass auch eine Auszeit eine lohnenswerte Investition sein könnte? Hätten Sie ein schlechtes Gewissen, wenn Sie sich einmal für eine Nacht oder ein Wochenende von Ihrer Familie zurückziehen, um Zeit allein zu verbringen? Würden Sie sich schämen, wenn Sie sich ein paar Tage krankschreiben lassen, weil Sie völlig erschöpft sind? Machen Sie sich bewusst: Auch Ruhe ist eine Investition – eine Investition in ein gesundes Leben.

Wenn Sie sich zurückziehen – sei es nun für ein paar Stunden oder für eine ganze Woche –, können Sie für andere zum Segen werden. Wieso? Weil Sie mit einer frischen Perspektive, einer anderen inneren Einstellung oder mehr Geduld und Freundlichkeit zurückkehren.

Sollten Sie vielleicht heute in Ruhe investieren?

Mach mir immer wieder bewusst, dass auch Ruhe eine lohnenswerte Investition sein könnte, Herr, und dass ich, wenn ich geruht habe, besser zum Segen für andere werden kann.

5. Juni

Warten Sie nicht, bis es zu spät ist

Niemand wird deinen Schlaf stören, und viele Menschen werden sich bemühen, dir zu gefallen. Hiob 11,19 (NL)

Wenn Sie über einen längeren Zeitraum zu wenig Schlaf bekommen, wird das Ihr Gedächtnis beeinträchtigen, Ihr Blutdruck wird sich erhöhen und auch das Risiko für Herzprobleme; Ihr Immunsystem wird geschwächt, und Sie sind anfälliger für Krankheiten, Gewichtszunahme und Diabetes Typ 2 – und das ist nur die Spitze des Eisbergs!

Diese Liste ist beängstigend, doch sie beschreibt die Realität. Wenn wir ständig zu hohen Belastungen ausgesetzt sind und darauf vertrauen, dass uns Kaffee, Cola und Süßigkeiten schon durch den Tag bringen, tun wir uns damit keinen Gefallen. Und allzu oft warten wir mit dem Ausruhen, bis es zu spät ist. Wenn wir endlich erkannt haben, dass wir uns Auszeiten nehmen müssen, haben wir unsere Familien schon vor den Kopf gestoßen, unsere Arbeit leidet, und unser Körper baut ab.

Warten Sie nicht, bis es zu spät ist. Stellen Sie sicher, dass Sie ausreichend Schlaf bekommen, bitten Sie Freunde, an diesem Punkt regelmäßig nachzuhaken, und sprechen Sie mit Gott über das, was Ihnen Sorgen bereitet. Wenn Sie das Gefühl haben, dass Sie innerlich einfach nicht zur Ruhe kommen können, dann wenden Sie sich an den Einen, der über Sie wacht. Bitten Sie ihn, Ihrer Seele Ruhe und Gelassenheit zu schenken.

Herr, ich preise dich dafür, dass ich wunderbar gemacht bin. Hilf mir, mich regelmäßig um mich zu kümmern.

6. Juni

Maria und Marta

Jesus erwiderte ihr: „Liebe Marta, du machst dir viel zu viele Umstände um Dinge, die letztlich Nebensächlichkeiten sind. Nur eines ist wirklich wichtig – und Maria hat sich dafür entschieden. Es ist die Hauptsache, und die soll ihr nicht genommen werden." Lukas 10,41–42 (WD)

Wenn wir sehen, dass jeder Punkt auf unserer gewaltigen Aufgabenliste abgehakt ist, kann uns dies einen richtigen Schub verpassen. Immerhin nehmen wir abends alle gern zur Kenntnis, dass wir im Laufe des Tages viele Aufgaben erledigt haben. Wir blühen regelrecht auf, wenn wir Aufgaben erledigen und produktiv sind. Aber ist das wirklich immer gesund?

Unsere Produktivität entscheidet nicht darüber, ob wir von Gott angenommen werden. Als Jesus Marta und Maria besuchte, schimpfte er sanft mit Marta, weil sie ständig herumwuselte. Er sagte ihr, dass ihre Schwester ihre Zeit besser nutzte, als sie beschloss, einfach nur zu seinen Füßen zu sitzen. Jesus lobte Marta nicht dafür, dass sie so viele Aufgaben bewältigte; er führte ihre gelassen dasitzende Schwester Maria als Beispiel für das an, was wirklich wichtig war.

Vielleicht schaffen Sie heute nicht alles, was Sie sich vorgenommen haben. Aber wenn Sie sich dafür entscheiden, Zeit mit Gott zu verbringen, folgen Sie dem Vorbild von Maria. Und damit entscheiden Sie sich für „die Hauptsache".

Jesus, es fällt mir so leicht, wie Marta zu sein. Bring mir aber auch bei, mir die Zeit zu nehmen, um mehr wie Maria zu sein.

7. Juni

Jesus versteht, was uns belastet und aufwühlt

Als Jesus sah, dass Maria weinte und auch die anwesenden Juden zutiefst traurig waren, stieg ein heiliger Zorn über die Macht des Todes in ihm auf.

Johannes 11,33 (WD)

Sind Sie innerlich ganz unruhig? Ziehen Ihre Ängste und Ihre Sorgen Sie herunter? Liegt Ihnen etwas auf der Seele? Macht Ihnen etwas das Leben schwer? Jesus weiß davon, und er weiß auch, wie das ist. Jesus musste selbst mit ansehen, was die Sünde mit den Menschen macht. Er war zutiefst traurig, als Judas ihn verriet. Es brach ihm das Herz, als sein Freund Lazarus starb. Und er trug die größte aller Lasten – das Kreuz. Ja, Jesus versteht alles, was uns beunruhigt und aufwühlt.

Und weil Jesus das alles versteht, haben wir Hoffnung. Denn auch wenn Jesus litt und starb, besiegte er doch den Tod. Jesus trug die Last des Kreuzes, sodass wir es nicht tun müssen. Weil er für uns starb, stehen wir schuldlos vor Gott. Wir sind ein für alle Mal rein geworden, und unsere Schuld muss unser Gewissen nicht länger belasten. Seine Auferstehung macht es möglich, dass wir in den Genuss des ewigen Lebens kommen. Die Geschichte von Jesus ist die Geschichte der Erlösung. Er gibt den Müden Kraft und Ruhe. Menschen, die innerlich aufgewühlt sind, schenkt er neues Leben, Hoffnung und Freude.

Machen Sie sich heute bewusst, was Jesus für Sie getan hat – und kommen Sie dadurch innerlich zur Ruhe.

Du weißt, wie es ist, Kummer und Sorgen zu haben und zu leiden, Jesus. Bitte schenke meiner aufgewühlten Seele Ruhe.

8. Juni

Enttäuschungen überwinden

Beschütze mein Leben und rette mich! Bei dir suche ich Zuflucht, enttäusche mich nicht! Psalm 25,20 (GN)

Wir alle erleben Enttäuschungen. Bei Spielen gibt es immer einen Verlierer. Bei einer Stellenausschreibung wird nur eine Person eingestellt. Wenn eine Beziehung zerbricht, wird ein Traum zerstört. Jemand anderes kommt in den Genuss von etwas, nach dem Sie sich so verzweifelt gesehnt haben. Das alles ist unglaublich schmerzhaft und enttäuschend. Wenn wir nicht aufpassen, kann Enttäuschung zu Verzweiflung führen, und Verzweiflung bringt nur Leid und Unzufriedenheit.

Wenn Sie enttäuscht sind, fällt es Ihnen unter Umständen schwer, wieder auf die Beine zu kommen. Da ist es doch viel einfacher, in Selbstmitleid zu baden und Trübsal zu blasen. Doch wenn Sie nicht aufpassen, werden Sie ständig darum ringen müssen, nicht unterzugehen – und das ist ausgesprochen ermüdend.

Lassen Sie sich nicht unterkriegen. Gott weiß, wie es ist, enttäuscht zu werden, und er will Sie von diesem Schmerz befreien. Weil er Sie liebt und Ihnen neue Kraft und Hoffnung schenkt, müssen Sie sich nicht von der Enttäuschung verzehren lassen. Laufen Sie einfach in seine weit geöffneten, schützenden Arme.

Herr, ich werde immer wieder enttäuscht, und das tut oft so schrecklich weh. Erinnere mich daran, dass ich bei dir Hoffnung und neue Kraft finde – und dass du mich nie enttäuschst.

9. Juni

Die Liebe zum Geld

Denn die Geldgier ist eine Wurzel, aus der viel Böses erwächst. Einige haben wegen ihr den Glauben aufgegeben und sich damit selbst die größten Schmerzen zugefügt.

1. Timotheus 6,10 (WD)

Es gibt einen Grund, warum knapp 8 Millionen Bundesbürger regelmäßig Lotto spielen und mehr als 21 Millionen zumindest gelegentlich: weil viele glauben, dass Geld glücklich macht. Wenn Ihr Bankkonto gut gefüllt ist, alle Ihre materiellen Bedürfnisse gedeckt sind und Sie sich alles leisten können, was Sie sich leisten wollen, sind Sie bestimmt zufriedener, oder?

Geld macht das Leben in mancher Hinsicht leichter. Sie sind

in der Lage, problemlos Rechnungen zu bezahlen. Sie können sich etwas Neues kaufen, wenn Sie Lust dazu haben. Aber wenn Ihre körperlichen Bedürfnisse erst einmal gestillt sind, wächst das Glück nicht notwendigerweise proportional zur Größe Ihres Bankkontos. Reichtum kann durchaus verlockend sein oder viel Spaß versprechen, aber letzten Endes kann nur Jesus wirklich und auf Dauer unsere Bedürfnisse stillen.

Wenn Sie ehrlich gestehen müssen, dass Sie mit Ihren finanziellen Mitteln einfach nicht zufrieden sind, dann bitten Sie Gott, Ihnen dabei zu helfen, sich stattdessen mehr von ihm zu wünschen. Halten Sie sich vor Augen, dass er versprochen hat, sich um alle Ihre Bedürfnisse zu kümmern – und genießen Sie den erstaunlichen Reichtum eines Lebens, das *für* ihn und *mit* ihm und *durch* ihn gelebt wird.

Vater, bitte verwandle mein Verlangen nach Geld in ein unstillbares Verlangen nach dir.

10. Juni

Das Montagstief überwinden

Ich habe wieder neuen Mut bekommen, o Gott, ja, mein Herz ist zuversichtlich. Ich will singen und auf der Harfe spielen. Wach auf, meine Seele! Harfe und Zither, wacht auf! Ich will aufstehen noch vor der Morgenröte und sie wecken durch unser Spiel. Psalm 57,8–9 (NGÜ)

Auch wenn der Montag eigentlich einfach nur ein ganz normaler Wochentag ist, kann er bisweilen eine echte Herausforderung sein. Der Montag ist der Anfang einer neuen Woche, und nach einem erholsamen oder abwechslungsreichen Wochenende kann die Rückkehr zum Alltäglichen ein wenig deprimierend sein. Oftmals wird dieses Montagmorgentief durch die Erkenntnis verursacht, dass man bis zum nächsten Wochenende keine Gelegenheit mehr haben wird, einmal auszuspannen. Und viele Menschen kämpfen mit diesem „Montagstief"! Aber man kann es überwinden.

Wie? Denken Sie weiter über Gott nach und nicht über all das, was Sie in den kommenden fünf Tagen erwartet. Nehmen Sie sich Zeit, um still in der Gegenwart Gottes zu sitzen und mit ihm zu reden. Erzählen Sie ihm von Ihren Ängsten. Denken Sie über seine Güte nach. Verlassen Sie sich auf seine Kraft und nicht auf Ihre eigene.

Ja, auch all das ändert nichts daran, dass Montag ist. Und ja, Sie haben immer noch die ganze Woche vor sich. Aber Sie können an jedem Tag und zu jeder Zeit Ruhe finden – wenn Sie sich diese Ruhe von Gott schenken lassen. Bitten Sie ihn, Ihnen dabei zu helfen, dieses Montagstief zu überwinden.

Hilf mir, auch in dieser Woche kleine Oasen der Ruhe zu finden, Herr, selbst wenn meine Tage hektisch werden sollten.

11. Juni

Gottes Liebe kann man sich nicht verdienen

Deshalb also ist die Zusage an den Glauben gebunden; ihre Erfüllung soll ein Geschenk der Gnade sein.

Römer 4,16 (NGÜ)

Gottes Liebe kann man sich nicht verdienen. Selbst wenn Sie all Ihren Besitz verschenken, als Missionar in ein Dritte-Welt-Land reisen oder sich um Menschen kümmern, um die sich niemand sonst kümmern will: Gott wird Sie nicht mehr lieben, als er es jetzt schon tut. Und wenn Sie sich für jede Aktivität in der Gemeinde freiwillig melden, an den Wochenenden evangelisieren und morgens und abends stundenlang beten, können Sie sich Gottes Liebe dennoch nicht verdienen.

Gottes Liebe zu Ihnen ist nicht von Ihrer (geistlichen) Leistung abhängig. Sie hängt nicht davon ab, ob Sie schön oder beliebt, klug oder erfolgreich sind. Stattdessen ist seine Liebe zu Ihnen wie die Liebe, die ein Vater für seine Kinder empfindet: Er liebt Sie, weil Sie *Sie* sind.

Natürlich freut sich Gott, wenn Sie der Gemeinde, Bedürftigen oder Kranken dienen. Er wünscht sich, dass Sie Jesus ähnlicher werden, und es widerspricht dem Wesen Gottes, wenn Sie seine Gebote übertreten. Aber gleichgültig, was Sie für ihn tun oder ob Sie scheitern: Seine Liebe zu Ihnen ändert sich nicht. Und deshalb können Sie viel gelassener und ruhiger leben.

Vater, mache mir bewusst, dass ich im Grunde deine Gnade anzweifle, wenn ich wieder einmal versuche, mir deine Liebe zu verdienen – und vergib mir!

12. Juni

Die Angst davor, etwas zu verpassen

Ja, ich gebe ihnen gute und saftige Weideplätze auf Israels hohen Bergen, wo sie sich lagern und satt fressen können.

Hesekiel 34,14 (Hfa)

„Wir können schlafen, wenn wir tot sind." Vielleicht haben Sie diesen Satz schon auf Reklametafeln, in den sozialen Netzwerken oder gar auf T-Shirts gesehen.

Der Spruch ist lustig – zumindest oberflächlich betrachtet –, aber wenn man ihn ernst nimmt, kann er zur Erschöpfung führen. Wenn man das Leben auf diese Weise angeht, kann es durchaus abenteuerlich und aufregend sein. Die Welt liegt Ihnen zu Füßen, und es gibt so vieles zu entdecken, zu schmecken und zu erleben. Doch wer so lebt, hat andererseits wenig für Ruhe übrig. Für ihn ist Ruhe wahrscheinlich etwas Negatives, denn wenn Sie sich die Zeit nehmen, um zu ruhen und sich zu erholen, könnte Ihnen ja etwas entgehen!

Nichts könnte weiter von der Wahrheit entfernt sein. Bekommen Sie kein schlechtes Gewissen, wenn Sie merken, dass Sie nicht alles schaffen. Sie kennen Ihre Grenzen, und Sie wissen, dass Sie Ruhe brauchen, um zu funktionieren und gesund zu bleiben. Sie brauchen keine Angst davor zu haben, etwas zu verpassen. Kommen Sie stattdessen bei Gott zur Ruhe – und er wird Sie mit einem Leben voller Abenteuer segnen.

Ich preise dich, Herr, dass du mir Ruhe und neue Kraft schenken willst.

13. Juni

Lassen Sie sich von Gott neue Kraft schenken

Denn alles ist mir möglich durch Christus, der mir die Kraft gibt, die ich brauche. Philipper 4,13 (NL)

Sie reiben sich Ihre müden Augen und trinken noch einen Schluck Kaffee. Ihnen war gar nicht bewusst, dass ein einzelner Mensch so müde sein kann! Fühlen Sie sich ausgelaugt? Wächst Ihnen alles über den Kopf? Dann lassen Sie sich von Gott neue Kraft schenken.

Im Propheten Jesaja können wir lesen: „Jünglinge werden müde und matt, und Männer straucheln und fallen; aber die auf den Herrn harren, kriegen neue Kraft, dass sie auffahren mit Flügeln wie Adler, dass sie laufen und nicht matt werden, dass sie wandeln und nicht müde werden“ (Jesaja 40,30–31; Hfa). Irgendwann ist jeder einmal müde und erschöpft – selbst junge Menschen. Es gibt Zeiten, in denen unser Leben hart ist und stressig und uns völlig überfordert. Aber Gott kann und will uns neue Kraft schenken!

Vertrauen Sie sich den weit geöffneten Armen Ihres Schöpfers an. Lassen Sie sich von ihm wieder auf die Beine helfen. Er will Sie zu ruhigen Wassern führen und Ihrer Seele neue Kraft einhauchen. Halten Sie nur für einen Moment inne, und sitzen Sie einfach still in seiner Gegenwart. Lassen Sie ihn Ihr müdes Herz stärken.

Es tut so gut, in deine Arme zu sinken, mein Schöpfer! Danke, dass du mir neue Kraft schenkst, wenn ich müde bin.

14. Juni

Ruhe ist nicht selbstsüchtig

Wenn nun der Geist Gottes in unserem Leben das Sagen hat, verändert sich unser Leben Stück für Stück zum Guten. Wir müssen nicht mehr um uns selbst kreisen. Galater 5,25 (WD)

Aber ich sollte doch etwas tun. Schleicht sich dieser Gedanke manchmal ein, wenn Sie sich zurückziehen und ein wenig ausruhen wollen? Haben Sie das Gefühl, dass es selbstsüchtig ist, wenn Sie einmal einfach nur das tun, worauf Sie Lust haben – und wenn das bedeutet, dass Sie sich ausruhen? Nein, das ist nicht selbstsüchtig; das braucht jeder von uns hin und wieder.

Vielleicht sind Sie eine viel beschäftigte Mutter, stehen kurz vor dem Uniabschluss, leiten ein Unternehmen oder sind in der Gemeinde aktiv: Es wird immer etwas geben, das Sie tun „sollten" oder „könnten", aber damit Sie dazu in der Lage sind, all diese Dinge zu tun, brauchen Sie von Zeit zu Zeit etwas Ruhe.

Nehmen Sie sich heute ein paar Minuten für sich selbst. Sie könnten ein Nickerchen machen, während die Kinder Mittagsschlaf halten – selbst wenn das bedeutet, dass es später nur etwas Schnelles zum Abendessen gibt. Oder Sie könnten kurz eine Lernpause einlegen, um an der frischen Luft aufzutanken. Oder Sie könnten zu einem weiteren Projekt Nein sagen, wenn Sie jetzt schon den Eindruck haben, dass Ihnen alles über den Kopf wächst. Finden Sie heute eine kleine Oase der Ruhe, und tanken Sie dort auf.

Als du auf der Erde warst, Jesus, hast du da an mich gedacht? Hast du dir überlegt, dass ich einmal auf dein Vorbild angewiesen sein würde? Danke für deine Weisheit.

15. Juni

Lassen Sie die Hausarbeit liegen!

Er sitze einsam und schweige, wenn Gott es ihm auferlegt.

Klagelieder 3,28 (LÜ)

Wie sieht bei Ihnen ein typisches Wochenende aus? Wochenenden bieten großartige Gelegenheiten, um sich mit Freunden zu treffen, auszugehen und mehr Zeit mit Kindern oder Familie zu verbringen. Aber leider sind Wochenenden auch oft mit Hausarbeit, Fußballspielen, Einkäufen, Besorgungen und endlosen Aufgaben angefüllt, die eben so anfallen. Grundsätzlich will alles, was man unter der Woche nicht geschafft hat, am Wochenende erledigt werden.

Fühlen Sie sich manchmal müde, wenn Sie nur ans Wochenende denken? Vielleicht ist es Zeit, dass Sie auch dort ein paar Oasen der Ruhe schaffen.

Selbst an hektischen Wochenenden können Sie zwischen Besorgungen, Staubsaugen und der Reparatur eines tropfenden Wasserhahns ein wenig Zeit finden, damit Kopf und Herz zur Ruhe kommen. Ja, es gibt so viel zu tun, aber vergessen Sie nicht, dass gerade das Wochenende dazu einlädt, die Dinge langsamer anzugehen. Nehmen Sie sich die Zeit, sich ein wenig auszuruhen, bevor die neue Woche beginnt.

Herr, zeige mir, wie ich an diesem Wochenende etwas mehr ruhen und mich weniger hektisch um anfallende Aufgaben kümmern kann.

16. Juni

Perspektivwechsel

Dein Wort leuchtet mir dort, wo ich gehe; es ist ein Licht auf meinem Weg. Psalm 119,105 (NGÜ)

Waren Sie schon einmal auf einer Rüstzeit? Können Sie sich daran erinnern, wann Sie Gott das letzte Mal mit voller Hingabe angebetet haben? Ist Ihnen schon einmal aufgefallen, wie erfrischt Sie sich fühlen, wenn Sie tief und fest geschlafen haben? Wenn man innerlich zur Ruhe kommt, sieht man viele Dinge oft aus einer anderen Perspektive.

Wenn Sie Ihrem Körper bewusst Ruhe gönnen – wenn Sie auf eine zweitägige Rüstzeit fahren oder Gott intensiv anbeten –, geben Sie Ihrem Kopf und Ihrem Herz die Gelegenheit, sich neu auszurichten. Es tut so gut, einmal auf Abstand zur alltäglichen Geschäftigkeit zu gehen. Das ermöglicht es Ihnen, Ihr Leben in aller Ruhe aus einer anderen Perspektive zu betrachten, einmal das große Ganze zu sehen und nicht hektisch von einer Aktivität zur nächsten zu hasten.

Kommen Sie doch heute einmal innerlich zur Ruhe, indem Sie in Gottes Wort lesen und ihm erlauben, Ihnen eine neue Perspektive zu schenken. Saugen Sie seine Worte in sich auf, und lassen Sie sich von ihm verändern. Lauschen Sie – lauschen Sie *wirklich* – den Worten Ihres Lieblingsanbetungsliedes. Nehmen Sie sich Zeit, um die Ruhe zu genießen, nach der Sie sich so verzweifelt sehnen. Und dann achten Sie doch einmal darauf, wie sich Ihre Perspektive verändert und wie Ihr Herz anfängt, im Einklang mit dem Herzen Jesu zu schlagen.

Ich danke dir dafür, dass du mir das Geschenk der Ruhe machst, Vater. Sie rückt alles wieder in die richtige Perspektive.

17. Juni

„Sind wir schon daaa?“

Denn was ich dir jetzt offenbare, wird nicht sofort eintreffen, sondern erst zur festgesetzten Zeit. Aber es wird sich ganz bestimmt erfüllen, darauf kannst du dich verlassen. Warte geduldig, selbst wenn es noch eine Weile dauert!

Habakuk 2,3 (Hfa)

Falls Sie Kinder haben, kennen Sie das sicher aus eigener Erfahrung: Wenn man mit ihnen einen Ausflug unternimmt, stellen sie mindestens ein Dutzend Mal die Frage: „Sind wir schon daaa?" Und die Antwort klingt meist ungefähr so: „Nein, wir stehen noch in der Auffahrt." Oder: „Wir sind erst seit zehn Minuten unterwegs … Fragt doch in drei Stunden noch mal nach." Die kindliche Frage bringt uns zum Lachen – aber wenn wir ehrlich sind, wollen wir von Gott oft dasselbe wissen.

Wenn wir für etwas beten, Gott aber nicht antwortet, oder gerade eine schwere Zeit durchmachen, wollen auch wir gern wissen, wann wir das Ziel erreichen. „Wann werde ich denn endlich gesund, Herr?" Oder: „Wie lange wird es denn noch dauern?" Oder: „Ich warte doch schon ewig!" Wie ungeduldige Kinder verstehen wir nicht, dass es oftmals eine Weile dauert, bis man das Ziel erreicht.

Wenn Sie also merken, dass Sie kurz davorstehen, Gott wieder einmal genervt zu fragen: „Sind wir schon daaa?", dann erinnern Sie sich stattdessen daran, dass sein Zeitplan perfekt ist. Und wenn die Antwort lautet: „Noch nicht", dann lehnen Sie sich zurück, und kommen Sie innerlich in dem Wissen zur Ruhe, dass er den Weg kennt und ein guter „Fahrer" ist.

Ich vertraue darauf, dass du perfekte Absichten für mein Leben verfolgst, Jesus. Schenke mir die Geduld, die Reise zu genießen.

18. Juni

Kämpfen Sie gegen die Hektik an

*Freut euch über die Hoffnung, die ihr habt.
Wenn Nöte kommen, haltet durch. Lasst euch durch nichts
vom Gebet abbringen.* Römer 12,12 (NGÜ)

Hektik ist in der heutigen Zeit etwas völlig Normales. Wir hasten von Besprechung zu Besprechung, und zwischendurch rufen wir immer wieder unsere E-Mails ab. Wir hetzen die Kinder in die Schule, zu Arztterminen und zu außerschulischen Aktivitäten. Wir rasen zum Essen nach Hause oder um Zeit mit der Familie zu verbringen oder hetzen zu einer Essensverabredung mit Freunden, sind außer Atem und fünf Minuten zu spät.

Wie würde unser Leben ohne Hektik aussehen? Es ist nicht leicht, das Leben langsamer anzugehen, aber es ist möglich. Wir müssen dies ganz bewusst versuchen, denn unser Leben wird nicht von selbst geruhsam und langsamer. Doch mit etwas Übung kann es uns gelingen.

Wie könnten Sie Ihren Alltag heute langsamer angehen? Indem Sie zum Beispiel fünf Minuten länger frühstücken. Genießen Sie das Marmeladenbrot und schlingen Sie es nicht hinunter. Machen Sie früh genug Feierabend, um den Berufsverkehr zu meiden und entspannt statt verspannt zu Hause anzukommen. Halten Sie nach Möglichkeiten Ausschau, wie Sie den heutigen Tag langsamer angehen könnten – und ruhen Sie sich von der Hektik aus.

Schenke mir heute bitte Ruhe und Frieden statt Hetze und Stress, Herr.

19. Juni

Suchen Sie Zuflucht bei Gott

Du bist meine Zuflucht und meine Burg, mein Gott, dem ich vertraue. Psalm 91,2 (NL)

Die Vorstellung, unserem geschäftigen, aktiven, bis zum Anschlag gefüllten Leben zu entfliehen, kommt uns wie ein frommer Wunsch vor. Wo gibt es denn eine solche Zuflucht, bei der wir vor allem geschützt sind, das uns Stress und Frustrationen beschert? Gott kann diese Zuflucht sein!

Er kann Sie vor den Stürmen des Lebens bewahren und vor Gefahren schützen. Gott sehnt sich danach, Ihnen Ihre Lasten abzunehmen – er lädt Sie ein, in seine Gegenwart zu kommen und sie dort bewusst abzulegen. Er will auch, dass Sie ihn um neue Kraft bitten. Wenn Sie sich an seine Kraftquelle anschließen, werden Sie merken, dass Sie mit den Anforderungen, die der heutige Tag an Sie stellt, besser zurechtkommen.

Bitten Sie Ihren Vater, Ihre Zuflucht zu sein, der Ort, an dem Sie Schutz suchen können vor der Geschäftigkeit der Welt. Eilen Sie zu ihm und ruhen Sie sich in seinen Armen aus. Freuen Sie sich darüber, dass Sie sich *immer* dorthin zurückziehen können.

Gott ist Ihr sicherer Ort. Bei ihm finden Sie Zuflucht, Trost und Ruhe.

Schütze mich vor den Stürmen des Lebens, Jesus. Sei meine Zuflucht in diesem lärmenden, fordernden Leben.

20. Juni

Zählen Sie Ihre Segensgeschenke

Gott, wir danken dir und preisen deinen herrlichen Namen.

1. Chronik 29,13 (NL)

Wie oft halten Sie in der Hektik Ihres Alltags inne, um einmal Ihre Segensgeschenke zu zählen? Uns fällt doch viel schneller auf, was uns fehlt, oder? Aber wenn wir vom ständigen Wünschen getrieben werden, sind wir auch ständig gehetzt. Versuchen Sie doch heute einmal, innerlich zur Ruhe zu kommen, indem Sie Ihre Segensgeschenke zählen.

Wenn Sie beschließen, den Blick auf all das zu richten, was Sie *bereits haben* – vom kleinsten Geschenk bis zur größten Gabe –, werden Sie merken, dass Sie gar nicht anders können, als sich zu freuen. Eine kalte Dusche an einem heißen Nachmittag, ein Auto, das Sie sicher zur Arbeit bringt, gesunde Kinder, Essen auf dem Tisch – das sind nur einige der täglichen Segensgeschenke, die Gott Ihnen gibt.

Nehmen Sie sich doch heute einmal eine halbe Stunde Zeit, um Gott für all diese Dinge zu danken, denn er ist gut zu Ihnen, und seine Liebe hört nie auf. All die guten Dinge in Ihrem Leben sind Segensgeschenke von ihm – von den duftenden Rosen in Ihrem Garten bis zu Ihrer besten Freundin. Er ist ein guter Gott, der seinen Kindern gern gute Gaben gibt. Danken Sie Gott, preisen Sie seinen Namen – und achten Sie einmal darauf, wie Sie dadurch innerlich zur Ruhe kommen.

Herr, ich danke dir für all deine Segensgeschenke, für deine Liebe und deine endlose Gnade!

21. Juni

Sommerruhe

Die Regenzeit liegt hinter uns, der Winter ist vorbei!
Die Blumen beginnen zu blühen, die Vögel zwitschern,
und überall im Land hört man die Turteltaube gurren.
Die ersten Feigen werden reif, die Reben blühen und
verströmen ihren Duft. Hoheslied 2,11–13 (Hfa)

Der Sommer ist die richtige Zeit für klebriges Eis am Stiel, den Geruch von frisch gemähtem Gras, Sand zwischen den Zehen und leckeres Grillfleisch. Die Tage sind länger und die Nächte wärmer.

Der Sommer ist aber auch eine geschäftige Zeit. Wir fahren in den Urlaub, treffen uns mit Freunden im Schwimmbad, machen Ausflüge und feiern Straßenfeste mit der Nachbarschaft. Und dann, bevor Sie es richtig merken, ist der Sommer fast vorüber. Aber beschließen Sie den Sommer auch mit dem Gefühl, ausgeruht zu sein?

Was wäre, wenn Sie in diesem Sommer der Ruhe Priorität einräumen würden? Genießen Sie einen Spaziergang an einem milden Sommerabend. Schleichen Sie sich raus, wenn die Kinder im Bett sind, und schauen Sie hinauf in den Sternenhimmel. Beschließen Sie, dass alle – auch die Kinder – jeden Tag eine bestimmte Zeit lang still lesen. Sagen Sie Nein zu einem Ausflug, um sich einen Morgen lang in die Abgeschiedenheit zurückzuziehen und Zeit mit Gott zu verbringen.

In den Sommermonaten kann man Gottes wunderschöne Schöpfung in voller Blüte sehen. Nehmen Sie diese Segensgeschenke mit allen Ihren Sinnen wahr – mit Ihren Augen, Ihren Ohren und Ihrem Mund. Nutzen Sie diese Sommermonate, um innerlich zur Ruhe zu kommen.

Ich danke dir so für diese Sommerzeit, Vater. Hilf mir, in der wunderbaren Wärme und Schönheit deiner Schöpfung zur Ruhe zu kommen.

22. Juni

Helfen Sie anderen, sich einmal auszuruhen

Aus weiter Ferne, wie vom Ende der Erde, rufe ich zu dir, denn mein Herz ist mutlos geworden. Ach, führe mich doch auf jenen Felsen, der für mich zu hoch ist! Psalm 61,3 (NGÜ)

Es gibt Zeiten, in denen es wichtig ist, dass Sie sich ausruhen. Aber es gibt auch Zeiten, in denen Sie anderen dabei helfen sollten, einmal tief durchzuatmen. Vielleicht fühlen Sie sich ja zurzeit ausgeruht, und Sie sind in der Lage, anderen unter die Arme zu greifen. Falls das der Fall ist: Sehen Sie sich um – es gibt immer Menschen, die Ihre Hilfe gebrauchen können.

Kennen Sie eine frischgebackene Mutter? Bieten Sie ihr an, eine Mahlzeit vorbeizubringen. Kämpft eine Kollegin mit ihrer Arbeitsbelastung? Fragen Sie, ob sie Hilfe braucht. Wurde Ihre Freundin gerade operiert? Bieten Sie an, Erledigungen für sie zu machen oder Ihre Hausarbeit zu erledigen. Vielleicht ist Ihr Pastor ja völlig erschöpft. Schreiben Sie ihm eine Nachricht, die ihn ermutigt.

In dieser hektischen, arbeitsreichen Zeit braucht jeder einmal Ruhe. Das gilt für erwerbstätige Mütter genauso wie für Väter im Erziehungsurlaub, für Schüler und Lehrer, Freunde und Verwandte gleichermaßen. Viele sind heute mit all den Aufgaben und Anforderungen völlig überfordert. Helfen Sie doch anderen, ihre Schlachten zu schlagen.

Erinnere mich immer wieder daran, dass ich den Menschen in meinem Umfeld meine Unterstützung anbieten und ihnen so helfen kann, innerlich zur Ruhe zu kommen, Herr.

23. Juni

Wenn der Sturm naht

Jesus stand auf und befahl dem Wind, er solle aufhören, und zum See sagte er nur: „Beruhige dich wieder!" Sofort legte sich der Wind und der See wurde glatt wie ein Spiegel.

Markus 4,39 (WD)

Die Vorhersage für Ihr Leben sieht düster aus. Sie können erkennen, dass da Schmerz, Stress, Leid oder Unruhe auf Sie zukommt. Ihre Schultern beginnen, sich unter der Last zu krümmen, und Ihr Herz rast vor Angst. Sie sind sich gerade nicht sicher, ob Sie für einen Sturm dieses Ausmaßes gewappnet sind.

Wenn in Ihrem Leben Sturmwolken aufziehen, haben Sie vielleicht das Gefühl, dem nichts entgegensetzen zu können. Sie sind ärgerlich oder traurig, verwirrt oder verängstigt. Und unter Umständen fragen Sie sich sogar, wie in aller Welt Sie das überstehen sollen. Hier ist die Antwort: Suchen Sie Zuflucht bei Gott.

Ihr himmlischer Vater sorgt vielleicht nicht dafür, dass der Sturm erst gar nicht über Sie hereinbricht. Aber er wird an Ihrer Seite durch den Sturm hindurchgehen. Selbst wenn Ihre

Lebensumstände gerade schwierig sind, können Sie zu Ihrem aufgewühlten Herzen doch sagen: *Beruhige dich wieder!*, denn Jesus ist im Boot des Lebens bei Ihnen. Begeben Sie sich in seine schützenden Arme, und kommen Sie innerlich in dem Wissen zur Ruhe, dass er Ihnen eine Zuflucht anbietet.

Du bist mein Fels, mein Erlöser und meine Zuflucht, Jesus. Danke dafür, dass du mich immer wieder neu mit deiner Kraft erfüllst, damit ich den Stürmen in meinem Leben etwas entgegenzusetzen habe.

24. Juni

Genug gejammert!

Jubelt dem Herrn zu, alle Länder der Erde! Dient dem Herrn mit Freude, kommt vor ihn mit Jubel! Erkennt, dass der Herr allein Gott ist! Er hat uns geschaffen, ihm gehören wir. Wir sind sein Volk, seine Herde, und er ist unser Hirte, der uns auf seine Weide führt! Psalm 100,1–3 (NGÜ)

Wenn Sie ständig herumjammern, werden Sie mit der Zeit müde werden. Haben Sie schon einmal darauf geachtet, wie Sie sich fühlen, wenn Sie sich ständig beschweren? Sie sind angriffslustig und kritisch. Sie fühlen sich verbittert und frustriert. Anstatt den Tag zu genießen, finden Sie immer etwas, worüber Sie jammern und stöhnen können. Obwohl sich das vielleicht einen Moment lang gut anfühlt, zieht es Sie doch nur herunter.

Wenn Sie ständig jammern und klagen, werden Sie innerlich irgendwann erschöpft sein. Sie werden weder inneren Frieden verspüren noch Zufriedenheit. So zu leben ist schwierig und alles andere als schön.

Legen Sie Ihr Arsenal von Beschwerden ab. Händigen Sie Gott Ihre Waffen des Zorns und der Kritik aus. Gehen Sie einen kleinen Schritt auf die Dankbarkeit zu. Bitten Sie Ihren himmlischen Vater, Ihnen dabei zu helfen, zufrieden zu sein. Er will Ihrer Seele Erfüllung schenken und Ihnen durch seine Gegenwart neue Kraft schenken. Lassen Sie zu, dass er Ihr Herz verändert und Ihre Klagen in Freude verwandelt.

Ich gebe dir mein müdes Herz, Vater. Ersetze meine Klagen durch Lobpreis und Anbetung.

25. Juni

Nehmen Sie die Einladung an

Ehrfurchtgebietend bist du, o Gott, in deinem Heiligtum.
Der Gott Israels verleiht Macht und Stärke seinem Volk.
Gelobt sei Gott! Psalm 68,36 (NGÜ)

Wie sehen Ihre Prioritäten aus? Üblicherweise zählen Gott, Familie, Gemeinde, Kinder, Arbeit, Schule und Freunde dazu. Wir räumen dem Priorität ein, was wir für wichtig halten, und der Rest bleibt auf der Strecke. Wir kümmern uns erst darum, wenn – oder falls – wir dafür noch etwas Zeit übrig haben. Und zu oft vergessen wir, der Ruhe Priorität einzuräumen. Weil sie irgendwie nicht „greifbar“ ist und wir das Gefühl haben, dass sie nicht wirklich ein drängendes Problem darstellt, legen wir sie erst mal auf Eis.

Ruhe ist aber nichts, über das man mal so eben stolpert. Ruhe jagt uns nicht nach und buhlt auch nicht um unsere Aufmerksamkeit. Stattdessen spricht die Ruhe eine Einladung aus – und wir müssen diese Einladung bewusst annehmen.

Wie könnte es aussehen, wenn Sie diese Einladung heute annähmen? Zu welchen Dingen können Sie Nein sagen, damit Sie Ja zur Ruhe sagen können? Wenn Sie das Gefühl haben, dass das nicht möglich ist, erinnern Sie sich an die Einladung, die Jesus an seine Jünger aussprach: „Lasst uns einen einsamen Ort aufsuchen und ruht euch ein wenig aus“ (Markus 6,31; WD).

Herr, mach mir immer wieder bewusst, dass Ruhe wie eine Einladung ist – und dass es an mir liegt, diese Einladung anzunehmen.

26. Juni

Das Beste in uns zum Vorschein bringen

Denn selbst das Absurdeste bei Gott ist immer noch weiser als alles, was Menschen denken können. Und das Schwache bei Gott ist immer noch unvorstellbar stärker als alle Menschen.

1. Korinther 1,25 (WD)

„Ich will eine bessere Mutter sein."

„Ich will eine bessere Arbeitsstelle finden."

„Ich will bessere Noten schreiben."

„Ich will ein liebevollerer Sohn sein."

Es gibt so viele unterschiedliche Bereiche, in denen wir uns verbessern können, und als Christen sollten wir da auch unser Möglichstes tun. Ja, wir müssen unser Bestes geben, um eine gute Mutter, Nachbarin oder Freundin, ein guter Bruder, Kollege oder Chef zu sein. Und ja, wir sollten alles so tun, als täten wir es für Gott. Aber die Sache hat auch einen Haken: Wir können nicht in allem die oder der Beste sein – wir werden immer wieder erleben, dass wir scheitern.

Waren Sie schon einmal völlig überfordert, weil Sie glaubten, sich selbst übertreffen oder mit einem anderen mithalten zu müssen? Sprechen Sie mit Gott darüber. Er weiß genau, was Sie brauchen, und er kann Ihnen dabei helfen zu erkennen, was wirklich wichtig ist. Und er kann Sie sanft, geduldig und liebevoll in die beste Version Ihrer selbst umgestalten. Kommen Sie innerlich zur Ruhe, indem Sie sich seiner Führung anvertrauen.

Ich möchte mich verändern, Herr, doch dazu brauche ich deine Hilfe.

27. Juni

Von schwarzem Kaffee und heißem Wasser

Wir beten zum Herrn, dass die Liebe zu Gott euer Leben bestimmt und dass ihr standhaft im Glauben an Christus bleibt. 2. Thessalonicher 3,5 (Hfa)

Stellen Sie sich vor, Sie haben am frühen Morgen ein Frühstücksmeeting. Der Wecker reißt Sie aus dem Schlaf, Sie ziehen sich müde an und träumen schon von einem starken schwarzen Kaffee. Als Sie sich an den Tisch setzen, steht direkt vor Ihnen auch schon eine Tasse dampfenden Kaffees. Sie nehmen einen Schluck. Er schmeckt gut.

Als die Sitzung beginnt, ist Ihre Tasse nur noch halb voll. Der Kellner erkundigt sich, ob er nachschenken soll, doch dann gießt er nur heißes Wasser in Ihre Tasse. Tatsächlich füllt er jedes Mal, wenn er nachschenkt, nur heißes Wasser ein, keinen Kaffee. Bald befindet sich in Ihrer Tasse nur noch hellbraune Brühe. Und Sie sind völlig frustriert und bleiben mit dem Gefühl zurück, betrogen worden zu sein.

Dasselbe kann Ihnen mit der Ruhe passieren. Sie beginnen Ihre Woche vielleicht völlig energiegeladen. Sie könnten es mit der ganzen Welt aufnehmen! Aber wenn Sie nur halbherzig versuchen, sich hin und wieder auszuruhen, werden Sie sich am Ende der Woche ausgesprochen „verwässert“ fühlen.

Achten Sie also in dieser Woche darauf, Ihre Tasse mit richtiger Ruhe aufzufüllen.

Herr, erinnere mich daran, bewusst zur Ruhe zu kommen und nicht Zeit mit Dingen zu verschwenden, die mir nur Entspannung versprechen, aber wenig erfüllend sind.

28. Juni

Ohne Scham oder Schuld

Wende dein Angesicht mir, deinem Diener, freundlich zu! Sei mir gnädig und rette mich! Psalm 31,17 (NGÜ)

Weil Ruhe für unser geistliches Wachstum wichtig ist, wird Satan alles in seiner Macht Stehende tun, um dafür zu sorgen, dass wir ständig abgelenkt und beschäftigt sind. Aber er greift auch gern zu einem schlechten Gewissen, um uns davon abzuhalten, uns zurückzuziehen und wirklich auszuruhen. Haben Sie sich schon einmal schuldig gefühlt, wenn Sie sich eine kleine Auszeit nahmen?

Als Gott diese Welt erschuf, arbeitete er sechs Tage lang. Er formte hohe, massive Eichen, goss sein Licht in Glühwürmchen und erschuf den Menschen nach seinem Bilde – und danach ruhte er sich aus. Ohne Schuldgefühle oder sich dafür zu schämen. Gott arbeitete und danach ruhte er. Ich glaube, dass er das tat, um uns Menschen vorzuleben, wie auch wir leben und arbeiten sollen.

Wenn wir uns ausruhen, bedeutet das nicht, dass wir unsere Pflichten vernachlässigen oder faul sind. Aber wir geben unserer Seele die Chance durchzuatmen und richten uns innerlich wieder neu auf Gott aus. Ruhe tut sowohl unserem Körper als auch unserem Geist gut. Wir sollten dankbar sein, dass wir uns ausruhen können und dürfen, und kein schlechtes Gewissen haben: Danken Sie Gott dafür, dass er schon von Beginn an wusste, dass wir einmal Ruhe brauchen würden, und dass er uns deshalb sein Vorbild gegeben hat.

Jesus, ich will kein schlechtes Gewissen haben oder mich dafür schämen, wenn ich mich regelmäßig ausruhe, um wieder neu zu Kräften zu kommen. Hilf mir, den Segen der Ruhe zu genießen.

29. Juni

Füllen Sie Ihren inneren Tank auf

Weil mir meine Verwandten und Freunde am Herzen liegen, wünsche ich dir, Jerusalem, Frieden und Glück.

Psalm 122,8 (Hfa)

Als sich Jesus von der Menge zurückzog und an einen Ort begab, an dem er allein beten konnte, kam er bewusst in der Gegenwart seines Vaters zur Ruhe. Wie oft ruhen Sie sich bewusst aus? Und nein, auf dem Sofa einzuschlafen, zählt nicht! Nur bewusste Ruhe füllt Ihren inneren Tank wieder neu auf.

Geben Sie sich heute die Erlaubnis, sich auszuruhen. Setzen Sie sich morgens ein paar Minuten mit einer Tasse Kaffee oder Tee hin und genießen Sie die Stille. Bummeln Sie nachmittags eine halbe Stunde durch den Park. Lassen Sie heute Abend mögliche Verpflichtungen sausen, und genießen Sie stattdessen das Beisammensein mit Ihrem Ehepartner.

Wenn Sie ständig arbeiten, sind Sie irgendwann ausgelaugt und leer, aber wenn Sie sich bewusst immer wieder Oasen der Ruhe schaffen, werden Sie körperlich und seelisch auftanken können.

Vater, schenke meiner Seele und meinem Körper neue Kraft. Ich will bewusst in deine Gegenwart kommen und meinen inneren Tank von dir füllen lassen.

30. Juni

Sie sind einzigartig!

So schuf Gott den Menschen als sein Abbild, ja, als Gottes Ebenbild; und er schuf sie als Mann und Frau.

1. Mose 1,27 (Hfa)

Denken Sie einmal über die folgende Frage nach: Was mögen Sie an sich selbst am liebsten? Ihr einzigartiges Lachen oder die Farbe Ihrer Augen? Ihre ansteckende Liebe zu anderen Menschen oder Ihren analytischen Verstand? Vielleicht mögen Sie die Tatsache, dass Sie ein guter Läufer sind, oder Ihr ruhiges Selbstbewusstsein. Es gibt so vieles, das an Ihnen liebenswert ist – immerhin wurden Sie als Abbild eines vollkommenen Gottes geschaffen!

Es gibt so manche Dinge, die Sie einzigartig machen – darunter einiges, auf das Sie nicht so stolz sind. Sind Ihre Zehen vielleicht etwas sonderbar geformt, oder neigen Sie dazu, feuerrot zu werden, wenn Sie verlegen sind? Haben Sie einen riesigen Zinken im Gesicht, wie alle Mitglieder Ihrer Familie, oder sind Sie nah am Wasser gebaut? Ihre Einzigartigkeit ist nichts Schlechtes, und sie ist auch nichts, das man reparieren müsste.

Verstecken Sie diese einzigartigen Dinge an Ihnen nicht länger, und versuchen Sie auch nicht, sie zu ändern – sie machen aus, wer *Sie* sind, und *Sie* sind von Gott geliebt. Schließen Sie heute gewissermaßen Frieden mit sich selbst, indem Sie sich so annehmen, wie Sie sind, und kommen Sie dadurch innerlich zur Ruhe.

Vater, hilf mir, mich mit meiner Einzigartigkeit zu versöhnen und mich an den Eigenarten zu erfreuen, die mich ausmachen!

Juli

Lass mich wieder Freude erleben, wenn du mich rettest. Hilf mir, indem du mich bereit machst, dir gern zu gehorchen.

Psalm 51,14 (NGÜ)

1. Juli

Eine Zeit der Ruhe

„Sechs Jahre lang sollt ihr eure Felder bewirtschaften und die Ernte einbringen. Aber im siebten Jahr lasst sie brachliegen, sät und erntet nicht!“ 2. Mose 23,10–11 (Hfa)

Im Sommer sind die Felder mit Reihen goldenen Getreides übersät, und dornige Brombeerbüsche sind schwer von süßer Frucht. Zucchini und Gurken wachsen heran, Zuckererbsen betteln darum, verzehrt zu werden, und Kirschen hängen an den Bäumen. Im Sommer bringt der Boden reichlich Frucht hervor.

Aber jeder Boden braucht auch eine Zeit der Ruhe, denn durch das Ruhen wird er fruchtbarer. Ja, irgendwann werden die Bauern und die Gärtner ihn wieder bestellen, doch zuerst muss der Boden eine Weile brachliegen.

Ist es bei uns nicht ähnlich? Wenn wir fortwährend „Frucht“ bringen, wenn wir ständig dienen und arbeiten, werden wir nach einer Weile deutlich weniger fruchtbar sein. Wir haben zu viele Bälle in der Luft, bis diese einer nach dem anderen herunterzufallen beginnen. Wir sind irgendwann wie ausgelaugte, trockene Böden.

Ruhe ist also wichtig, und sich regelmäßig Zeit zu nehmen, um zur Ruhe zu kommen, ist kein Zeichen von Schwäche, sondern für Weisheit.

Ist es vielleicht gerade Zeit, dass Ihr „Boden“ brachliegt und eine Weile ruht?

Herr, ist es gerade an der Zeit, dass ich mich von einigen meiner Verantwortlichkeiten zurückziehe? Dass ich Aufgaben abgebe? Zeige mir deinen Willen für mein Leben.

2. Juli

Perfektes Timing

Wie unendlich reich und tief ist doch die Weisheit und die Erkenntnis unseres Gottes! Wie unerforschlich und verborgen seine Wege! Römer 11,33 (WD)

Lernen Sie gerade die harte Lektion, dass Gottes Timing nicht Ihren Erwartungen entspricht? Warten Sie ängstlich darauf, dass Ihre Gebete beantwortet werden? Oder sind Sie frustriert darüber, dass die Dinge nicht so laufen, wie Sie dies gern hätten? Seien Sie versichert: Damit stehen Sie nicht allein da. Wir alle haben hin und wieder damit zu kämpfen, dass wir Gottes Zeitplan einfach nicht verstehen. Aber hier die ermutigende Wahrheit: Gott hat durchaus die Kontrolle. Sie sind sein geliebtes Kind, und er wird immer tun, was das Beste für Sie ist.

Genauso wie ein Vater es liebt, seinen Kindern gute Geschenke zu machen, liebt es auch Gott, Sie mit seinen Segensgeschenken zu überschütten. Sie können sich darauf verlassen, dass seine Absichten das Beste für Sie sind, denn Ihr himmlischer Vater liebt Sie wirklich. Er ist auf jedem Schritt des Weges an Ihrer

Seite, und seine Pläne sind besser als jeder Plan, den Sie sich selbst ausdenken könnten. Geben Sie die Zügel aus der Hand. Kommen Sie stattdessen innerlich zur Ruhe, weil Sie den Verheißungen, Absichten und dem perfekten Timing Gottes vertrauen.

Vater, ich vertraue darauf, dass deine Pläne besser sind als meine eigenen. Hilf mir, immer nach dieser Wahrheit zu leben.

3. Juli

Geben Sie sich die Erlaubnis auszuruhen

... legt alle eure Sorgen bei ihm ab, denn er sorgt für euch.

1. Petrus 5,7 (NGÜ)

Sie müssten sich eigentlich ausruhen, aber Sie machen immer weiter, in der Hoffnung, dass Sie Ihren Schlaf schon irgendwie irgendwann nachholen werden. Aber wie lange sagen Sie sich das schon? Wochen? Monate? Um endlich die Ruhe zu bekommen, nach der Sie sich so sehr sehnen, müssen Sie sich die Erlaubnis geben, sich auszuruhen.

Ruhe sieht für jeden anders aus. Für manche ist ein Sabbatjahr dran oder ein verlängerter Urlaub. Anderen reicht ein Nickerchen oder wenn sie sich eine Stunde von allem zurückziehen. Sie kennen Ihre Bedürfnisse und Ihre Grenzen: Wie würde für Sie

Ruhe aussehen? Machen Sie einen Plan, schreiben Sie ihn auf, und halten Sie sich daran – Sie könnten ja eine Freundin oder Ihren Partner bitten, Sie in die Pflicht zu nehmen.

Sie brauchen Ruhe – wir alle brauchen sie. Und Ruhe ist kein Zeichen der Schwäche, es gehört einfach zum Menschsein dazu. Nehmen Sie sich eine Auszeit. Entscheiden Sie, wann und wie Sie ruhen wollen, und gestatten Sie sich dann, es auch zu tun.

Herr, ich fällt mir so schwer, mir selbst zu erlauben, mir eine Auszeit zu nehmen. Zeige mir einen Plan, der für mich funktioniert.

4. Juli

Jesus will Ihnen Ihre Lasten abnehmen

Wirf all deine Last auf den Herrn! Er wird dich sicher halten. Niemals lässt er den zu Fall kommen, der nach Gottes Willen lebt. Psalm 55,23 (NGÜ)

Was macht Ihnen heute besonders zu schaffen? Machen Sie sich gerade Sorgen um jemanden? Sind Sie über eine bestimmte Situation entmutigt oder frustriert? Gott möchte Ihnen diese Last abnehmen und Ruhe schenken. Er will Sie von jeder Angst und jeder Sorge befreien und Sie stattdessen mit seinem Frieden, seiner Freude und seiner Hoffnung erfüllen.

Worüber Sie sich auch gerade Sorgen machen – über sich selbst oder über einen geliebten Menschen, über Ihre Gesundheit, finanzielle oder geistliche Dinge –, Gott weiß davon und kümmert sich darum. Er lädt Sie ein, diese Lasten und Sorgen zu ihm zu bringen, damit er sie Ihnen abnehmen kann. Sie müssen nicht länger mit der Last der Angst leben, sondern können die Freiheit der Hoffnung erfahren.

Wenden Sie sich an Jesus. Er weiß, dass Sie sich Sorgen machen und müde sind, und er sehnt sich danach, dass Sie zu ihm kommen … damit er Ihnen Ruhe schenken kann.

Jesus, ich bringe dir meine Sorgen und will darauf vertrauen, dass du dich um alles kümmerst, was mich beschäftigt.

5. Juli

Gottes große Verheißungen

Fürchte dich nicht, denn ich stehe dir bei; hab keine Angst, denn ich bin dein Gott! Ich mache dich stark, ich helfe dir, mit meiner siegreichen Hand beschütze ich dich!

Jesaja 41,10 (Hfa)

Gott gibt uns in der Bibel einige große Verheißungen: Er verspricht, uns nie zu verlassen oder aufzugeben. Er verspricht denen, die ihm nachfolgen, Erlösung und ein neues Leben. Und er verspricht, dass er wunderbare Pläne und große Träume für uns bereithält – die besser sind als alles, was wir uns je vorstellen könnten. Und er weist immer wieder darauf hin, dass wir echte Meisterwerke sind.

Alle Verheißungen von Gott sind gut – und sie sind wahr! Aber wir leben dennoch so, als würde er lügen. Wir leben gehetzt – wir ringen darum und streben danach, unsere Ziele zu erreichen, uns zu beweisen und Anerkennung einzuheimsen. Wir sagen zu oft Ja und zu selten Nein, weil wir Angst davor haben, dass andere uns sonst nicht mögen. Mit anderen Worten: Gottes Verheißungen schenken uns keine Ruhe.

Gott sagt uns, dass wir uns nicht sorgen oder ängstlich sein sollen; er wird sich um alles kümmern, was wir brauchen. Er sagt uns, dass er sich über uns freut, denn wir sind seine geliebten Kinder. Ist das nicht großartig? Kommen Sie in den noch heute gültigen Verheißungen Gottes zur Ruhe.

Lehre mich zu ruhen. Lehre mich zu vertrauen. Lehre mich, mich über deine Liebe zu mir zu freuen, Vater.

6. Juli

Die Sonne wird aufgehen

Er aber, unser Herr Jesus Christus, und Gott, unser Vater, … ermutige eure Herzen und stärke sie, damit euer Reden und Handeln immer von seiner Liebe geprägt sind.

2. Thessalonicher 2,16–17 (WD)

Sind Sie schon einmal nach einem besonders harten Tag ins Bett gefallen und hatten das Gefühl, dass sich die ganze Welt gegen Sie verschworen hat? Ihre Kinder fordern Sie, Ihre Arbeit ist stressig, Ihre Verpflichtungen sind erdrückend, und alles wäre so viel besser, wenn Sie nur ein bisschen mehr Zeit hätten. Klingt das vertraut?

Machen Sie sich bewusst: Nach jeder schlimmen Nacht kommt ein neuer Sonnenaufgang, auf jeden frustrierenden Tag kann ein fröhlicher Abend folgen, und jeder schlechte Start kann mit einem fantastischen Endspurt enden. Wenn Gott sagt, dass seine Gnade jeden Morgen neu ist, dann meint er das auch so. Er hat an jedem Tag mehr als genug Gnade für Sie. Darauf können Sie vertrauen – genauso sehr, wie dass die Sonne aufgeht. Finden Sie heute Frieden in dem Wissen, dass Gott Ihnen einen Neuanfang schenkt … immer und immer und immer wieder.

Danke, Jesus, dass du mich mit deiner Gnade überschüttest – an jedem Morgen, jedem Abend und in jedem Moment dazwischen.

7. Juli

Versorgen Sie Ihren Körper mit Ruhe

Und was eure eigenen Bedürfnisse angeht, so wird derselbe Gott, der für mich sorgt, auch euch durch Jesus Christus mit allem versorgen, was ihr braucht … Philipper 4,19 (NGÜ)

Wenn Sie sich Ihren Tagesablauf anschauen: Gibt es da Zeiten, in denen Sie sich ausruhen können? Gibt es Augenblicke, in denen Sie tief durchatmen und Ihre Gedanken ordnen können? Oder hetzen Sie von einer Aufgabe zur nächsten, bis Sie dann eine Stunde später ins Bett fallen als erhofft?

Machen Sie sich bewusst, dass Sie *jeden Tag* ruhen müssen. Es kommt Ihnen vielleicht produktiver vor, ohne Pause herumzuwerkeln, aber Ihr Körper, Ihr Geist und Ihre Seele wurden nicht dazu geschaffen, auf diese Weise zu funktionieren. Genauso wie Sie Ihr tägliches Brot brauchen, brauchen Sie auch Ihre tägliche Ruhe. Wenn Sie aufhören zu essen, wird letztlich Ihr Körper aufgezehrt. Und er wird ebenso schwach und müde, wenn Sie sich nicht auszuruhen.

Reservieren Sie sich also jeden Tag etwas Zeit dafür, zur Ruhe zu kommen, indem Sie diese Zeiten bewusst in Ihre tägliche Routine einbauen. Folgen Sie dem Beispiel Jesu, der sich in die Abgeschiedenheit zurückzog, obwohl ständig Menschen da waren, die von ihm mit Essen versorgt werden wollten, die geheilt werden oder seine Botschaft hören wollten. Ja, er speiste sie, er heilte sie, und er erzählte ihnen von Gott, aber danach füllte er auch seinen eigenen inneren Tank mit Gebet und Ruhe auf.

Jesus, hilf mir, deinem Beispiel zu folgen und mir Auszeiten zu nehmen.

8. Juli

Gott schenkt Ihnen wahre Freude

Der Herr hat euch doch längst gesagt, was gut ist! Er fordert von euch Menschen nur eines: Haltet euch an das Recht, begegnet anderen mit Güte, und lebt in Ehrfurcht vor eurem Gott! Micha 6,8 (Hfa)

Wir werden von allen Seiten mit Werbung bombardiert. Unsere Briefkästen quellen über von Prospekten und Katalogen, Fernsehsendungen werden ständig von Werbetrailern unterbrochen, Streamingdienste blenden schon nach wenigen Liedern Werbespots ein, und Zeitschriften zeigen uns, was wir alles nicht haben.

Da ist es doch verständlich, warum wir niemals mit dem zufrieden sind, was wir haben. Unablässig reden Stimmen auf uns ein, die uns erzählen, dass wir erst dann glücklich sind, wenn wir *[füllen Sie diese Lücke mit einem Produkt, das Ihnen angeblich fehlt]* haben. Doch wenn wir nicht aufpassen, werden wir anfangen, diesen Botschaften Glauben zu schenken. Seien wir ehrlich: Selbst wenn wir ein neues Kleid oder den modernsten Fernseher haben, werden wir nicht wirklich zufrieden sein. Wahre Zufriedenheit, die bleibt, kann uns nur Jesus schenken.

Achten Sie doch heute einmal aufmerksam auf die Botschaften, denen Sie unbewusst Glauben schenken. Bitten Sie Gott jedes Mal, wenn Sie sich dabei erwischen, dass Sie *Ich wäre glücklich, wenn ich … hätte* denken, Ihnen seine Wahrheit zu offenbaren. Ihre Seele wird erst dann Ruhe finden und Ihr inneres Sehnen wird erst dann enden, wenn Sie erkennen, dass nicht das Anhäufen von Besitz wirklich glücklich macht, sondern mit Jesus unterwegs zu sein.

Jesus, mache mir heute neu bewusst, dass nicht irgendwelche Dinge Freude und Zufriedenheit schenken, sondern du allein.

9. Juli

Kommen Sie in Gottes Schöpfung zur Ruhe

„Von den Tieren draußen kannst du vieles lernen, schau dir doch die Vögel an! Frag nur die Erde und die Fische im Meer; hör, was sie dir sagen! Wer von diesen allen wüsste nicht, dass der Herr sie mit seiner Hand geschaffen hat? Alle Lebewesen hält er in der Hand, den Menschen gibt er ihren Atem."

Hiob 12,7–10 (Hfa)

Im Sommer ist Gottes Schöpfung einfach wunderschön. Die Blumen stehen in voller Blüte, und die Luft ist erfüllt von ihrem Duft. Die ersten Tomaten werden reif, und leuchtende Schmetterlinge fliegen mit dem Wind. Meereswogen erfrischen an heißen Tagen, der Sand ist warm, und die Abende sind hervorragend dazu geeignet, in den mit Sternen übersäten Himmel zu schauen. Es gibt nichts Besseres als den Sommer, oder?

Gott möchte, dass Sie sich am Werk seiner Hände erfreuen. Die Schönheit der Natur weist Sie auf die Kreativität Gottes hin, und ihre Pracht ist unübertroffen. Selbst wenn Sie viel zu tun haben, selbst wenn Ihr Terminplan voll und Ihre Zeit knapp ist, sollten Sie sich einen Augenblick nehmen, um Gottes Schöpfung zu bewundern.

Lassen Sie sich von der Natur erfrischen, und achten Sie einmal darauf, wie Sie innerlich zur Ruhe kommen. Nehmen Sie sich etwas Zeit, um an einem stillen See entlangzuspazieren und die Liebe Ihres Hirten zu spüren. Kommen Sie in Gottes Schöpfung zur Ruhe.

Herr, danke dafür, dass du solch eine wunderschöne Welt geschaffen hast – dir sei alle Ehre.

10. Juli

Geduld lernen

Ein vernünftiger Mensch gerät nicht schnell in Zorn; es ehrt ihn, wenn er über Verfehlungen hinwegsehen kann.

Sprüche 19,11 (Hfa)

Beeil dich! Warum dauert das so lange? Ich muss ständig auf dich warten! Erwischen Sie sich dabei, dass Sie häufiger so etwas sagen? Zu einer Kollegin, Ihrer Ehefrau oder Ihrem Kind? Vielleicht haben Sie sich ja über Ihre Mutter oder Ihren Bruder geärgert. Oder Sie haben diese Worte sogar Gott zugerufen, wenn seine Antwort auf Ihre Gebete auf sich warten ließ.

Während manche Menschen von Natur aus geduldig sind, müssen die meisten von uns daran arbeiten. Aber mit der Zeit und mit Gottes Hilfe können Sie Geduld lernen und die ständige Unruhe in sich ausmerzen. Wenn Sie Geduld entwickeln, können Sie darauf warten, dass Gott handelt, statt selbst zu handeln, Sie können bitten, statt etwas zu verlangen, und auf Gottes Führung vertrauen, statt auf eigene Faust loszuziehen.

Geduld bedeutet, dass Sie gelassen sind, wenn etwas nicht nach Ihrem Zeitplan oder Ihren Wünschen verläuft. Wenn Sie geduldig sind, werden Sie Ruhe und Frieden verspüren. Nein, es wird nicht immer einfach sein, aber es wird es immer wert sein.

Vater, bitte verwandle meine Ungeduld in Geduld, meine Skepsis in Vertrauen und meine Frustration in Frieden.

11. Juli

Das Staunen wiederentdecken

„Wer unter den Göttern ist wie du, o Herr? Wer ist so herrlich und heilig wie du? Wessen Taten sind so Ehrfurcht gebietend? Wer vollbringt solche Wunder?“ 2. Mose 15,11 (NL)

Kindern fällt es leicht, sich auch über die kleinen Dinge zu freuen – über eine Seifenblase, eine Raupe, einen Ballon, eine Fahrt auf dem Rasenmäher, eine Pusteblume. Es spielt keine Rolle, ob es eine kleine Pfütze oder ein riesiger Swimmingpool ist, eine Fahrt zum Schuhgeschäft oder ins Phantasialand – für Kinder sind selbst die kleinsten Momente und Dinge Gelegenheiten zum Staunen und Freuen.

Wann haben wir Erwachsenen diese Fähigkeit verloren? Wann kam der Zeitpunkt, ab dem wir so schwer zu beeindrucken und zu begeistern waren? Wir hasten jeden Tag an so vielen winzigen, aber doch großartigen Gelegenheiten zum Staunen vorbei, weil wir zu beschäftigt oder zu abgelenkt sind.

Erlauben Sie sich heute, Ihren Alltag langsamer anzugehen. Lassen Sie Ihren Blick bei einem Sonnenaufgang verweilen, genießen Sie das leckere Mittagessen mit all Ihren Sinnen, und halten Sie Ausschau nach dem Schönen, nach dem, was Sie staunen lässt. Gott hat Sie mit so vielen großartigen Dingen umgeben. Achten Sie heute einmal bewusst darauf, und kommen Sie innerlich zur Ruhe, während Sie über diese Fülle staunen.

Herr, hilf mir, einen Gang zurückzuschalten, mich neu auszurichten und nach deinen Wundern Ausschau zu halten, die mich umgeben.

12. Juli

Bitten Sie um Hilfe

Bleibt den sonntäglichen Versammlungen nicht fern, wie es sich manche unter euch schon zur Gewohnheit gemacht haben, sondern weist euch ruhig auch gegenseitig zurecht, wenn es nötig ist. Das gilt umso mehr, je näher der Tag der Wiederkunft Christi kommt. Hebräer 10,25 (WD)

Es fällt uns schwer, um Hilfe zu bitten. Unsere Gesellschaft bewundert viel mehr die Menschen, die unabhängig und eigenständig sind. Neidisch schauen wir auf die, die alles zu schaffen scheinen. Wenn wir um Hilfe bitten, kommen wir uns schwach vor und schämen uns dafür. Außerdem wollen wir anderen nicht auch noch unsere Lasten aufbürden.

Wenn Sie jemanden um Hilfe bitten, müssen Sie sich verletzlich machen. Aber indem Sie das Risiko eingehen und Ihre

Schwäche zugeben, ermutigen Sie andere dazu, ebenfalls offen und ehrlich zu sein. Und wären Sie nicht gern von Menschen umgeben, die mit ihren Schwierigkeiten offen umgehen und nicht immer so tun, als hätten sie alles im Griff? Vielleicht sind ja Sie diejenige, die den Anfang machen muss!

Bitten Sie jemanden aus Ihrem Umfeld um Hilfe. Das kann Ihre beste Freundin, ein Kollege oder Ihr Partner sein. Es kann jemand aus der Gemeinde oder aus Ihrem Hauskreis sein, eine Tante, eine Cousine oder ein Bruder. Sie müssen sich nicht schämen. Tatsächlich werden Sie wahrscheinlich merken, dass Sie mit Ihren Schwierigkeiten nicht allein sind. Also bitten Sie um Hilfe. Sie werden merken, dass es Ihnen hilft, innerlich ruhig zu werden, wenn jemand bereit ist, Ihre Lasten mitzutragen.

Herr, es fällt mir so schwer, um Hilfe zu bitten. Bitte schenke mir den Mut, mich verletzlich zu machen.

13. Juli

Gott, die Quelle der Ruhe

„Der Herr steht mir zur Seite, was sollte mir noch Angst machen?! Was können Menschen mir antun?“

Hebräer 13,6 (WD)

Wenn Sie unter allen Umständen an Ihren eigenen Plänen, Hoffnungen und Träumen festhalten, werden Sie sich irgendwann verausgaben. Warum? Weil Sie nur Ihre eigene Kraftquelle haben, wenn Sie Ihren Weg verfolgen, und Ihre Kraft ist begrenzt. Sie sind nur ein Mensch, und Ihre Ressourcen, auch wenn sie Ihnen bisweilen riesig vorkommen, sind gering im Vergleich zu dem, was Gott zur Verfügung steht.

Vertrauen Sie Gott. Seine Pläne sind größer, besser und schöner, als Sie es sich je vorstellen könnten. Er will nicht, dass Sie sich Sorgen machen, unter Ihren Lasten zusammenbrechen und völlig überfordert sind. Er lädt Sie ein, bei ihm zur Ruhe zu kommen. Überlassen Sie Gott die Führung. Lassen Sie ihn Pläne schmieden und alles so umsetzen, dass es zu Ihrem Besten ist. Folgen Sie ihm vertrauensvoll. Gott allein ist der Geber aller Gaben, und zu diesen Gaben gehört auch die Ruhe.

Herr, es ist so ermüdend, immer dafür zu kämpfen, dass meine Träume und Pläne Wirklichkeit werden. Lehre mich, darauf zu vertrauen, dass du den Weg besser kennst als ich.

14. Juli
Ein Licht, das Ihren Weg erleuchtet

„Das Licht der Sonne wirst du nicht mehr brauchen und auch nicht das Leuchten des Mondes. Denn ich, der Herr, werde dein ewiges Licht sein, dein Gott, die Sonne, die dir scheint."

Jesaja 60,19 (Hfa)

Waren Sie schon einmal im Stockfinsteren unterwegs und konnten den Weg nicht mehr sehen? Sie strengen Ihre Augen an, tasten mit den Händen und sind ganz angespannt, während Sie versuchen, nicht zu stolpern. Sie können sich auch nicht entspannen, weil Sie gar nicht wissen, wo Sie sind.

Aber was wäre, wenn jemand Sie an der Hand führte und Sie eine Taschenlampe hätten? Plötzlich wäre alles ganz anders. Sie könnten den vor Ihnen liegenden Weg sehen. Die ganze Situation wäre viel weniger anstrengend.

Machen Sie sich bewusst, dass Gott Sie wirklich führt! Sein Wort ist wie ein Licht in der Nacht, das Ihren Weg erleuchtet. Er weiß genau, wie er Sie dorthin führen muss, wo Sie hinwollen, und er ist der vertrauenswürdigste Begleiter, den Sie sich nur vorstellen können. Sie können ganz ruhig sein, denn Sie wissen, dass der Schöpfer des gesamten Universums Sie nach seinem vollkommenen Plan führt. Selbst dann, wenn alles um Sie herum stockfinster ist.

Herr, ich will deiner Führung vertrauen und nicht länger durch die Dunkelheit irren.

15. Juli
Gottes Wort spricht

Der Geist des Herrn wird auf ihm ruhen, der Geist der Weisheit und der Einsicht, der Geist des Rates und der Kraft, der Geist der Erkenntnis und der Ehrfurcht vor dem Herrn.

Jesaja 11,2 (Hfa)

In der Bibel ist Ruhe oft ein Thema. Das Ganze fängt schon bei der Erschaffung der Welt an, als Gott nach sechs Tagen Arbeit einen Ruhetag einlegt. Später, in den Zehn Geboten, gibt Gott seinem Volk die Anweisung, ebenfalls einmal pro Woche einen Ruhetag einzulegen. Und als Jesus auf dieser Welt lebt, lehrt er seine Jünger ebenfalls, dass sie sich regelmäßig ausruhen sollen – etwas, das er selbst während seines geschäftigen Dienens häufiger tut.

Wenn wir sagen, dass die Bibel eine Art Leitfaden fürs Leben ist, dann bedeutet das, dass wir die Lehren darin befolgen – und sich auszuruhen ist ein sehr wichtiger Teil dieser Lehren. Und damit ist nicht gemeint, dass das bloß die anderen betrifft, Sie aber nicht. Nein, Gott will, dass auch Sie aufhören, hierhin und dorthin zu eilen, sich abzuhetzen und irgendwann völlig erschöpft sind.

Bitten Sie Gott, Ihnen zu zeigen, wie Sie innerlich zur Ruhe kommen können. Durchforsten Sie die Bibel nach Versen, in denen es um das Thema „Ruhe" geht, und leben Sie danach. Sie werden merken, dass Ihnen das dabei hilft, Ruhe zu finden.

Vater, kannst du mir besondere Bibelstellen zeigen, nach denen ich leben kann, damit Ruhe ein fester Bestandteil meines Lebens ist?

16. Juli

Sie müssen es nicht jedem recht machen

Der Herr schaut vom Himmel herab auf die Menschen. Er möchte sehen, ob es einen unter ihnen gibt, der verständig ist, einen, der nach Gott fragt. Psalm 14,2 (NGÜ)

Ich bin von dir enttäuscht. Ich habe mich auf dich verlassen. Ich brauchte dich und du warst nicht da. Das sind harte Worte, die man nicht gern hört. Manchen Menschen graut es so sehr davor, andere zu enttäuschen, dass sie versuchen, es allen immer recht zu machen. Sie arbeiten hart und viel und hören erst damit auf, wenn sie sicher sind, dass sie jeden zufriedengestellt haben.

Aber wenn Sie ständig versuchen, es allen recht zu machen, werden Sie irgendwann völlig erschöpft sein – ganz abgesehen davon, dass Sie es nie schaffen werden. Geben Sie es zu: Sie *kön-*

nen nicht jeden glücklich machen. Natürlich können Sie immer Ja sagen, wenn man Sie um etwas bittet, aber dann werden Sie irgendwann mit Ihrer Kraft am Ende sein. Deshalb müssen Sie einfach manchmal Nein zu einigen Anfragen sagen, damit Sie Ja zu Gott und zu sich selbst sagen können. Wenn Sie anderen dienen wollen, ist das auch tatsächlich der Schlüssel: Sie müssen der Beziehung zu Gott Priorität einräumen und sich auch ausreichend um Ihren Körper und Ihre Seele kümmern.

Sagen Sie heute einmal bewusst nicht Ja zu allem und jedem. Versuchen Sie nicht, es allen recht zu machen. Bitten Sie Gott, Ihnen dabei zu helfen, ihm zu gefallen und ihn auf Ihrer heutigen To-do-Liste an die erste Stelle zu setzen.

Jesus, hilf mir, gesunde Grenzen zu setzen. Erinnere mich daran, dass die Beziehung zu dir das Wichtigste in meinem Leben ist.

17. Juli

Die Ewigkeit im Blick

„Gott hat seinen Sohn nicht in die Welt gesandt, damit er die Welt richtet, sondern damit sie durch ihn gerettet wird.“

Johannes 3,17 (WD)

Wenn Sie Ihr Leben aus dem Blickwinkel der Ewigkeit betrachten, werden Sie merken, dass plötzlich eine Menge vermeintlich wichtiger Dinge gar nicht mehr so wichtig sind. Im Licht der Ewigkeit werden viele der Belange, die Stress verursachen oder uns Sorgen machen, einfach unbedeutend. Natürlich kosten die außerschulischen Aktivitäten Ihrer Kinder Sie viel Zeit und Energie. Es ist auch völlig normal, dass Sie alles tun, um Ihren Lebenslauf aufzupolieren, damit ein potenzieller Arbeitgeber Sie zum Vorstellungsgespräch einlädt. Ihre Arbeitsstelle sorgt dafür, dass Sie die Rechnungen bezahlen können, und deshalb tun Sie alles dafür, dass Ihr Arbeitsplatz sicher ist, also arbeiten Sie rund um die Uhr. Das Leben ist einfach hektisch. Es gibt wichtige Dinge, die Ihre Aufmerksamkeit verlangen. Viele davon sind gut. Aber aus dem Blickwinkel der Ewigkeit betrachtet, sind diese Belange nicht unbedingt „heilsentscheidend“.

Wenn die Geschäftigkeit Sie auffrisst, wenn Sie sich vor Hektik schier zerreißen müssen, um alles erledigen zu können, dann halten Sie doch einmal inne. Richten Sie Ihren Blick auf Gott. Bitten Sie ihn, Ordnung in Ihre Gedanken und Pläne und Verpflichtungen zu bringen. Und versuchen Sie, Ihren Tag aus dem Blickwinkel der Ewigkeit zu betrachten.

Gott, erinnere mich daran, dass dieses Leben, verglichen mit der Ewigkeit, nur ein Wimpernschlag ist.

18. Juli

Ein guter Freund sein

Ein guter Freund steht immer zu dir, und ein Bruder ist in Zeiten der Not für dich da. Sprüche 17,17 (Hfa)

Wenn Ihre Freunde an Sie denken, welche Worte kommen ihnen da wohl in den Sinn? Hoffentlich Begriffe wie „loyal“, „liebevoll“, „ermutigend“, „aufopferungsvoll“ und „mitfühlend“. Aber haben Sie schon einmal darüber nachgedacht, dass Ihre Freunde Sie vielleicht mit Begriffen wie „zu beschäftigt“, „gestresst“ oder gar „aufgerieben“ beschreiben könnten?

Letzten Endes sollten wir uns bemühen, die Art von Freund zu sein, die andere ermutigt und ihnen dabei hilft, immer wieder innerlich zur Ruhe zu kommen. Wir sollten in stürmischen Zeiten ein Zufluchtsort für diejenigen sein, die uns am Herzen liegen. Wir sollten geben und nicht nur nehmen.

Verzweifeln Sie nicht, wenn Sie merken, dass Sie eher nicht die Art von Freund oder Freundin sind, bei denen andere innerlich zur Ruhe kommen können. Jesus kann Ihnen dabei helfen, das zu ändern. Bitten Sie ihn, Ihnen zu zeigen, wie Sie Ihre Freunde auf die richtige Weise unterstützen und wie Sie ihnen ein gelasseneres Leben vorleben können.

Jesus, lehre mich, ein Freund bzw. eine Freundin zu sein, bei denen andere Zuflucht vor der Hektik und den Sorgen ihres Lebens finden – ein Ort, an dem sie zur Ruhe kommen können.

19. Juli

Die eigenen Erwartungen herunterschrauben

Darum sollten wir, die wir geradezu von einer Wolke von Glaubenszeugen umgeben sind, alles ablegen, was uns behindern könnte, vor allem auch die Sünde, die uns so leicht zu Fall bringen kann, und mit Ausdauer in dem vor uns liegenden Wettkampf laufen. Hebräer 12,1 (WD)

Sie hatten eigentlich vor, ein großes Arbeitsprojekt abzuschließen, Ihre Wohnung zu saugen, das Auto in die Werkstatt zu bringen, sich bei Ihrem Vater zu melden, Essen zu kochen und auch ein wenig Zeit mit Gott zu verbringen. Aber nichts von alledem haben Sie geschafft, und deshalb sind Sie ausgesprochen frustriert. Wir kennen das alle aus eigener Erfahrung …

Manchmal müssen Sie in solchen Fällen vielleicht Ihre Erwartungen anpassen. Möglicherweise sind diese einfach zu hoch, und Sie laufen Gefahr, in einem grausamen Kreislauf aus unerfüllten Erwartungen und Enttäuschungen zu enden. Deshalb ist es auch völlig in Ordnung, wenn Sie hin und wieder abwinken und sagen: „Ich probiere es einfach morgen noch mal."

Ist es vielleicht an der Zeit, dass Sie Ihre Erwartungen ein wenig herunterschrauben? Wäre es wirklich so schrecklich, wenn Sie heute nicht alles schaffen würden? Gott verspricht, immer für Sie zu sorgen – und selbst wenn es Ihnen nicht gelingt, Ihre Aufgabenliste abzuarbeiten, ändert sich nichts an diesem Versprechen. Lassen Sie heute doch einfach einmal Ihre Erwartungen los, und bitten Sie Gott, Ihnen dabei zu helfen, Ihren Tag aus der Perspektive *seiner* Erwartungen an Sie zu betrachten.

Gott, hilf mir dabei, meine Erwartungen anzupassen und mein Leben nach deinen Plänen zu leben, nicht nach meinen.

20. Juli

Wenn alles zerbricht

Gott, der unendlich viel mehr an uns tun kann, als wir uns jemals erbitten oder überhaupt nur ausdenken können – so groß ist die Kraft, die in uns wirkt –, diesem Gott sei die Ehre in der Gemeinde und in Christus Jesus für alle Generationen in alle Ewigkeit. Amen. Epheser 3,20–21 (WD)

Haben Sie manchmal genug? Kommt es Ihnen so vor, als würde alles um Sie herum zerbrechen, und Sie stehen in den Trümmern, fühlen sich sehr allein und sind mehr als nur ein wenig verletzt und zerbrochen? Verlieren Sie nicht den Mut – Gott ist immer noch an Ihrer Seite.

Selbst im Chaos, in der Zerbrochenheit und den Herausforderungen dieser Zeit steht Gott Ihnen bei. Und er steht Ihnen nicht nur bei, er bereitet Ihnen einen Weg – einen Weg, der heilig und vollkommen ist. Sie können Ihre Angst und Ihre Sorge loslassen, denn Gott hält die Welt immer noch in seiner liebenden Hand, und Sie selbst müssen nur eines tun: an ihm festhalten. Sie müssen weder ängstlich sein, noch müssen Sie verzweifeln. Gott – der unglaublich mächtige Herrscher über alles – ist denen nahe, die verzweifelt, traurig und müde sind. Sie müssen nur still werden. Verbringen Sie bewusst Zeit in seiner Gegenwart, denn er ist bei Ihnen.

Vater, manchmal ist die Zerbrochenheit dieser Welt zu viel für mich. Ich bin so dankbar, dass du bei mir bist.

21. Juli

Zeit für sich

Euer Leib ist der Tempel des Heiligen Geistes. Ihn habt ihr von Gott erhalten, darum gehört er nicht mehr euch selbst, und ihr könnt auch mit ihm nicht machen, was ihr wollt.

1. Korinther 6,19 (WD)

Vielleicht finden Sie den Gedanken, dass Sie hin und wieder auch an sich denken müssen, maßlos oder sogar selbstsüchtig. Warum ein Nickerchen machen, wenn Sie auch den Rasen mähen könnten? Wie können Sie in der morgendlichen Stille ruhig dasitzen, wenn Sie doch eigentlich Pausenbrote schmieren sollten? Aber die Wahrheit ist: Wenn Sie hin und wieder an sich selbst denken, werden Sie ein gesünderes, produktiveres Leben führen und mehr Energie für andere haben. Weil Sie sich die Zeit nehmen, sich erst einmal um sich selbst zu kümmern, werden Sie den Tag mit neuer Kraft und nicht müde und erschöpft beginnen.

Wie könnte es heute aussehen, wenn Sie sich ein wenig um sich selbst kümmern? Essen Sie in aller Ruhe im Park zu Mittag und nicht hastig am Schreibtisch. Nehmen Sie sich einen halben Tag frei, um zu gärtnern oder zu angeln oder was auch immer Ihren inneren Tank auffüllt. Beschäftigen Sie sich mit Gottes Wort. Es gibt so viele Möglichkeiten, wie Sie für sich selbst sorgen können. Wenn Sie Ruhe brauchen, ist es nicht selbstsüchtig, darum zu bitten oder dafür zu sorgen, dass Sie auch Ruhe bekommen. Nehmen Sie sich vor, sich in dieser Woche ein wenig um sich selbst zu kümmern. Das ist wirklich wichtig.

Vater, es fällt mir viel leichter, mich zurückzustellen oder sogar zu vernachlässigen. Wirst du mir helfen, mir in dieser Woche ein paar Oasen der Ruhe zu schaffen?

22. Juli

Die Jahreszeiten des Lebens

Jedes Ereignis, alles auf der Welt hat seine Zeit …

Prediger 3,1 (Hfa)

In welcher Jahreszeit des Lebens befinden Sie sich gerade? Genießen Sie einen Sommer der Freude und des Glücks? Haben Sie das Gefühl, dass Gott Sie reich gesegnet hat? Oder vielleicht befinden Sie sich auch im Winter. Eisige Winde wehen Ihnen ins Gesicht, Stürme rauben Ihnen die Sicht, und Ihre Seele ist den Naturgewalten hilflos ausgesetzt. Oder beginnt für Sie gerade eine Frühlingszeit nach einem langen, harten Winter? Die Luft ist noch kühl, aber zarte Hoffnungssprossen lugen aus dem Boden hervor und erinnern Sie daran, dass auch nach einem geistlichen Winter neues Leben hervorbricht.

Wenn Sie gerade eine schwierige Zeit durchmachen, müssen Sie nicht verzweifeln. Die Zeiten werden sich wieder ändern. Die Sonne wird wieder scheinen; die Güte Gottes wird die dunklen Wolken verjagen. Sie können vielleicht das Wetter oder Ihre Lebensumstände nicht ändern, aber Sie können sich vor den Elementen schützen: mit Gebet und Bibel und indem Sie sich mit Menschen umgeben, die Sie lieben. Lassen Sie sich durch die Verheißung ermutigen, dass die reichen Segnungen des Sommers nahen.

Herr, ich will sowohl die Lektionen annehmen, die du mich lehren willst, als auch die Segensgeschenke, mit denen du mich überschüttest. Denn ich weiß: In deiner Liebe bin ich sicher.

23. Juli

Die Lieblingsspielzeuge hergeben

„Niemand liebt seine Freunde mehr als der, der sein Leben für sie hergibt." Johannes 15,13 (NGÜ)

Haben Sie den Eindruck, dass Sie genug Zeit mit Jesus verbringen? Oder wünschten Sie sich, dass der Tag mehr Stunden hätte, damit Sie mehr Zeit in seiner Gegenwart verbringen können?

Wie oft starren Sie auf irgendeine Art von Bildschirm – einen Fernseher, ein Smartphone, ein Notebook oder Tablet? Viele von uns werden vermutlich zugeben, dass ständig irgendwelche elektronischen Geräte in greifbarer Nähe liegen. Aber manchmal übertreiben wir es einfach damit. Die ständige Beschäftigung mit diesen technischen Spielzeugen raubt uns oft die Zeit, die wir eigentlich mit Jesus verbringen sollten.

Würden Sie Ihre Technologie für Jesus „hergeben"? Im obigen Bibelvers geht es darum, dass man bereit ist, das Leben für seine Freunde zu geben – wären Sie bereit, wenigstens Ihre elektronischen Spielzeuge für den besten aller Freunde herzugeben? Vielleicht für gerade mal eine halbe Stunde am Tag? Diese Zeit mit Jesus wird sich lohnen. Sie werden erfrischt aus ihr hervorgehen. Sie werden erfüllt und begierig sein, den Tag mit Jesus an Ihrer Seite anzugehen.

Ich will meine Ablenkungen zur Seite legen, Herr, und mehr Zeit mit dir verbringen.

24. Juli

Er sorgt für Sie

Jesus gab ihm zur Antwort: „Das bedeutendste Gebot ist: ‚Liebe den Herrn, deinen Gott, von ganzem Herzen, mit deiner ganzen Seele und mit deinem ganzen Denken!'"

Matthäus 22,37 (WD)

Jesus ist Ihr Freund, Tröster und Erlöser. Er ist Ihre Zuflucht und Ihr Fels, Ihr Retter und Ihr Versorger. Er hat nur Gutes für Sie im Sinn, und er liebt Sie so sehr, dass er sein Leben für Sie gab. Er erlitt Qualen und Gewalt, weil er Sie nach Hause bringen wollte. Und auch jetzt verspricht er, Ihre Lasten, Sorgen und Ängste zu tragen – denn er sorgt sich um alles, was Sie betrifft!

Machen Sie sich heute bewusst, wie sehr Jesus Sie liebt. Kommen Sie innerlich zur Ruhe, weil Sie wissen, dass er Ihnen jederzeit mit Gnade und Barmherzigkeit begegnet. Lassen Sie sich von dem Gedanken trösten, dass er den Feind besiegt hat und zur Rechten Gottes, des Vaters, sitzt. Er sehnt sich danach, Ihnen Ruhe zu schenken, Sie aus Ihrer Erschöpfung zu retten und Ihr Freund zu sein.

Ziehen Sie sich heute in Ihre Oase der Ruhe zurück, und machen Sie sich neu bewusst, dass die Liebe von Jesus tief und beständig ist und dass nichts sie Ihnen nehmen kann.

Jesus, ich danke dir so sehr dafür, dass du mich errettet hast und dass ich nichts tun oder lassen kann, um sie zu verlieren.

25. Juli

Herzlich willkommen, Stille

Wenn ihr zornig seid, dann versündigt euch dabei nicht! Denkt nachts auf eurem Lager nochmals nach und schweigt!

Psalm 4,5 (NGÜ)

Heutzutage sind wir ständig von Ablenkungen umgeben. Wir schalten unsere Handys ein, drücken auf die Fernbedienung oder fahren den Rechner hoch. Es gibt so vieles, womit wir uns beschäftigen können – und wir tun es auch oft –, um die Stille zu füllen. Aber Stille kann auch ein Ruheort sein.

Natürlich kann es auch beängstigend sein, von Stille umgeben zu sein. Es ist viel einfacher, die eigenen Sorgen oder Unsicherheiten mit einer lustigen Fernsehkomödie oder einem Besuch auf Facebook zu übertönen. Aber was wäre, wenn Sie einfach nur still dasäßen? Wenn Sie die Stille willkommen hießen?

Zum Glück lenkt sich unser Gott nicht mit anderen Dingen ab. Er kümmert sich um unsere Schwierigkeiten. Er geht sie direkt an und verspricht, zu Ihrer Verteidigung zu kommen – „Der Herr selbst wird für euch kämpfen, wartet ihr nur ruhig ab!“ (2. Mose 14,14; Hfa). Verbringen Sie heute in Ruhe und Stille Zeit mit Gott. Betäuben Sie Ihre Ängste nicht mit dem Lärm irgendwelcher Ablenkungen. Lassen Sie Gott für Sie kämpfen.

Herr Jesus, du bist meine Stärke und Hilfe in Zeiten der Not. Mit dir kann ich meinen Ängsten entgegentreten.

26. Juli

Ein Zeichen für seine Freundlichkeit

Am siebten Tag hatte Gott sein Werk vollendet und ruhte von seiner Arbeit. Darum segnete er den siebten Tag und sagte: „Dies ist ein ganz besonderer, heiliger Tag! Er gehört mir."

1. Mose 2,2–3 (Hfa)

Wenn Sie einen Tag für sich selbst hätten – ohne jegliche Verpflichtungen –, was würden Sie dann tun? Ein Buch lesen, ein Nickerchen machen, auswärts frühstücken oder durch den Wald schlendern? Vielleicht würden Sie ja Ihre Wohnung verschönern oder mit Ihren Enkeln ins Kino gehen. Oder einfach nur fernsehen und genüsslich Kuchen essen – ein seltener Luxus in Ihrem geschäftigen Leben.

Und jetzt stellen Sie sich vor, Sie würden diese Dinge tun, obwohl Sie die üblichen Verpflichtungen haben. Würden Sie sich schuldig fühlen? Würden Sie versuchen, es vor anderen zu verheimlichen? Machen Sie sich eines bewusst: Sie werden immer irgendeine Art von Verpflichtung haben, aber Sie müssen sich trotzdem auch um Ihren Geist, Ihren Körper und Ihre Seele kümmern.

Erlauben Sie sich also selbst, etwas Erholsames zu tun. Räumen Sie dem Ausspannen von Zeit zu Zeit Priorität ein – was auch immer Ihnen Entspannung verschafft. Denken Sie darüber nach, wie groß Gottes Güte ist. Schließlich liebt er Sie so sehr, dass er Ihnen ein Gebot gibt, das Ihnen sogar vorschreibt, regelmäßig einen Ruhetag einzulegen!

Gott, manchmal kommt es mir richtig selbstsüchtig oder leichtsinnig vor, mir Auszeiten zu gönnen, obwohl ich noch so vieles zu tun habe. Erinnere mich dann daran, dass es völlig in Ordnung ist, sich auch mal auszuruhen.

27. Juli

Die andere Wange hinhalten

Geht nachsichtig miteinander um, und vergebt einander, wann immer einer dem anderen etwas vorzuwerfen hat. Seid immer bereit zu vergeben, denn schließlich hat Jesus auch euch vergeben. Kolosser 3,13 (WD)

Wenn andere uns schlecht behandeln, neigen wahrscheinlich die meisten von uns dazu, erst einmal ein bisschen herumzujammern. Wir fühlen uns danach erst einmal besser. Doch wenn wir ehrlich sind, sind wir hinterher noch frustrierter als vorher. Deshalb sollten wir einmal darüber nachdenken, ob es nicht sinnvoll sein könnte, diesen Menschen nicht mit Anklagen, sondern mit Gnade zu begegnen.

Wenn jemand Sie angreift: Sind Sie in der Lage, die andere Wange hinzuhalten? Wenn eine Freundin Sie verletzt oder ein

Bekannter Ihnen auf die Nerven geht: Denken Sie dann darüber nach, wie Sie die Situation klären könnten – oder suchen Sie nach jemandem, bei dem Sie Ihrem Frust Luft machen könnten? Ja, es gibt Situationen, in denen man auf Konfrontationskurs gehen, anderen die Wahrheit ins Gesicht sagen oder sie geduldig auf ihre Fehler hinweisen muss. Aber *oftmals* müssen wir nur eines tun: mit dem anderen nachsichtig sein.

Wenn Sie also das nächste Mal merken, dass Sie sich aufregen oder frustriert sind, dann fragen Sie sich doch einmal, ob das vielleicht eine Möglichkeit wäre, dem anderen mit Nachsicht zu begegnen. Vielleicht müssen Sie sich aus der konkreten Situation ein paar Minuten lang zurückziehen, tief durchatmen und um Führung beten. Gott überschüttet uns mit grenzenloser Liebe und Güte. Wenn Sie anderen mit der gleichen Haltung begegnen, werden Sie Ruhe und inneren Frieden finden, die Ihr Verstehen übersteigen.

Herr, hilf mir, anderen mit Nachsicht und Vergebung zu begegnen, wenn sie mich enttäuschen oder verletzen.

28. Juli

Unbeantwortete Gebete

Hanna sang ein Loblied: „Der Herr erfüllt mein Herz mit großer Freude, er richtet mich auf und gibt mir neue Kraft! Laut lache ich über meine Feinde und freue mich über deine Hilfe!“

1. Samuel 2,1 (Hfa)

Sie beten schon seit Jahren für diese Sache: Ihr Sohn interessiert sich einfach nicht für Jesus. Sie sind immer noch Single. Sie finden keine Arbeitsstelle. Sie können den Krebs einfach nicht besiegen. Wir alle erleben, dass Gebete scheinbar unbeantwortet bleiben, und manchmal fragen wir uns: *Hört Gott mir überhaupt zu?*

Ja, das tut er. Aber sein Zeitplan und seine Absichten sind nicht immer dieselben wie Ihre. Es ist nicht leicht, diese Wahrheit zu akzeptieren, vor allem, wenn Sie für etwas Gutes beten, etwas, das Auswirkungen auf die Ewigkeit hat. Wie kann es Ihnen also gelingen, bei Gott zur Ruhe zu kommen?

Darauf gibt es keine einfachen Antworten. Malen Sie sich immer wieder diese Wahrheit vor Augen: Derselbe Jesus, der sein Leben für Sie gab, derselbe Gott, der seinen Sohn für Sie in den Tod sandte, derselbe Heilige Geist, der bei Ihrem himmlischen Vater für Sie eintritt: Er hört Ihre Gebete. Wenn Gottes Liebe zu Ihnen so groß, tief und weit ist, dürfen Sie sich darauf verlassen, dass auch seine Pläne für Sie gut sind.

Es ist so hart, wenn Gebete scheinbar unbeantwortet bleiben, Vater. Hilf mir, auf deine Liebe zu vertrauen.

29. Juli

Ein guter Start in den Tag

Morgen für Morgen stellt er sein Recht in das Licht, sodass es alle sehen können. Zefanja 3,5 (NL)

Oft kann man morgens schon ahnen, wie der Rest des Tages verlaufen wird. Wenn es morgens chaotisch ist – Sie hetzen sich ab, sind spät dran, verschütten auf dem Weg zum Auto Ihren Kaffee –, ist die Wahrscheinlichkeit groß, dass der Rest des Tages ebenfalls so verlaufen wird. Und Sie werden vermutlich auch Probleme haben, hier und da eine kleine Auszeit zu finden.

Aber stellen Sie sich stattdessen einmal diesen Morgen vor: Sie wachen schon vor dem Klingeln des Weckers auf. Alle anderen schlafen noch. Gemütlich setzen Sie sich mit einer Tasse Kaffee ins Wohnzimmer. Sie denken darüber nach, mit wie viel Liebe und Güte Gott Ihnen in dieser Woche schon begegnet ist, und Sie lauschen aufmerksam, wenn er zu Ihnen spricht. Und Ihr Tag beginnt ruhig und friedlich.

Und genau das können auch Sie erleben. Allerdings erfordert ein solcher Morgen unter Umständen ein paar Opfer: Sie müssen sich abends schon ein paar Dinge zurechtlegen, früher schlafen gehen und zeitiger aufstehen. Aber wenn Sie Ihren Tag damit beginnen, dass Sie Ihre Erwartungen, Sorgen und Pläne in die Hände Gottes legen, werden Sie merken, dass ein Morgen auch ausgesprochen erholsam sein kann.

Ich bin so dankbar, dass ich gleich am Morgen zu dir kommen darf, Vater. Fülle meinen Tag mit Frieden und Ruhe.

30. Juli

Das Geschenk der Ruhe

„Denn das Joch, das ich auferlege, drückt nicht, und die Last, die ich zu tragen gebe, ist leicht."

Matthäus 11,30 (NGÜ)

Beobachten, wie die Sonne am Horizont versinkt. In der Stille des Spätnachmittags spazieren gehen. Ein Nickerchen machen, wenn man müde und erschöpft ist. Frühmorgens mit einer Tasse Kaffee dem Zwitschern der Vögel lauschen und Zeit mit Gott verbringen. Alle diese Dinge klingen toll, oder?

Jedes dieser Dinge ist eine kleine Oase der Ruhe, und Sie können jedes einzelne tun. Gott möchte, dass diese Ruhezeiten positive Auswirkungen haben. Er möchte, dass Sie sie gezielt in Ihr Leben integrieren – genauso, wie er sich nach der Erschaffung von Adam und Eva einen Ruhetag gönnte. Es war nicht etwa so, dass der Schöpfer des Universums Ruhe gebraucht hätte; vielmehr lebte er Ihnen vor, wie Sie leben sollen.

Freuen Sie sich darüber. Freuen Sie sich über einen Gott, der weiß, dass wir zerbrechlich und auch nur Menschen sind. Er wünscht sich für Sie, dass Sie Ihre Hektik hinter sich lassen und sich eine Auszeit gönnen. Immer wieder gibt er Ihnen gute und wunderbare Gaben, und eine dieser Gaben ist die Ruhe.

Danke, dass du mir sagst, dass es in Ordnung ist, sich regelmäßig kleine Auszeiten zu gönnen, Herr. Was für ein wunderbares Geschenk!

31. Juli

Tischgemeinschaft

Als es so weit war, nahmen Jesus und die Jünger miteinander am Tisch Platz. Lukas 22,14 (NL)

Wenn in der Bibel erwähnt wird, dass Jesus isst, wird meistens auch erwähnt, dass er sitzt bzw. liegt. Selbst wenn er mit seinen Feinden, den Pharisäern, isst, lesen wir in der Bibel, dass er zu Tische sitzt oder liegt (Lukas 7,36). Und als es Zeit für das Abendmahl ist, versammelt Jesus seine engsten Freunde, die Jünger, um einen Tisch. Mahlzeiten wurden damals nicht hastig oder „mal eben schnell" oder während man mit anderen Aufgaben beschäftigt war zu sich genommen. Stattdessen waren Mahlzeiten Gelegenheiten, um Gemeinschaft zu haben und sich zu erholen.

Wie sehen die Mahlzeiten bei Ihnen aus? Greifen Sie auf dem Weg zur Arbeit noch schnell nach einer Tasse Kaffee und einem Brötchen? Essen Sie Ihr Mittagessen, während Sie vor einem Rechner sitzen? Nehmen Sie das Abendessen vor dem Fernsehapparat ein? Wir haben viel zu tun, und deshalb ist es oft bequemer, gleichzeitig zu essen *und* etwas zu erledigen. Aber zumindest ein Mal in der Woche sollten Sie beim Essen nicht nur Ihren Körper, sondern auch Ihre Seele füllen. Bleiben Sie gemütlich am Tisch. Setzen Sie sich einfach hin und essen Sie in Ruhe etwas. Verbringen Sie dort ein bisschen Zeit mit anderen, während Sie sich von Hast und Eile ausruhen.

Jesus, hilf mir, deinem Beispiel zu folgen, und gemütlich zu essen – allein und mit anderen. Ich wünsche mir so, dass die Mahlzeiten sowohl meinen Körper als auch meine Seele satt machen.

August

Nachdem wir durch unser Vertrauen von Gott angenommen sind, haben wir durch unseren Herrn Jesus Christus Frieden mit ihm.

Römer 5,1 (WD)

1. August

Es ist in Ordnung, sich auszuruhen

Die Frauen, die Jesus seit Galiläa begleitet hatten, hielten sich ganz in der Nähe auf. Sie sahen nicht nur das Grab, sondern waren unmittelbar dabei, als man den Leichnam Jesu hineinlegte. Dann gingen sie zurück und bereiteten Salben und wohlriechende Öle vor (die für Begräbnisse gebraucht wurden). Darüber hinaus verbrachten sie den Sabbat so ruhig, wie es das Gesetz vorschrieb.

Lukas 23,55–56 (WD)

Einerseits sehnen wir uns danach, uns immer wieder Auszeiten zu nehmen, andererseits gehört das Ruhen auch zu den Aspekten unseres Lebens, die wir etwas vernachlässigen. Wir müssen uns bewusst Oasen der Ruhe schaffen – allerdings sind wir dabei nicht immer sehr gewissenhaft. Schließlich haben wir viel zu tun und einfach keine Zeit dafür, uns auszuruhen … oder doch?

Wenn Ihr Auto einen Defekt hat, nehmen Sie sich die Zeit, es in die Werkstatt zu bringen. Wenn Ihr Backofen nicht mehr funktioniert, rufen Sie jemanden an, der ihn repariert. Wenn Sie Hunger haben, finden Sie Zeit zum Essen. Wenn Sie eine Abgabefrist haben, arbeiten Sie gewissenhaft, um sie einzuhalten. Aber wenn Sie müde sind: Ruhen Sie sich dann auch aus?

So wie Sie das Auto in die Werkstatt bringen oder sich Zeit zum Essen nehmen, müssen Sie sich auch Zeit zum Ruhen nehmen. Sie müssen sich bewusst von allem zurückziehen und dem auch Priorität einräumen. Und sobald Sie ein wenig zur Ruhe kommen, werden Sie merken, wie sehr Sie das gebraucht haben. Es ist wirklich in Ordnung, sich Auszeiten zu nehmen. Tun Sie es doch heute einmal.

Es fällt mir oft so schwer, mir Auszeiten zu nehmen, Herr. Bitte hilf mir, falls ich ein schlechtes Gewissen habe, wenn ich mir heute mal ein paar Minuten für mich nehme.

2. August

Ein sinnvoll verbrachter Tag

[Der Herr] sagt: „Meine Gedanken sind nicht eure Gedanken, und meine Wege sind nicht eure Wege."

Jesaja 55,8 (Hfa)

Wir lieben das Gefühl, abends sehen zu können, dass wir an diesem Tag viel geschafft haben. Es fühlt sich gut an zu wissen, dass wir unsere Zeit weise genutzt, Einträge auf unserer Aufgabenliste abgehakt und viel erreicht haben. Produktivität ist nichts Schlechtes; für gewöhnlich ist sie ein Zeichen für eine gute Arbeitsmoral und ein wohlorganisiertes Leben. Aber wenn Produktivität zu Ihrem Götzen wird, wenn das Abhaken von Aufgaben auf Ihrer To-do-Liste das Wichtigste für Sie ist, ist es an der Zeit, einen Gang zurückzuschalten.

Im Leben geht es nicht nur darum, etwas fertigzustellen oder etwas zu schaffen. Es geht auch darum, für Gott zu leben, ihn zu lieben und anderen von seiner Liebe zu Ihnen zu erzählen. Ja, Gott sieht es gern, wenn Sie Ihre Talente und Gaben einsetzen, und er ruft Sie dazu auf, ein guter Verwalter Ihrer Zeit und all dessen zu sein, was er Ihnen anvertraut hat. Aber er wünscht sich auch, dass Sie ihm Ihre Zeit und Ihre Aufmerksamkeit schenken. Und wenn Sie sich dafür entscheiden, dass Gott und seine Anliegen an jedem Tag Priorität haben, werden Sie abends merken, dass Sie den Tag sinnvoll verbracht haben – ganz gleich, was Sie sonst noch geschafft haben.

Vater, ich wünsche mir, dass mir meine Beziehung zu dir wichtiger ist als alle meine Errungenschaften an diesem Tag.

3. August

Es gibt Schwierigkeiten, aber …

Warum nur bin ich so traurig? Warum ist mein Herz so schwer? Auf Gott will ich hoffen, denn ich weiß: Ich werde ihm wieder danken. Er ist mein Gott, er wird mir beistehen!

Psalm 42,6 (Hfa)

In seiner Abschiedsrede sagte Jesus seinen Jüngern: „Dies alles habe ich euch gesagt, damit euch das Kommende nicht erschüttert und ihr tiefen Frieden habt. In dieser Welt werdet ihr immer wieder meinetwegen in Schwierigkeiten geraten und oft auch scheitern. Aber verliert nie den Mut! Ich habe diese Welt bereits besiegt“ (Johannes 16,33; WD). Sie brauchen also nicht überrascht oder entmutigt zu sein, wenn Sie sich in einer schwierigen Situation befinden. Jesus weiß schon Bescheid.

Wenn Sie traurig sind und das Gefühl haben, dass Sie unter der Last zusammenbrechen, dann will Jesus, dass Sie etwas Radikales tun: Er will, dass Sie ihm Ihre Last geben. Er will sie Ihnen abnehmen, damit Sie nicht länger niedergeschlagen oder ängstlich sind. Ist das nicht ein großartiges Angebot?

Jesus will, dass Sie in den glücklichen Zeiten Ihres Lebens ruhen können – und er will Ihnen Frieden schenken, wenn ein Sturm tobt. Nur Jesus kann Ihnen Hoffnung schenken, die wirklich trägt. Lassen Sie sich in seine weit geöffneten Arme fallen. Er kann – und wird – Ihrer Seele Ruhe schenken.

Vater, manchmal überwältigen mich die Stürme. Ich danke dir dafür, dass ich in deinen starken Armen Zuflucht finden kann.

4. August
Gott wird Sie nie enttäuschen

Wir dürfen uns darauf verlassen, dass denen, die Gott lieben und die er in seine Nähe berufen hat, alles zum Guten dient.
Römer 8,28 (WD)

Wir können nicht ohne Hoffnung leben. Wenn wir erwartungsvoll und hoffnungsfroh sind, hilft uns das durch so manche schwierigen Zeiten. Aber das Leben hat die dumme Angewohnheit, unsere Hoffnungen zu zerstören und unsere Erwartungen zu enttäuschen. Vielleicht dachten Sie, dass Sie nach drei Monaten Diät bestimmt zehn Kilo abgenommen hätten, oder Sie hatten gehofft, im neuen Jahr endlich eine neue Arbeitsstelle zu finden. Machen Sie gerade eine solche Zeit der Enttäuschung durch – oder erleben Sie gerade eine Zeit, in der Ihre Träume wahr werden?

Ob Ihr Leben im Moment von hoffnungsvoller Begeisterung, zerplatzten Träumen oder anderen starken Emotionen bestimmt wird: Sie dürfen darauf vertrauen, dass Gott weiß, was Sie schon alles erlebt haben, und er weiß auch genau, was Sie noch erwartet. Er kennt Ihre Vergangenheit und Ihre Zukunft; er kennt alle Ihre Hoffnungen und Ihre Träume. Wie wäre es, wenn Sie sich nicht von Ihrem Leben etwas Großes erhoffen und erwarten, sondern von Ihrem Gott? Denn Sie dürfen darauf vertrauen, dass er Sie niemals enttäuschen wird.

Danke, dass du immer auf meiner Seite bist und mein Bestes willst, Vater, auch wenn deine Pläne sich nicht mit meinen decken.

5. August

Sprechen Sie mit Gott über alles, was Sie beschäftigt

Macht euch um nichts Sorgen, sondern vertraut eure Bitten, Sorgen und Nöte eurem himmlischen Vater an.

Philipper 4,6 (WD)

Wenn Paulus sagt, dass Sie Gott Ihre Bitten, Sorgen und Nöte anvertrauen sollen, dann bedeutet das, dass Sie wirklich mit allem zu ihm kommen können – gleichgültig, wie groß oder wie klein Ihr Anliegen ist. Sie dürfen ihn genauso um die Heilung Ihres kranken Vaters bitten, wie Sie ihn darum bitten dürfen, den Tag zu überstehen, ohne Ihre Kinder anzuschreien. Sie könnten ihn darum bitten, Sie durch Veränderungen zu führen, oder vielleicht brauchen Sie einfach nur seine Hilfe, um die nächste Besprechung zu überstehen, vor der Sie sich fürchten. Was auch immer Sie beschäftigt: Vertrauen Sie es Gott an.

Es kommt uns manchmal etwas seltsam vor, mit unseren Problemen zu Gott zu gehen. Wir denken, dass sie im Vergleich zu den großen Problemen dieser Welt wie Armut, Ungerechtigkeit und Sünde zu unbedeutend sind. Aber für Gott ist nichts unbedeutend. Wenn es also Sorgen oder Nöte gibt, von denen Sie Gott heute noch nichts erzählt haben, dann sprechen Sie mit ihm darüber. Er hört Ihnen jederzeit zu.

Lieber Herr, hilf mir, daran zu denken, dass in deinen Augen keine Bitte, keine Sorge und keine Not zu groß oder zu klein ist. Ich darf mit allem zu dir kommen.

6. August
Liebe, die nie endet

„Ich bin der gute Hirte. Der gute Hirte gibt sein Leben für die Schafe." Johannes 10,11 (WD)

Sie arbeiten. Sie arbeiten, um Geld zu verdienen. Sie arbeiten, um Anerkennung zu bekommen. Sie arbeiten, um den Respekt eines Chefs und das Vertrauen neuer Kunden zu gewinnen. Sie arbeiten sogar, um sich Liebe zu verdienen – von Freunden, von der Familie, von Ihrem Partner. Aber es gibt eine Sache, für die Sie niemals arbeiten müssen, eine Sache, die Sie sich niemals verdienen müssen oder können: die Liebe von Jesus. Seine Liebe gehört Ihnen einfach – weil Sie Sie sind und weil er möchte, dass Sie zu ihm gehören. So einfach ist das.

Ja, es gibt vieles, das Sie tun können, um Gott zu gefallen, und er will auch, dass Sie sich für sein Reich einsetzen. Aber seine

Liebe zu Ihnen ist ein Geschenk, und sie ist so riesig und umfassend, dass er bereit war, sein Leben für Sie zu geben. Wenn Sie überfordert und erschöpft sind, weil Sie das Gefühl haben, sich die Liebe und Anerkennung der Menschen in Ihrem Umfeld verdienen zu müssen, dann erinnern Sie sich an die vollkommene und nie endende Liebe von Jesus – und erleben Sie, wie sein Friede Sie erfüllt.

Danke, Jesus, dass du dein Leben gegeben hast, um mir zu zeigen, wie sehr du mich liebst.

7. August
Das Leben ist chaotisch

„Es ist mir allerdings völlig gleichgültig, was mit mir geschieht. Wirklich wichtig ist für mich nur eines: Wie kann das vollendet werden, was Gott begonnen hat?! Jesus hat mir den Auftrag gegeben, allen Menschen, wo immer ich sie treffe, die frohmachende Botschaft von der Gnade Gottes zu bringen." Apostelgeschichte 20,24 (WD)

Das Leben bietet so viele schöne Dinge: leuchtend gelbe Sonnenblumen, ein perfektes Fußballspiel, Sonnenuntergänge, der Gesang von Rotkehlchen und massive Eichen. Und manchmal ist es verlockend, anderen auch nur die schönen Seiten unseres

Lebens zu zeigen. Um ein perfektes Bild unseres Lebens zu präsentieren, schieben wir das Durcheinander unter das Sofa, ziehen den Bauch ein, räumen das schmutzige Geschirr in die Spülmaschine oder verstecken Bügelwäsche oder Zeitschriftenstapel im Gästezimmer. Wir wollen nicht, dass andere sehen, dass bei uns Chaos herrscht.

Ja, das Leben ist wunderschön, aber manchmal ist es auch ausgesprochen chaotisch. Und das ist bei jedem so, wenn auch das jeweilige „Chaos" unterschiedlich aussieht: Jeder hat seine Geheimnisse, jeder hat schon versagt, und von den unschönen Episoden unserer Vergangenheit erzählen wir auch nicht gern. Die gute Nachricht lautet: Gott kann chaotische Dinge in etwas Wunderschönes verwandeln. Sie müssen nicht alles selbst leisten. Es ist in Ordnung, wenn Sie Ihr Leben nicht immer im Griff haben. Vertrauen Sie Gott. Bei ihm können Sie jederzeit zur Ruhe kommen. Verstecken Sie Ihre Zerbrochenheit nicht vor ihm – er kann sie nicht nur heilen, er kann sie auch in etwas Wunderschönes verwandeln.

Vater, danke, dass du Jesus gesandt hast, um mein chaotisches, sündiges Ich in etwas Wunderschönes zu verwandeln.

8. August

Öffnen Sie der Ruhe die Tür

Gnade sei mit euch und Friede von Gott, unserem Vater, und unserem Herrn Jesus Christus!

1. Korinther 1,3 (WD)

Vielleicht ist es Ihnen nicht bewusst, aber oft sind *Sie* selbst es, der die Ruhe aus Ihrem Leben fernhält. Und das passiert erschreckend schnell. Ob Sie nun in einem Büro arbeiten oder einen Haushalt führen, für eine Familie sorgen oder nur für sich selbst: Das Leben hält viele Aufgaben für Sie bereit. Viele Verpflichtungen lasten auf Ihren Schultern, und Sie fürchten sich aus den unterschiedlichsten Gründen davor, auch nur einen Teil dieser Last abzulegen, nicht wahr?

Doch Sie müssen diese Lasten nicht alle tragen – Sie müssen sie nicht ganz allein oder die ganze Zeit tragen. Vertrauen Sie auf den Einen, der Ihnen seine Hand entgegenstreckt. Bringen Sie Ihre Sorgen und Lasten zu Jesus. Er will sie für Sie tragen. Gott wird für Sie sorgen.

Nehmen Sie sich jetzt eine Auszeit. Doch, das dürfen Sie. Tun Sie, was auch immer dazu nötig ist: Machen Sie früher Feierabend, lassen Sie die Uni einmal Uni sein, geben Sie ein paar Verpflichtungen ab, oder bitten Sie um Unterstützung. Die Oase der Ruhe ist schon in Sichtweite – Sie müssen sich nur dorthin begeben.

Lehre mich zu ruhen, Herr. Ich bin müde und erschöpft. Zeige mir, ob ich mich bewusst vor der Ruhe verschließe und ob ich ein paar Dinge in meinem Leben ändern muss.

9. August

Keine Angst davor, Nein zu sagen

Den Menschen, an denen Gott Gefallen hat, gibt er Weisheit, Wissen und Freude. Prediger 2,26 (GN)

Haben Sie schon einmal an FOMO gelitten, der Angst, etwas zu verpassen (engl. Fear of missing out)? Der Begriff beschreibt eine Angst, die wir alle schon einmal irgendwann empfunden haben. Wenn wir zu einer Einladung oder einer sich uns bietenden Gelegenheit Nein sagen, erschaudern wir bei dem Gedanken daran, was wir wohl verpassen könnten. Und um sicherzustellen, dass wir auch ja nichts verpassen, sagen wir zu viel und zu oft Ja – öfter, als wir es wahrscheinlich tun sollten. Und irgendwann fragen wir uns, warum wir so ausgebrannt sind.

Es ist schwer, Nein zu sagen. Aber Nein ist eines der Worte, die uns leichter über die Lippen kommen müssen. Das Nein muss nicht unfreundlich oder gedankenlos klingen; wir können freundlich Nein sagen. Aber wenn wir Nein sagen, können wir mehr Raum für Dinge schaffen, zu denen wir dann Ja sagen. Vor allem können wir zu den Dingen Ja sagen, die uns wirklich wichtig sind, zum Beispiel Zeit mit Gott oder mit unserer Familie zu verbringen.

Also sagen Sie furchtlos Nein. Und dann erheben Sie die Hand zu einem triumphierenden Ja.

Herr, ich habe immer Angst, etwas Wichtiges zu verpassen, wenn ich Nein sage. Zeige mir, was wirklich wichtig ist.

10. August
Gesundheitliche Probleme

Mein Sohn, hör gut zu und pass auf, was ich dir sage!
Verachte meine Worte nicht, sondern präg sie dir fest ein!
Sie sind der Schlüssel zum Leben und erhalten deinen
ganzen Körper gesund. Sprüche 4,20–22 (Hfa)

Wir alle kennen jemanden, der mit gesundheitlichen Problemen zu kämpfen hat. Wer ist das in Ihrem Fall? Ein Kind mit Leukämie? Ein Nachbar mit Parkinson? Eine Freundin, die unter chronischer Erschöpfung leidet? Oder vielleicht leiden Sie auch selbst an gesundheitlichen Problemen. Vielleicht haben Sie schon eine Reihe von Tests durchführen lassen, aber immer noch keine Diagnose erhalten, oder die Behandlungen zeigen keine Wirkung. Diese Welt ist nicht mehr so perfekt, wie Gott sie damals erschaffen hat, und unsere Körper sind auch nicht immun dagegen. Wir sind unvollkommene Menschen mit unvollkommenen Körpern. Gesundheitliche Probleme machen uns Angst, weil sie uns vor Augen führen, wie zerbrechlich wir sind.

Ob Sie nun selbst mit gesundheitlichen Problemen ringen oder jemand aus Ihrem Bekanntenkreis: Es kann angsteinflößend sein, wenn man nicht weiß, was kommt; man fühlt sich schrecklich verletzlich. Finden Sie Trost bei dem Gott, der über allen Dingen steht. Er kennt Ihre Ängste und sorgt mehr für Sie, als Worte es beschreiben können. Flüchten Sie sich zu ihm, wenn Sie vor Angst kaum schlafen können. Er lädt Sie ein, in seiner Liebe zur Ruhe kommen, einer Liebe, die alle Angst vertreiben kann.

Herr, ich mache mir Sorgen wegen [gesundheitliches Problem]. *Bitte nimm mir diese Angst, und hilf mir, innerlich zur Ruhe zu kommen, weil deine Liebe nie endet und du versprochen hast, dass ich mit all meinen Sorgen und Nöten zu dir kommen darf.*

11. August
Ein Ruhetag

„... der siebte Tag ist ein Ruhetag, der mir, dem Herrn, deinem Gott, gehört. An diesem Tag sollst du nicht arbeiten, weder du noch deine Kinder, weder dein Knecht noch deine Magd, auch nicht deine Tiere oder der Fremde, der bei dir lebt."

2. Mose 20,10 (Hfa)

Wie sieht Ihr Sonntag gewöhnlich aus? Ist er eher ein ruhiger Tag oder mit Aktivitäten angefüllt? Sind Sie am Ende des Tages ausgeruht, oder fürchten Sie sich schon vor der bevorstehenden Arbeitswoche? Vielleicht haben Sie auch einen Beruf, der es Ihnen nicht erlaubt, am Sonntag auszuruhen, und Sie merken, dass er für Sie nur ein weiterer Werktag ist.

Gott hat uns den Sabbat geschenkt – nicht, weil er sich ausruhen musste, sondern weil wir uns ausruhen müssen. Gott wusste, dass unsere Wochen arbeitsreich und unsere Tage mit allen möglichen Aufgaben gefüllt sein würden, und deshalb sorgte er dafür, dass wir regelmäßig eine Atempause bekommen. Der Sabbat ist der Tag, an dem wir uns ausruhen, Zeit mit Gott verbringen und auftanken können, um für die nächste Woche gerüstet zu sein. Ja, der Sabbat ist bei den meisten ein Sonntag, aber wenn das in Ihrem Fall nicht möglich ist, können Sie auch jeden anderen Wochentag zu einem Ruhetag erklären!

Ziehen Sie sich von dem hektischen Treiben zurück. Lassen Sie Ihre Seele baumeln, und entspannen Sie Ihre Schultern.

Denken Sie dankbar darüber nach, was Gott in der vergangenen Woche für Sie getan hat. Kommen Sie zur Ruhe.

Herr, ich will an diesem Sabbat meinen Blick auf dich, deine Güte und deine Treue richten. Hilf mir, innerlich zur Ruhe zu kommen.

12. August

Die Vergleichsfalle

Ich wurde durch meine Taufe mit in den Kreuzestod Jesu hineingenommen, also lebe im Grunde nicht mehr ich, sondern Christus lebt in mir. Solange ich aber noch auf dieser Welt lebe, lebe ich im Vertrauen auf den Sohn Gottes, der mich geliebt und der sein Leben für mich geopfert hat. Galater 2,19–20 (WD)

Als Gott den Israeliten die Zehn Gebote gab und darin die Anweisung „Du sollst nicht begehren" einschloss, tat er das, weil er wusste, dass wir uns gern mit anderen vergleichen und neidisch sind, wenn wir das Gefühl haben, dabei schlecht abzuschneiden. Das passiert unglaublich schnell – und manchmal kommt es uns ganz harmlos vor –, sorgt aber dafür, dass wir nicht dankbar sind für das, was wir bereits haben. Und die Liste der Dinge, die man vergleichen kann, ist endlos: Wir vergleichen die äußerliche Erscheinung, Besitz, Persönlichkeit, Talente und selbst unser geistliches Leben.

Wollen Sie sich aus der Vergleichsfalle befreien? Dann versuchen Sie, sich auf das zu konzentrieren, was Sie *haben*, und nicht auf das, was Sie gern hätten. Listen Sie alles auf, wofür Sie dankbar sind. Ja, dieser Vorschlag klingt simpel, aber er ist auch wirklich kinderleicht umzusetzen. Wenn Sie Ihre Segensgeschenke konkret aufgeschrieben haben, sind diese viel greifbarer, und Sie werden erkennen, wie sehr Gott Sie gesegnet hat.

Machen Sie den ersten Schritt, um sich nicht länger mit anderen zu vergleichen: Beginnen Sie diese Liste. Sie werden erstaunt sein, wie schnell sie wachsen wird.

Vater, ich danke dir für all die Segensgeschenke, die du mir gemacht hast. Öffne mir die Augen für all die schönen Dinge in meinem eigenen Leben.

13. August

Negative Gefühle

Richtet eure Gedanken ganz auf die Dinge, die wahr und achtenswert, gerecht, rein und unanstößig sind und allgemeine Zustimmung verdienen; beschäftigt euch mit dem, was vorbildlich ist und zu Recht gelobt wird. Philipper 4,8 (NGÜ)

Zorn. Eifersucht. Selbstverachtung. Ärger. Wie oft haben Sie negative Gedanken? Denken Sie unschöne Dinge über die anderen Autofahrer, wenn Sie im Stau stecken? Sind Sie verbittert und nachtragend, wenn Ihr Ehemann mit einer Ihrer Entscheidungen nicht einverstanden ist? Wenn ja, ist es wahrscheinlich an der Zeit, Ihre Denkweise zu ändern.

Wir suhlen uns schnell in Selbstmitleid oder denken darüber nach, wie wütend wir – natürlich aus gutem Grund! – auf jemanden sind. Doch dabei berauben wir uns der Freude, die in allem steckt, was wahr, achtenswert, vorbildlich ist und zu Recht gelobt wird. Wenn Sie nur negativen Gedanken Raum geben, ist kein Platz mehr für etwas anderes.

Konzentrieren Sie sich heute stattdessen auf das, was wahr ist: dass Gott Sie liebt und mit so vielen guten Dingen gesegnet hat. Gönnen Sie Ihrem Geist und Ihrem Körper eine Ruhepause von all der Negativität.

Vater, lenke du heute meine Gedanken. Hilf mir, mich auf das zu konzentrieren, was gut und wahr ist.

14. August

Sie können sich Gottes Liebe nicht verdienen

Dabei war es unsere Krankheit, die er auf sich nahm; er erlitt die Schmerzen, die wir hätten ertragen müssen. Wir aber dachten, diese Leiden seien Gottes gerechte Strafe für ihn. Wir glaubten, dass Gott ihn schlug und leiden ließ, weil er es verdient hatte. Jesaja 53,4 (Hfa)

Sie sind ehrenamtlich tätig, arbeiten in der Gemeinde und in irgendwelchen Ausschüssen mit, stehen anderen in Zeiten der Not zur Seite und melden sich gern, wenn irgendwo tatkräftige Hilfe gebraucht wird. Sie sind mit Ihrer Dienstbereitschaft ein echtes Vorbild für andere. Doch in Wirklichkeit sind Sie müde. Sie sehnen sich danach, endlich einmal weniger zu machen und mehr auszuruhen.

Kommt Ihnen das vertraut vor? Wenn ja, machen Sie sich eines bewusst: Sie können sich Gottes Liebe durch Ihr Engagement in der Gemeinde oder in irgendwelchen Gremien nicht verdienen. Und Sie können sich auch nicht um die Probleme aller kümmern, ohne selbst bedürftig zu werden. Versuchen Sie nicht länger, sich durch Ihren Einsatz die Anerkennung der anderen verdienen zu wollen – auch wenn Sie sich dessen vielleicht gar nicht bewusst sind.

Nehmen Sie sich in dieser Woche bewusst Zeit, um einfach nur in Gottes Gegenwart zu sitzen. Reservieren Sie sich eine

Stunde dafür, mit ihm allein zu sein und neu aufzutanken. Das bedeutet nicht, dass Sie faul oder selbstsüchtig sind. Sie brauchen das einfach von Zeit zu Zeit, damit Sie sich mit neuem Elan für andere einsetzen können. Gönnen Sie sich diese Auszeit.

Jesus, manchmal merke ich, dass ich mich in der Gemeinde oder bei anderen engagiere, um mir deine Liebe zu verdienen. Erinnere mich heute daran, dass du mich schon allein deshalb liebst, weil ich ich bin.

15. August

Was die Zukunft bringt

Denn es gibt ganz gewiss eine Zukunft, und deine Hoffnung wird nicht enttäuscht. Sprüche 23,18 (NGÜ)

Es wäre nett, wenn man eine Kristallkugel hätte, damit man genau wissen kann, was die Zukunft bringt. Das würde uns eine Menge Sorgen und Ängste nehmen, oder? Oder würde es uns vielleicht sogar noch ängstlicher machen?

Ja, uns erwarten sicher spannende und wunderbare Dinge. Aber weil wir in einer fehlerhaften Welt leben, erwarten uns auch Herausforderungen und Probleme. Die Zukunft birgt Angst und Ungewissheit, Schmerz und Verwirrung. Und wenn wir wüssten, welche Schwierigkeiten uns erwarten, würde uns das mehr belasten, als wir ertragen können.

Gott kennt Ihre Hoffnungen und Sorgen für die Zukunft, aber er weiß auch, dass Sie es nicht ertragen könnten zu wissen, was auf Sie zukommt. Deshalb dürfen Sie darauf vertrauen, dass er Sie mit allem versorgen wird, was Sie brauchen, um Schritt für Schritt durch jeden Tag zu gehen. Sie müssen nur eines tun: ihm vertrauen, Tag für Tag. Nein, Sie können nicht wissen, was die Zukunft bringt. Aber Sie können den kennen und dem vertrauen, der es weiß.

Vater, du kennst meine Zukunft. Du weißt, welche Freuden, aber auch welcher Schmerz mich erwarten. Ich will darauf vertrauen, dass du mich durch alle Höhen und Tiefen hindurchführen wirst.

16. August

Ein Wochenende der Ruhe

Es gibt also noch eine besondere Ruhe für das Volk Gottes, die noch in der Zukunft liegt. Wer in Gottes Ruhe hineingekommen ist, wird sich von seiner Arbeit ausruhen, so wie auch Gott nach der Erschaffung der Welt geruht hat.

Hebräer 4,9–10 (NL)

Sie können am Wochenende unheimlich viel tun. Schließlich haben Sie zwei volle Tage, um anstehende Aufgaben zu erledigen, sich zu entspannen und die Zeit jenseits der Alltagsroutine zu genießen. Aber im Unterschied zur restlichen Woche vergeht das Wochenende viel zu schnell, und am Ende wünschen Sie sich, Sie hätten noch einen weiteren Tag zur Verfügung.

Ja, das Wochenende bietet uns eine großartige Gelegenheit, um ausstehende Arbeiten und Besorgungen zu erledigen. Aber könnte es sein, dass Sie versuchen, zu viel zu machen? Versuchen Sie an diesem Wochenende doch einmal, sich zusätzlich Zeit dafür zu nehmen, sich bewusst auszuruhen. Halten Sie ein Nickerchen, machen Sie einen Spaziergang. Hören Sie sich eine Predigt an, ein Konzert, oder lauschen Sie abends den Grillen, während Sie die Sterne zählen. Setzen Sie sich auf die Terrasse und schauen Sie dem Sonnenuntergang zu, oder nippen Sie beim Sonnenaufgang an Ihrem Kaffee. Tun Sie Ihrer Seele etwas Gutes.

Lassen Sie sich einmal nicht von Ihrer Aufgabenliste tyrannisieren, sondern räumen Sie an diesem Wochenende der Ruhe oberste Priorität ein.

Vater, an diesem Wochenende will ich bewusst die Ruhe genießen!

17. August

Seine Gnade ist jeden Morgen neu

„Der Herr, euer Gott, ist in eurer Mitte; und was für ein starker Retter ist er! Von ganzem Herzen freut er sich über euch. Weil er euch liebt, redet er nicht länger über eure Schuld. Ja, er jubelt, wenn er an euch denkt!“ Zefanja 3,17 (Hfa)

Gott liebt Sie. Er jubelt laut, wenn er Sie sieht, und wacht über Ihnen, wenn Sie schlafen. Mit seinen eigenen Händen hat er Sie erschaffen, und er freut sich über Sie. Wenn Sie sich dazu entscheiden, ihm nachzufolgen, nimmt er Sie in seine Familie auf. Jeden Morgen schenkt er Ihnen seine Gnade aufs Neue, und seine Treue ist unfassbar groß.

Gerade jetzt bereitet Jesus für Sie einen Ort im Himmel vor. Weil er Sie so sehr liebt, litt er, starb an einem Kreuz und besiegte den Tod. Und wegen seines Opfers können Sie sich Gottes Thron zuversichtlich und erwartungsvoll nähern.

Lassen Sie die Wahrheit dieser Worte wie Regen auf sich fallen. Lassen Sie Gottes Güte Ihr Herz durchdringen und Ihre Seele satt machen. Der Eine, der die Meere bildete und die Gebirge meißelte, liebt Sie zutiefst. Und er verspricht Ihnen Ruhe von Ihrer Erschöpfung, eine Atempause von Ihren Sorgen und Vergebung für Ihre Schuld. Was für ein Geschenk!

Zu oft vergesse ich, was für ein großes Geschenk deine Liebe ist, Herr. Danke, dass du mich liebst.

18. August

Jeder Augenblick zählt

Achtet also darauf, wie ihr lebt! Man braucht Weisheit, um in dieser Zeit das Richtige zu tun und die Tage gut zu nutzen. Lasst euch von Gott Weisheit schenken!

Epheser 5,15–16 (WD)

Sie sagen sich, dass Sie es später tun werden. Irgendwann werden Sie schon noch lernen, wie man näht, werden sich mit einer alten Freundin treffen, mit einem bestimmten Projekt beginnen, Ihre Mutter zum Essen einladen oder eine Verabredung mit Ihrem Ehemann planen. *Irgendwann einmal.* Sie werden es tun, wenn Sie mehr Zeit haben und wenn es besser passt. Aber warum warten? Warum tun Sie es nicht heute?

Wenn sich Arbeit und Pflichten und Verantwortlichkeiten in Ihrem Leben häufen, können Sie auch dadurch Ruhe finden, dass Sie etwas Besonderes tun, etwas Bedeutungsvolles. Es ist auch nicht unverantwortlich, wenn Sie sich etwas Zeit nehmen, um Ihrer kreativen Seite zu frönen, eine Beziehung zu pflegen oder auch nur ein wenig zu planen und zu träumen. Dies sind die Augenblicke, an die Sie sich einmal besonders erinnern werden, und es sind diejenigen, für die Sie noch in Jahren dankbar sein werden. Also rufen Sie Ihre Mutter an, gehen Sie mit Ihrem Vater zu dem Fußballspiel, treffen Sie sich mit einer alten Freundin, lernen Sie backen.

Tanken Sie in diesen Augenblicken auf.

Herr, hilf mir, mir für die Menschen und die Dinge Zeit zu nehmen, die mir wirklich wichtig sind.

19. August
Atempausen und Auszeiten

Was die Leiden anbelangt, bin ich der festen Überzeugung, dass sie im Vergleich zu der Herrlichkeit, die wir erleben werden, völlig unbedeutend sind. Römer 8,18 (WD)

Stille. Abgeschiedenheit. Schlaf. Neue Kraft. Diese Wörter klingen wundervoll, oder? Vielleicht sehnen Sie sich zutiefst nach Ruhe, aber angesichts der täglichen Anforderungen ist das nur ein Traum. Die folgenden Verheißungen aus dem Buch Jesaja können Ihnen da neue Hoffnung schenken: „Der Herr ist der ewige Gott. … Er wird weder müde noch kraftlos. … alle, die ihre Hoffnung auf den Herrn setzen, bekommen neue Kraft. Sie sind wie Adler, denen mächtige Schwingen wachsen. Sie gehen und werden nicht müde, sie laufen und sind nicht erschöpft" (Jesaja 40,28.31; Hfa).

Gott ist niemals müde oder kraftlos, sondern gibt Ihnen Kraft, wenn Sie erschöpft sind. Selbst wenn es Ihnen nicht gelingt, der Geschäftigkeit Ihres Lebens zu entfliehen, können Sie doch innerlich zur Ruhe kommen. Beschäftigen Sie sich heute mit Gottes Wort, und lesen Sie seine Verheißungen. Er kann Ihnen

Atempausen und Auszeiten schenken – selbst wenn Ihr Alltag hektisch ist. Bitten Sie ihn darum – und danken Sie ihm dafür, dass er genau das tun wird. Denn er hat versprochen, Ihnen Ruhe und neue Kraft zu schenken!

Herr, ich bin so dankbar, dass du nicht müde wirst und dass du versprichst, mir neue Kraft zu geben.

20. August

Guten Morgen

Ich aber will deine Stärke besingen, und am Morgen will ich jubeln über deine Gnade. Psalm 59,17 (NGÜ)

Der Morgen. Wenn Sie aufstehen, sich fertig machen und Ihren Tag in Angriff nehmen. Darüber hinaus ist der Morgen aber auch eine wunderbare Zeit für Ruhe. Ja, Sie sind gerade erst aufgestanden, und ja, Sie müssen noch unzählige Dinge erledigen. Aber wenn Sie Ihren Tag ausgeruht beginnen, wird der Rest Ihres Tages sehr wahrscheinlich auch viel stärker von Ruhe geprägt sein.

Genießen Sie den Morgen. Atmen Sie ein paar Augenblicke lang tief ein und aus. Gähnen Sie und recken Sie sich und ziehen Sie die Rollos hoch. Freuen Sie sich über den Sonnenaufgang. Setzen Sie sich mit Ihrer Bibel und einer Tasse Kaffee ins Wohnzimmer. Lesen Sie die Verheißungen, die Sie in Gottes Wort finden. Er will Ihnen Atempausen schenken und Ihnen Ihre Lasten abnehmen. Genießen Sie diese ruhigen Momente am Morgen, bevor die unterschiedlichen Verpflichtungen Ihre Aufmerksamkeit fordern, bevor Sie sich ins Auto setzen, im Berufsverkehr stecken bleiben und merken, dass Ihre Geduld langsam zu Ende geht.

Herr, ich wünsche mir, dass die stille Schönheit meines Morgens mich durch den Tag trägt.

21. August

Nur ein Gebet weit entfernt

Er tritt für uns ein, daher dürfen wir voller Zuversicht und ohne Angst vor Gottes Thron kommen. Gott wird uns seine Barmherzigkeit und Gnade zuwenden, wenn wir seine Hilfe brauchen. Hebräer 4,16 (NGÜ)

Mithilfe der modernen Technologie fällt es leicht, mit Freunden, Familie und sogar alten Klassenkameraden aus der Grundschule in Verbindung zu bleiben. Nur ein paar Klicks und Wischgesten, und Beziehungen werden schnell geknüpft, gepflegt und erneuert.

Aber die Verbindung zu Gott ist sogar noch einfacher. Sie brauchen gar keine technischen Hilfsmittel, denn er ist nur ein Gebet weit entfernt. Kein Netz? Kein Problem. Sie können selbst mitten im Nirgendwo Kontakt mit Gott aufnehmen oder spät in der Nacht. Er überhört nie Ihre Anrufe, und er fragt nie, ob er Sie später zurückrufen kann. Gott ist zu jeder Zeit und die ganze Zeit über erreichbar.

Ist das nicht tröstlich? Ist das nicht ein großartiges Versprechen? Gott ist immer für Sie da, egal, zu welcher Zeit Sie sich an ihn wenden oder unter welchen Umständen. Er kann Ihnen mit Rat und Ermutigung zur Seite stehen und Ihnen die Ruhe schenken, die Sie so verzweifelt benötigen. Treten Sie heute mit Gott in Kontakt. Er ist nur ein Gebet weit entfernt.

Herr, danke, dass du niemals zu beschäftigt, zu müde oder zu überlastet bist, um meine Gebete zu hören.

22. August

Auszeiten zu Hause

Er verwandelte den Sturm in Windstille, die Wellen des Meeres beruhigten sich. Wie froh war man auf dem Schiff, dass sich die Wogen legten und Gott sie den ersehnten Hafen erreichen ließ! Psalm 107,29–30 (NGÜ)

Wenn Sie an Begriffe wie „Auszeit" oder „Rüstzeit" denken, kommt Ihnen wahrscheinlich nicht Ihr Zuhause mit seinen Wäschestapeln, Reparaturlisten und dem schmutzigen Geschirr in den Sinn. Stattdessen denken Sie wahrscheinlich eher an stille Seeufer oder urige Berghütten. Immerhin sollte eine echte Auszeit mit sich bringen, dass man sich aus den Anforderungen des alltäglichen Lebens zurückzieht.

Oft haben wir aber nicht die Zeit oder das Geld, um zu verreisen. Haben Sie schon einmal darüber nachgedacht, dass auch Ihr Zuhause der Ort sein könnte, an dem Sie sich eine richtige Auszeit nehmen?

Selbst wenn Sie einfach nur eine Ecke – Ihr Schlafzimmer, den Garten hinterm Haus oder ein stilles Fleckchen – zu Ihrem Zufluchtsort bestimmen, können Sie ihn so gestalten, dass Sie dort innerlich zur Ruhe kommen können. Räumen Sie das Durcheinander weg und beseitigen Sie Ablenkungen. Stellen Sie eine Kerze, ein Bild, Grünpflanzen oder Ihren Lieblingssessel dorthin. Und ziehen Sie sich zurück. Machen Sie ein Nickerchen, hören Sie ruhige Musik, lesen Sie in der Bibel, und genießen Sie die Zeit an Ihrem Zufluchtsort. Erlauben Sie sich, zur Ruhe zu kommen – für einen Moment, eine Stunde, einen Nachmittag.

Himmlischer Vater, schenke mir an meinem Zufluchtsort die außergewöhnliche innere Ruhe, die nur du schenken kannst.

23. August

Frieden, der von innen kommt

Du bist meine Stärke, dir will ich Psalmen singen! Ja, Gott ist meine sichere Burg, ein Gott, der mir seine Gnade schenkt. Psalm 59,18 (NGÜ)

Haben Sie schon einmal jemanden kennengelernt, der einen unglaublich vollen Terminkalender hatte, aber weder gestresst noch erschöpft wirkte, sondern eine friedvolle Gelassenheit und ein totales Vertrauen auf Jesus ausstrahlte? Das nennt man *inneren Frieden*. Dieser Frieden hängt nicht von Lebensumständen, Persönlichkeit oder Selbstorganisation ab. Er ist das Ergebnis eines „gebetsreichen" Lebens und einer bewussten Abhängigkeit von Gott.

Wenn Sie diese innere Ruhe besitzen, wirkt Ihr Leben von außen betrachtet vielleicht hektisch, und vielleicht bekommen Sie nachts auch nicht immer so viel Schlaf, wie Sie wollen. Doch wenn Sie sich täglich, stündlich und manchmal minütlich Gott anvertrauen, wird er Ihre innere Verzweiflung und Last durch seinen Frieden ersetzen.

Brauchen Sie heute inneren Frieden? Er ist jederzeit für Sie verfügbar. Bitten Sie Gott, Ihnen diese echte, tiefe, innere Ruhe zu schenken – die Art von Frieden und Gelassenheit, die nur er schenken kann. Bitten Sie ihn darum und er wird Ihnen Ruhe geben.

O Gott, ich sehne mich zutiefst nach innerer Ruhe. Bitte hilf mir, dir alle Bereiche meines Lebens völlig anzuvertrauen.

24. August
In der Ruhe Kraft schöpfen

Stärkt die kraftlosen Hände! Lasst die zitternden Knie wieder fest werden! Sagt denen, die sich fürchten: „Fasst neuen Mut! Habt keine Angst mehr, denn euer Gott ist bei euch!“

Jesaja 35,3–4 (Hfa)

Es soll Menschen geben, die mit nur drei Stunden Schlaf auskommen, aber die meisten von uns brauchen mehr. Und wenn wir nicht genug Schlaf bekommen und uns ausruhen können, entgleiten uns die „Bälle“, die wir so verzweifelt in der Luft zu halten versuchen. Unsere Zeit mit Gott, unsere Zeit mit Familie und Freunden, unsere Arbeit und andere Interessen beginnen, darunter zu leiden, und das ist kein gutes Gefühl.

Wenn Sie der Auffassung sind, dass es ein Zeichen der Schwäche ist, wenn man sich regelmäßig ausruht, sind Sie auf dem Holzweg. Diejenigen, die wirklich stark sind, gönnen sich die Ruhe, die sie brauchen. Selbst der vollkommenste Mensch, der je auf Erden lebte – Jesus –, war sich bewusst, dass sein menschlicher Körper Ruhe brauchte, und deshalb nahm er sich die Zeit dafür. Ruhe macht Sie nicht schwach; sie macht Sie stark.

Also ruhen Sie sich regelmäßig aus, damit Sie Ihre Arbeit gut erledigen können, damit Sie Zeit mit Ihrer Familie und Ihren Freunden verbringen können und damit Sie Kraft haben, sich um die zu kümmern, die Sie brauchen.

Herr, du hast mein Leben mit wunderbaren Menschen gefüllt. Hilf mir dabei, mich regelmäßig auszuruhen, damit ich sie besser lieben kann.

25. August
In der Liebe leben

Wir haben erkannt, dass Gott uns liebt, und haben dieser Liebe unser ganzes Vertrauen geschenkt. Gott ist Liebe, und wer sich von der Liebe bestimmen lässt, lebt in Gott, und Gott lebt in ihm. 1. Johannes 4,16 (NGÜ)

Wenn jemand Sie ungerecht behandelt, spüren Sie diesen Schmerz unter Umständen noch Jahre später. Ein unfreundlicher Kommentar, ein Vertrauensbruch, jemand fällt Ihnen in den Rücken – jeder hat in seinem Leben schon einmal irgendeine Art von Schmerz erfahren.

Aber wenn Sie auch Tage, Wochen, Monate oder Jahre später noch an dieser Bitterkeit, dem Schmerz, der Scham oder dem Wunsch nach Rache festhalten, ist es Zeit loszulassen. Denn wenn Sie loslassen, werden Sie Freiheit, Frieden und Ruhe finden.

Johannes erinnert uns in seinem ersten Brief daran, wie wir in dieser Welt leben sollen, die so viel Schmerzen und Sorgen für uns bereithält: Liebe soll unser Leben bestimmen. Achten Sie darauf, dass es dort nicht heißt, dass Liebe nur dann unser Leben bestimmen soll, wenn wir nicht verletzt wurden. Nein, Liebe soll in jeder Lebenslage unser Leben bestimmen. Punkt.

Bitten Sie Gott, Ihnen zu zeigen, wie Sie alte Verletzungen loslassen können. Bitten Sie ihn, diese Verletzungen durch seine Liebe und Freude, seinen Frieden und seine Hoffnung zu ersetzen. Denn Gott kann selbst die tiefsten Wunden heilen und Ihrer Seele Ruhe schenken.

Herr, hilf mir, mein Leben von dieser Liebe bestimmen zu lassen – auch und gerade dann, wenn ich ungerecht behandelt wurde.

26. August

Wenn Hoffnungen enttäuscht werden

Du weißt nicht, aus welcher Richtung der Wind kommen wird;
du siehst nicht, wie ein Kind im Mutterleib Gestalt annimmt.
Ebenso wenig kannst du die Taten Gottes ergründen,
der alles bewirkt. Prediger 11,5 (Hfa)

In unserer Kindheit haben wir große Träume. Wir wollen einmal aufs Gymnasium gehen, Feuerwehrmann werden und eine große Familie gründen. Doch die Jahre vergehen, und unser Leben nimmt eine andere Richtung. Manche dieser Kindheitsträume werden wahr, andere nicht.

Sieht Ihr Leben heute völlig anders aus, als Sie in Ihrer Kindheit und Jugend gehofft hatten? Vielleicht hatten Sie gehofft, ein Kind zu haben, oder träumten davon, verheiratet zu sein, aber das ist nicht passiert. Vielleicht klappt es einfach nicht mit der Karriere, für die Sie so hart gearbeitet haben. Oder der Ruhestand ist nicht so, wie Sie ihn sich erhofften. Das Leben ist hart – insbesondere dann, wenn Hoffnungen und Träume enttäuscht werden.

Wenden Sie sich an Gott, wenn es Ihnen so geht. Er versteht Ihre Frustrationen und Enttäuschungen. Und er wünscht sich nichts mehr, als dass Sie sich ihm anvertrauen. Gott kann diese enttäuschten Hoffnungen in seine erstaunlichen Absichten für Ihr Leben einweben. Sie können innerlich zur Ruhe kommen, weil Sie wissen, dass Ihr Leben vielleicht nicht so ist, wie Sie sich das erhofft hatten, aber trotzdem wunderschön und gesegnet.

Herr, ich will meine Hoffnungen und Träume in deine liebenden Hände legen. Ich weiß, dass du nur das Beste für mich im Sinn hast.

27. August

Kurze Erholungspausen mit Ihren Lieblingsaktivitäten

Wenn du etwas tust, dann sei mit vollem Einsatz bei der Sache! Prediger 9,10 (Hfa)

Wenn Sie eine Woche freihätten, um einfach all das zu tun, was Sie gern tun: Was würden Sie dann machen? Einige würden sich in die Gartenarbeit stürzen. Andere würden zum Angeln an einen See fahren. Oder vielleicht würde es Sie glücklich machen, wenn Sie wandern, lesen, Zeit mit Freunden oder allein verbringen oder in ein Museum gehen.

Das alles sind Dinge, die für Sie persönlich Leben spendend sein können. Es sind keine dieser banalen „Ich habe ein bisschen freie Zeit, also kann ich auch die Garage aufräumen"-Aktivitäten (auch wenn manche das durchaus gern tun). Nein, es sind die Dinge, die Ihnen Freude bereiten und nach denen Sie sich erholt und erfüllt fühlen.

Picken Sie sich in dieser Woche eine Ihrer Lieblingsbeschäftigungen heraus. Vielleicht können Sie nicht eine ganze Woche zum Angeln fahren, aber wie wäre es mit einem Angelnachmittag? Oder Sie blättern mittags durch eine Gartenzeitschrift, oder Sie machen früher Feierabend, um noch ins Museum zu gehen. Selbst wenn Sie sich nur eine kleine Kostprobe dieser Leben spendenden Aktivitäten gönnen können, werden Sie sich hinterher ausgeruht fühlen.

Herr, zeige mir, wie ich diese Dinge, die ich so gern tue, in mein alltägliches Leben integrieren kann.

28. August

Wenn Ihr Körper streikt

Ich danke dir dafür, dass ich so wunderbar erschaffen bin, es erfüllt mich mit Ehrfurcht. Ja, das habe ich erkannt: Deine Werke sind wunderbar! Psalm 139,14 (NGÜ)

Gott hat jeden von uns als einzigartiges, wunderbares Geschöpf erschaffen. Unsere Körper sind Meisterwerke, und er hat sie so entworfen, dass sie uns zu verstehen geben, wann wir hungrig, glücklich, traurig, ängstlich, krank oder begeistert sind. Und sie signalisieren uns auch, wann wir müde und erschöpft sind.

Das alles können wir an unserem Körper ablesen. Dunkle Ringe erscheinen unter unseren Augen, unsere Augen brennen, unsere Glieder fühlen sich schwer an, und wir stöhnen nicht nur innerlich, wenn der Wecker klingelt. Kommt Ihnen das vertraut vor?

Wenn Ihr Körper Ihnen zu verstehen gibt, dass er müde ist, was tun Sie dann? Versuchen Sie, Ihre Arbeiten trotzdem durchzuziehen, und machen weiter, bis Ihre Belastungsgrenze erreicht ist? Oder ignorieren Sie die Symptome, bis Sie körperlich erkranken? Unsere Gesellschaft liebt Menschen, die viel und Großes leisten können. Doch irgendwann müssen Sie sich wirklich ausruhen. Hören Sie auf Ihren Körper, wenn er Ihnen signalisiert, dass er müde und erschöpft ist. Gott hat Sie wunderbar gemacht. Respektieren Sie Ihren Körper, und gönnen Sie sich die Ruhe, die Sie verdienen.

Vater, unser Körper ist unglaublich komplex. Hilf mir, dich und deine Schöpfung zu ehren, indem ich ihm regelmäßig Ruhe schenke.

29. August
Gehen Sie nach draußen

[Die ganze Schöpfung soll jauchzen,] *wenn der Herr kommt! Ja, er kommt, um auf der Erde Gericht zu halten. Er wird die Welt gerecht richten und über alle Völker ein Urteil sprechen, durch das sich seine Wahrhaftigkeit zeigt.*
Psalm 96,13 (NGÜ)

Heutzutage verbringen Kinder mehr und mehr Zeit im Haus, während Fachleute die Eltern ermutigen, ihre Kinder mit nach draußen zu nehmen. Warum? Weil es für Kinder nicht nur körperlich gesund ist, draußen in der Natur zu sein, sondern auch geistig und sozial. Es fördert ihren Intellekt, stärkt ihr Immunsystem und ihr emotionales Wohlbefinden. Es ist einfach eine gute Sache.

Und es ist nicht nur für Kinder gut; es ist auch für Sie gut. Gehen Sie doch heute einmal eine Weile nach draußen. Unternehmen Sie eine Fahrradtour, oder kurbeln Sie Ihren Kreislauf mit einem Spaziergang an. Fahren Sie ins Schwimmbad, schlendern Sie um einen See herum, oder folgen Sie einem Wanderpfad.

Sie werden anschließend merken, dass Sie auf eine Weise erfrischt und erholt sind, wie es nur in der Majestät von Gottes Schöpfung möglich ist. Die Kombination aus Bäumen, frischer Luft, Sonnenschein, Wind, Wasser, körperlicher Bewegung, der Geruch von Erde und die Schönheit farbenfroher Blüten ist auf einzigartige Weise heilsam. Also öffnen Sie Ihre Haustür, und gehen Sie raus … um zu ruhen.

Die Schönheit deiner Welt erstaunt mich immer wieder aufs Neue, Vater. Hilf mir, mich in deiner wunderbaren Schöpfung zu erholen.

30. August

Genießen Sie das Warten

Denn die ganze Schöpfung wartet sehnsüchtig darauf, dass diese Welt von Menschen bestimmt wird, die zu Kindern Gottes wurden. Römer 8,19 (WD)

Als Kind mussten Sie oft warten: bis die Plätzchen aus dem Backofen kamen, bis Sie an der Reihe waren, bis Ihr Vater sein Telefonat beendet hatte oder auf die Erlaubnis, fernsehen zu dürfen. Nun, da Sie erwachsen sind, können Sie das Warten auf vielerlei Weise umgehen oder ganz abschaffen. Wenn Sie ein Eis wollen, kaufen Sie sich eines. Wenn Sie einen Film sehen wollen, schalten Sie den Fernseher ein. Wir versuchen, das Warten so gut wie möglich abzuschaffen. Aber Warten kann auch etwas Gutes sein.

Warten formt den Charakter. Es lehrt Geduld und Vertrauen auf Gott. Wenn Sie auf etwas warten – einen Ehemann, eine neue Arbeitsstelle, auf den Ruhestand oder darauf, dass ein Freund zum Glauben kommt –, können Sie beim Warten oder durchs Warten auch innerlich zur Ruhe kommen. Vertrauen Sie darauf, dass Gott Ihnen schon alles geben wird, was Sie brauchen, und dass sein Zeitplan vollkommen ist. Lassen Sie zu, dass durch geduldiges Warten Mitgefühl in Ihnen wächst und Ihre Beziehung zu Gott sich vertieft. Denken Sie daran: Gott ist denen nahe, die darauf warten, dass sein Wille Wirklichkeit wird.

Es fällt mir so schwer, geduldig zu warten, Jesus. Bitte lass in dieser Zeit des Wartens Hoffnung in mir wachsen und nicht Verzweiflung.

31. August
Der Balanceakt

Abends legst du dich ohne Sorgen ins Bett und schläfst die ganze Nacht hindurch ruhig und tief. Sprüche 3,24 (Hfa)

Heutzutage ist es den Menschen sehr wichtig, dass Arbeits- und Privatleben miteinander in Einklang stehen. Berufstätige Mütter und Väter, junge Berufstätige, ältere Erwachsene, Geschäftsführer, Praktikanten und viele andere suchen nach einer Antwort auf die Frage, wie man ein ausgewogenes Leben führt. Sie wollen Ihre Arbeit gut machen – sei es in einem Büro, zu Hause mit den Kindern, in der Gemeinde oder der Schule –, aber sie wollen auch ein gesundes Privatleben haben. Sie wollen eine Balance zwischen Ruhe und Arbeit finden, doch das ist nicht immer leicht.

Wenn Sie Schwierigkeiten damit haben, ein Gleichgewicht zu finden zwischen Arbeit und Privatleben, dann sprechen Sie doch einmal mit Gott darüber. Er hat Sie sowohl für die Arbeit als auch für den Sabbat und die Ruhe erschaffen. Bitten Sie ihn darum, Ihnen dabei zu helfen, ein ausgewogenes Leben zu führen. Und vertrauen Sie darauf, dass er über Ihre Welt wacht, während Sie ruhen.

Herr, ich brauche mehr Ausgewogenheit in meinem Leben. Bitte öffne mir die Augen für Möglichkeiten, wie ich innerlich und äußerlich zur Ruhe kommen kann.

September

„Kehrt doch um zu mir und werdet ruhig, dann werdet ihr gerettet! Vertraut mir und habt Geduld, dann seid ihr stark!“

Jesaja 30,15 (Hfa)

1. September

Frieden auf jede nur mögliche Weise

Er aber, der Herr des Friedens, schenke euch zu jeder Zeit und auf alle nur mögliche Weise seinen Frieden. Der Herr sei mit euch allen! 2. Thessalonicher 3,16 (WD)

Frieden „zu jeder Zeit und auf alle nur mögliche Weise“, das ist Gottes Geschenk für seine Kinder. Aber wie? Wie gibt er Ihnen diesen Frieden?

Erstens findet man diesen Frieden durch sein Wort – durch die Geschichten, Lieder und Wahrheiten, die seine zeitlose Liebe und Fürsorge für diejenigen beschreiben, die zu ihm gehören.

Zweitens schenkt Gott Frieden durch seine Verheißungen: Verheißungen, Sie nie zu verlassen oder im Stich zu lassen, Sie in schwierigen Zeiten zu versorgen, Ihnen Ihre Lasten abzunehmen, Ihnen Frieden zu schenken, Ihnen gnädig zu sein und Ihre Schuld zuzudecken.

Darüber hinaus finden Sie Frieden auch durch die Menschen, die Gott in Ihr Leben stellt. Andere Gläubige können Sie an die biblischen Wahrheiten erinnern, sie können mit Ihnen beten, Sie ein Stück des Wegs begleiten und auf Jesus hinweisen.

Öffnen Sie sich dem Gott, der Sie liebt. Erlauben Sie ihm, Ihr Leben mit Frieden zu tränken „auf alle nur mögliche Weise“.

Vater, überflute mich mit deinem Frieden, zu jeder Zeit und auf alle nur mögliche Weise.

2. September

Den Lärm der Welt ausblenden

„Der Herr dagegen wohnt in seinem heiligen Tempel. Seid still vor ihm, ihr Menschen auf der ganzen Welt!"

Habakuk 2,20 (Hfa)

Einen ruhigen Ort zu finden, klingt vielleicht leicht, aber in dieser von Lärm erfüllten Welt ist das gar nicht so einfach. Viel zu schnell steckt man in der Hektik, dem Treiben, der Schnelligkeit und den Sorgen des Lebens fest. Sich in die Stille zurückzuziehen, um sich eine Weile lang auszuruhen, ist in den Augen vieler dekadent und eine Verschwendung wertvoller Zeit. Aber es ist genau das, was Sie brauchen.

Es ist wichtig, dass Sie sich regelmäßig vor dem Lärm abschirmen und alles ausblenden außer der Stimme Ihres himmlischen Vaters. Wenn Sie morgens oder am Ende des Tages (oder zu jeder anderen Tageszeit) bewusst in seiner Gegenwart sitzen, wird Sie das innerlich ruhiger machen. Nur ein paar Momente der Stille in seiner Gegenwart werden dabei helfen, Ihren Blick und Ihr Herz wieder neu auf ihn auszurichten anstatt auf Sie selbst und das, was Sie leisten können. Er will mit Ihnen über alles sprechen, was Sie betrifft. Erlauben Sie der stillen Kraft seines Wortes, Ihr Leben zu durchdringen. Lassen Sie sich von Gott Ruhe schenken.

Vater, hilf mir, den Lärm der Welt auszublenden und mich auf dich zu konzentrieren.

3. September

Seien Sie nachsichtig mit sich selbst

Denn uns ist ein Kind geboren! Ein Sohn ist uns geschenkt! Er wird die Herrschaft übernehmen. Man nennt ihn „Wunderbarer Ratgeber", „Starker Gott", „Ewiger Vater", „Friedensfürst". Jesaja 9,5 (Hfa)

Wenn Sie an den gestrigen Tag zurückdenken, schütteln Sie im Stillen den Kopf. Sie wollten so viel erledigen, aber stattdessen sind Sie völlig erschöpft auf dem Sofa eingeschlafen. Und die Aufgabenliste, die vorher schon so lang war? Sie ist noch länger geworden.

Seien Sie doch etwas nachsichtiger mit sich selbst. Wenn Sie müde sind, müssen Sie sich ausruhen. Wenn Sie mit zu vielen Verpflichtungen jonglieren, müssen Sie ein paar abgeben. Wenn Sie den Anforderungen des Lebens nicht gewachsen sind, erwarten Sie vielleicht zu viel von sich selbst. Seien Sie nachsichtig mit Ihrem müden Körper und Ihrem erschöpften Geist.

Als Jesus die Müden und die Menschen, die schwere Lasten mit sich herumtragen, zu sich ruft, tadelt er sie nicht, und er hält ihnen auch keinen Vortrag. Stattdessen heißt er sie willkommen und verspricht, ihnen ihre Last abzunehmen. Warum geben Sie Ihre schwere Last nicht an Ihren Retter ab? Lauschen Sie dem, was er zu Ihnen sagt. Er spricht von Liebe und Gnade und nicht von Ablehnung und Verurteilung wie die kleine Stimme in Ihrem Kopf. Kommen Sie bei Ihrem Friedensfürst zur Ruhe.

Jesus, danke, dass du auch mein Friedensfürst sein willst. Bitte nimm mir diese schwere Last ab, und schenke mir deine Ruhe und deinen Frieden.

4. September
Befreit von aller Schuld

Aber uns, Herr, wirst du Frieden schaffen, denn dir verdanken wir alles, was wir erreicht haben. Jesaja 26,12 (Hfa)

Als Jesus am Kreuz sagte: „Es ist vollbracht", meinte er damit, dass er ein für alle Mal den Preis für unsere Sünden bezahlt hatte. Er gab sein Leben und brachte das ultimative Opfer, damit Sie die Strafe für Ihre Schuld nicht länger tragen müssen. Dadurch kamen Sie in den Genuss einer ganz neuen Freiheit – aber leben Sie auch so?

Zu viele Christen versuchen noch immer, sich Gottes Gunst dadurch zu verdienen, dass sie ein möglichst fehlerloses Leben führen. Aber das wird ihnen nie gelingen. Und glücklicherweise will Gott auch gar nicht, dass Sie perfekt sind. Stattdessen will er nur eines: dass Sie ihm vertrauen und das für sich in Anspruch nehmen, was Jesus am Kreuz für Sie getan hat.

Denken Sie heute einmal darüber nach, was Jesus für Sie getan hat. Hören Sie auf, sich abzustrampeln, um Gott Ihre Treue zu beweisen. Versuchen Sie heute einmal nicht, perfekt zu sein, sondern preisen Sie Gott für das, was er für Sie getan hat. Man sollte an Ihrem Leben nur eines ablesen können: dass Sie auf das vertrauen, was Jesus am Kreuz für Sie getan hat. Finden Sie Frieden in dem Wissen, dass er Sie ein für alle Mal gerettet hat.

Jesus, Lamm Gottes, danke, dass du den Preis für meine Schuld bezahlt hast. Ich will mir das heute neu bewusst machen und dadurch Frieden und Ruhe finden.

5. September
Mit Ruhe gewappnet

„Berge mögen einstürzen und Hügel wanken, aber meine Liebe zu dir wird nie erschüttert, und mein Friedensbund mit dir wird niemals wanken. Das verspreche ich, der Herr, der sich über dich erbarmt!“ Jesaja 54,10 (Hfa)

Stellen Sie sich einmal einen Ritter in strahlender Rüstung vor. Er trägt einen Brustpanzer, ein Kettenhemd und einen Helm.

Sein gesamter Körper ist geschützt, und seine Rüstung fängt die Schläge seiner Gegner ab. Und Sie können das Gleiche tun: Sie können sich eine „Rüstung“ anziehen und so gegen die Schläge gewappnet sein, die täglich auf Sie einprallen. Ihre Rüstung ist aber nicht aus Metall, und sie ist nicht schwer zu tragen, aber sie kann Sie auf unterschiedlichste Weise schützen. Diese Rüstung heißt *Ruhe*. Ja, Ruhe.

Wenn Sie ausgeruht sind, haben Sie Ihre Gefühle und Reaktionen besser unter Kontrolle. Wenn Sie ausgeruht sind, sind Ihre Entscheidungen durchdachter, und Ihr Körper ist gestärkt. Sie sind geduldig und freundlich, gesund und voller Energie und bei Angriffen weniger empfindlich – sowohl körperlich als auch geistlich. Ruhe ist daher ein wichtiger Bestandteil Ihrer Rüstung im Kampf des Lebens.

Aber wie oft legen Sie die Rüstung der Ruhe an? Sie kommt Ihnen vielleicht unwichtig und wenig schlagkräftig vor, aber sie ist eine wirklich mächtige Verteidigungswaffe. Legen Sie deshalb heute die Rüstung der Ruhe an.

Herr, erinnere mich daran, mich mit Ruhe zu wappnen, damit ich für den Kampf des Lebens bereit bin.

6. September

Die Menschen lieben, die wenig liebenswert sind

Geliebte Geschwister, lasst uns einander lieben, weil die Liebe ein Geschenk Gottes ist und jeder, der ein Mensch voller Liebe ist, durch Gott zuvor eine neue Schöpfung wurde. Gott ist ihm nah und vertraut. Wer nicht liebt, kennt Gott einfach noch nicht, denn Gott ist Liebe. 1. Johannes 4,7–8 (WD)

Die Menschen zu lieben, die liebenswert sind, ist leicht. Aber unangenehme Zeitgenossen lieben oder Menschen, die uns das Leben schwermachen? Nun, das ist eine ganz andere Geschichte.

Eine Freundin, die Sie tief verletzt hat, die Person, die Ihr Vertrauen missbraucht hat – das sind Menschen, die zu lieben Ihnen vermutlich schwerfällt. Doch als Jesus am Kreuz hing, tat er genau das. Selbst als seine Feinde sich über ihn lustig machten, betete Jesus: „Vater, vergib ihnen, denn sie wissen nicht, was sie tun“ (Lukas 23,34; WD). Er liebte diejenigen, die alles andere als liebenswert waren.

Das Vorbild von Jesus und seine verschwenderische Liebe machen es uns möglich, andere zu lieben – selbst diejenigen, die uns verletzt haben. Aufgrund seines Opfers kommen wir in den Genuss seiner übernatürlichen Kraft. Wir können jetzt in schwierigen Situationen tief Luft holen und sagen: „Ich werde meine Feinde lieben.“

Wenn Sie gerade die Last des Zorns oder des Grolls mit sich

herumtragen, legen Sie sie ab. Schließen Sie sich an Gottes Kraftquelle an, der Ihnen hilft, auch diejenigen zu lieben, die wenig liebenswert sind.

Himmlischer Vater, hilf mir, auch die Menschen zu lieben, die mir das Leben schwermachen. Aber ich kann das nur, wenn du mir die Kraft dazu gibst.

7. September

Die Zeit der Ruhe klug nutzen

Lehre uns zu bedenken, wie wenig Lebenstage uns bleiben …

Psalm 90,12 (NGÜ)

Eine Zeit der Ruhe kann sich leicht und schnell in eine Zeit der Unruhe verwandeln. Vielleicht haben Sie sich am frühen Morgen gerade an den Küchentisch gesetzt, um Stille Zeit zu machen, aber als Sie zu beten versuchen, beginnen Ihre Gedanken zu wandern. Ihnen fallen all die Dinge ein, die Sie an diesem Tag erledigen müssen. Oder Sie haben sich für eine Stunde von allem zurückgezogen, um die Stille zu genießen, aber bald merken Sie, dass Sie die meiste Zeit auf Facebook oder Twitter gesurft haben.

Nutzen Sie Ihre Zeit der Ruhe weise? Es gibt keine richtige oder falsche Art, sich auszuruhen. Ruhe – das kann Schlaf sein, aber auch irgendeine Aktivität, die Ihnen guttut. Sie können diese Zeit drinnen verbringen oder aber auch draußen. Aber wie und wodurch auch immer Sie sich ausruhen: Hinterher sollten Sie mit neuer Kraft, Freude und Frieden erfüllt sein. Sie sollten Ihre Zeit der Ruhe mit dem Gefühl beenden, aufgetankt zu haben und erfrischt zu sein. Und wenn das nicht der Fall ist, sollten Sie vielleicht einige Änderungen vornehmen. Wie auch immer Sie innerlich zur Ruhe kommen wollen: Tun Sie das bewusst und weise.

Vater, hilf mir dabei herauszufinden, wie ich meine Zeiten der Ruhe am klügsten nutzen kann.

8. September

Gott ist größer

Wir werden oft bedroht, doch die Menschen können uns nie in die Enge treiben. Nicht selten haben wir mit Zweifeln zu kämpfen, aber wir verzweifeln nie. Man verfolgt uns, doch wir fühlen uns nie verlassen. Man schlägt uns zu Boden, doch man hat uns bis jetzt noch nicht den Todesstoß versetzt.

2. Korinther 4,8–9 (WD)

Bevor Jesus diese Welt verließ, sagte er: „In der Welt werdet ihr hart bedrängt. Doch ihr braucht euch nicht zu fürchten: Ich habe die Welt besiegt" (Johannes 16,33; NGÜ). Jesus macht deutlich: Wir werden mit Schwierigkeiten konfrontiert werden. Das Leben wird hart sein. Wenn Sie also den Eindruck haben, Sie fechten einen Kampf nach dem anderen aus, überrascht das Jesus nicht. Er sagte es seinen Jüngern vor zweitausend Jahren voraus, und daran hat sich bis heute nichts geändert. Aber das bedeutet nicht, dass wir den Schwierigkeiten nichts entgegenzusetzen haben; er gab uns auch Hoffnung.

Wir haben Hoffnung, weil er durch seinen Tod und seine Auferstehung die Welt bereits besiegt hat. Wir müssen uns nicht sorgen, ängstigen oder verzweifeln. Wir wissen, wie die Geschichte ausgehen wird: Jesus wird siegen!

Wenn Sie unter der schweren Last von Schwierigkeiten zusammenzubrechen drohen, schöpfen Sie neuen Mut: Jesus ist stärker. Er ist größer. Er ist Ihr Retter und Versorger, und er kann Ihnen auch dann Ruhe schenken, wenn Sie verzweifelt sind.

Jesus, ich will mich an deinen ermutigenden Worten festhalten. Danke, dass ich bei dir Zuflucht finden kann.

9. September

Warum sollten Sie sich ausruhen?

Jeder, der sich auf einen großen Wettkampf vorbereitet, lebt diszipliniert und verzichtet auf vieles, das andere sich leisten können. 1. Korinther 9,25 (WD)

Wenn Sie schon einmal Interviews mit olympischen Athleten gesehen oder einen Artikel über ihre Vorbereitungen gelesen haben, ist Ihnen bestimmt aufgefallen, dass sie alle etwas gemeinsam haben, ob sie nun Turner, Leichtathleten oder Eisschnellläufer sind: Sie alle gönnen ihren Körpern regelmäßig Ruhe.

Gott hat unseren Körper nicht geschaffen, damit wir ständig in Bewegung sind. Wenn wir uns ausruhen, gibt das unserem Körper die Gelegenheit, seine Muskeln zu reparieren und sich zu stärken. Das trifft immer zu, ob Sie nun olympische Athletin sind oder kaum um den Häuserblock joggen können.

Gönnen Sie sich regelmäßig Ruhe? Ja, Ihr Leben ist voller Anforderungen – Sie müssen kochen und putzen, kümmern sich um die Kindererziehung; Sie studieren und treiben Sport; Sie leiten eine Abteilung oder stehen einem Gremium vor. Gleichgültig, was Sie tun: Die Anforderungen des Lebens bedeuten Stress für Ihren Körper, Ihren Geist und Ihre Seele. Und Ruhe ist der beste Weg, um einen Zusammenbruch zu verhindern. Nehmen Sie den Rat von olympischen Athleten an: Arbeiten Sie hart, und dann nehmen Sie sich auch Zeit, um auszuruhen.

Vater, ich verlange meinem Körper manchmal zu viel ab. Hilf mir, meinen Alltag langsamer anzugehen und regelmäßig zu ruhen.

10. September
Erste Schritte

Wenn ihr etwas tun wollt, dann nur dieses: Strebt nach den größeren Gnadengaben! Doch ich möchte euch etwas zeigen, das weit über das hinausgeht, was ihr gerade gelesen habt.

1. Korinther 12,31 (WD)

Wenn Babys laufen lernen, fangen sie mit vereinzelten zaghaften, kleinen Schritten an. Wenn sie sich damit sicherer fühlen, fangen sie an, mehr und mehr Schritte zu machen, bis sie endlich vorwärtswackeln. Das braucht eine Menge Übung, und ein paar Stürze und blaue Flecken sind dabei unvermeidlich.

Dasselbe könnte man auch von einem Leben der Ruhe sagen. Selbst wenn Sie sich zutiefst nach Ruhe sehnen, sollten Sie mit ersten kleinen, zögerlichen Schritten beginnen. Sie brauchen wahrscheinlich eine Menge Übung, bevor Ruhe zu einem festen Bestandteil Ihres Lebens wird. Und ja, es wird dabei ein paar Stürze und blaue Flecken geben.

Aber lassen Sie sich nicht entmutigen. Kleine Schritte machen, hinfallen und wieder aufstehen – das ist alles Teil des Lernprozesses. Deshalb machen Sie doch heute mal einen ersten kleinen Schritt auf die Ruhe zu. Sagen Sie Nein, wenn man wieder eine neue Aufgabe an Sie heranträgt. Bitten Sie um Hilfe. Ordnen Sie Ihre Prioritäten. Das Ganze kommt Ihnen ein wenig unbeholfen und ungewohnt vor, aber das ist in Ordnung. Sie lernen ja erst noch, wie man wirklich innerlich zur Ruhe kommt.

Herr, halte meine Hand, und ermutige mich, wenn ich den nächsten Schritt auf die Ruhe zu mache.

11. September
Mut zur Ruhe

Verlass dich nicht auf deinen eigenen Verstand, sondern vertraue voll und ganz dem Herrn! Denke bei jedem Schritt an ihn; er zeigt dir den richtigen Weg und krönt dein Handeln mit Erfolg. Sprüche 3,5–6 (Hfa)

Wenn man wirklich zur Ruhe kommen will, braucht man Mut. Man braucht ein tiefes Vertrauen, um die Kontrolle abzugeben und sich Gottes Plänen auszuliefern. Denn selbst wenn wir erschöpft sind, wollen wir noch immer das Gefühl haben, dass wir die Kontrolle haben. Gott unsere Pläne, Aufgaben und Produktivität anzuvertrauen und bei ihm zu ruhen, das erfordert einen riesigen Glaubensschritt. Ja, man braucht Mut zur Ruhe.

Wollen Sie so mutig sein? Sind Sie so müde, dass Sie nicht einmal mehr wissen, wohin Sie sich wenden sollen? Dann dürfen Sie darauf vertrauen, dass Gott vertrauenswürdig ist. Wenden Sie sich an ihn. Er hält die ganze Welt in seinen Händen, und doch weiß er auch um jedes Haar auf Ihrem Kopf. Er ist fest in Ihr Leben einbezogen, und er will Sie von der Erschöpfung befreien und Ihnen Ruhe schenken.

Wenn Sie Gott alle Bereiche Ihres Lebens anvertrauen, können Sie sich fest darauf verlassen, dass Ihr himmlischer Vater sich um Sie sorgen wird. Bitten Sie ihn um den Mut, sich ihm ganz anzuvertrauen. Bitten Sie ihn um den Mut zur Ruhe.

Herr, ich bin müde. Ich bin erschöpft. Bitte übernimm die Kontrolle, und schenke mir den Mut loszulassen.

12. September

Jammern und klagen

Liebe Schwestern und Brüder, beklagt euch nicht übereinander, damit ihr nicht an eurem eigenen Maßstab gemessen und verurteilt werdet. Jakobus 5,9 (WD)

Manchmal tut es so richtig gut, sich zu beschweren, oder? Zumindest ein paar Minuten lang. Doch wahrscheinlich fühlen Sie sich hinterher noch frustrierter, erschöpfter oder wütender als vorher. Wenn Sie sich beklagen und herumjammern, hilft Ihnen das nicht dabei, den Zwischenfall zu vergessen oder nach vorn zu schauen. Es verfestigt nur Ihr Gefühl, ungerecht behandelt worden zu sein. Und dieses Gefühl kann anfangen, tief in Ihnen Wurzeln zu schlagen und Ihr Herz zu verhärten.

Wo Beschwerden zu Hause sind, ist kein Platz mehr für Frieden. Frieden hält dann in einem Leben Einzug, wenn jemand zutiefst zufrieden ist, wenn er fest davon überzeugt ist, dass das Leben eben nicht fair ist und dass man das annehmen sollte, was das Leben einem bietet. Wer Frieden hat, ist innerlich auch ruhig. Doch wenn Sie sich ständig beklagen, werden Sie nur unzufrieden und aufgewühlt sein.

Achten Sie doch darauf, wie Ihr Körper reagiert, wenn Sie sich das nächste Mal ständig beschweren. Vielleicht merken Sie, wie Ihr Blutdruck steigt, wie sich Ihre Schultern verspannen und Ihre Hände sich zu Fäusten ballen. Das ist weder gesund noch erholsam. Lassen Sie Ihre Beschwerden los, geben Sie sie im Gebet an Gott ab, und bitten Sie ihn, sie durch Frieden und Zufriedenheit ersetzen … und durch Ruhe.

Herr, ich will nicht ständig herumjammern und mich beklagen. Stattdessen will ich lernen, dir zu vertrauen. Schenke mir deinen Frieden!

13. September

Die perfekte Zuflucht

Die Botschaft, die er den Kindern Israels zukommen ließ, gilt nun überall und jedem: Durch Jesus Christus, den Herrn aller Menschen, haben wir Frieden mit Gott.

Apostelgeschichte 10,36 (WD)

Sie kennen sicher die Geschichte von Jesus und seinen Jüngern, die auf dem See in einen Sturm geraten. Aber haben Sie schon einmal darüber nachgedacht, diese Geschichte auf Ihren eigenen Versuch zu übertragen, innerlich zur Ruhe zu kommen? Meistens richten wir unseren Blick bei dieser Geschichte auf die Macht von Jesus – dass er in der Lage ist, durch ein paar einfache Worte einen todbringenden Sturm zu stillen. Aber achten Sie auf das, was geschieht, bevor er etwas sagt: Die Jünger wenden sich an Jesus.

Die Jünger sind gemeinsam mit Jesus in einem Boot unterwegs und geraten in einen schrecklichen Sturm. Es geht um Leben und Tod. Was tun sie? *Sie wenden sich an Jesus.* Ist ihr Glaube über jeden Zweifel erhaben? Nein. Haben sie immer noch Angst? Ja. Gibt es immer noch Dinge, bei denen sie sich nicht sicher sind? Ja. Aber trotzdem wenden sie sich an ihn – und Jesus rettet sie.

Eilen Sie zu Jesus, wenn Sie sich in einem Sturm befinden? Er ist die perfekte Zuflucht. Vertrauen Sie auf seine Macht und Stärke. Kommen Sie in seiner Güte und Liebe zur Ruhe. Er lässt nicht zu, dass Sie untergehen.

Vater, ich will bei dir zur Ruhe kommen – vor allem dann, wenn in meinem Leben Stürme toben.

14. September

„Ich kenne das aus eigener Erfahrung"

Helft einander, eure Lasten zu tragen! Auf diese Weise werdet ihr das Gesetz erfüllen, das Christus uns gegeben hat.

Galater 6,2 (NGÜ)

Wenn Sie sich derzeit ausgeruht fühlen, könnten Sie ja anderen dabei helfen, Ruhe zu finden. Schauen Sie sich unter den Menschen in Ihrem Umfeld um. Steckt einer von ihnen in Schwierigkeiten oder ist mit Herausforderungen konfrontiert? Frischgebackene Mütter und Väter können immer Unterstützung gebrauchen. Wer gesundheitliche Probleme hat, würde sich bestimmt über etwas Hilfe freuen. Wer alleinerziehend ist, wäre wahrscheinlich überglücklich, wenn er jemanden hätte, der hin und wieder auf die Kinder aufpasst.

Denken Sie an die hektischen Zeiten in Ihrem Leben zurück, und achten Sie aufmerksam auf die Menschen in Ihrem Umfeld. Vielleicht ist es an der Zeit, dass sich die schlechten Zeiten „auszahlen", und zwar in Form von Mitgefühl, praxiserprobten Lösungen und dem willkommenen Geschenk eines „Ich kenne das aus eigener Erfahrung" für jemanden, der gerade mit etwas zu kämpfen hat.

Jeder braucht Ruhe, aber vielen fällt es schwer, sie zu ergreifen. Wie können Sie dabei mithelfen, dass auch jemand anderer in den Genuss einer Auszeit kommt? Stellen Sie heute einen Plan auf, und gehen Sie gezielt auf jemanden zu.

Vater, öffne meine Augen für die Nöte und Probleme der Menschen in meinem Umfeld.

15. September
Segensgeschenke

Du lässt ihn für alle Zeiten zum Segen werden, mit Freude beschenkst du ihn, weil du ihm dein Angesicht zuwendest. Psalm 21,7 (NGÜ)

Nehmen Sie sich einen Moment Zeit, um an all die Segensgeschenke in Ihrem Leben zu denken. Vielleicht fallen Ihnen hier Dinge ein wie Gesundheit, liebevolle Eltern, ein gemütliches Bett, ein sauberes Badezimmer, eine heiße Dusche, eine feste Anstellung, eine Tasse Tee an einem trüben Tag, fürsorgliche Freunde, ein schöner Garten, ein Rasenmäher, ein funktionierendes Auto – die Liste ist endlos. Wenn Sie Ihre Augen für die Segensgeschenke Ihres Lebens öffnen, kann das lebensverändernd sein. Und wenn Sie bewusst nach dem Ausschau halten, was Gott Ihnen geschenkt hat, werden Sie immer noch mehr Segen entdecken.

Nun stellen Sie sich vor, dass jedes dieser Segensgeschenke eine Feder ist, mit der Sie eine Bettdecke füllen. Wenn die Decke sich füllt, bildet sie einen Ort, der geradezu dazu einlädt, sich dort auszuruhen. Ja, es gibt viele Bereiche in Ihrem Leben, in denen es nicht so gut läuft, und vielleicht sind Sie hier und dort auch etwas frustriert, weil Gott nicht alle Ihre Gebete beantwortet. Dennoch dürfen Sie heute auf Ihren Segensgeschenken zur Ruhe kommen, in dem Wissen, dass Gott wirklich für Sie sorgt.

Herr, hilf mir dabei, mir all der Segensgeschenke bewusst zu werden. Ich will sie als wundervollen Beweis dafür sehen, dass du deine Versprechen hältst.

16. September

Ein guter Start in die Woche

Der Herr ist meine Rettung und Kraft, er lässt mich fröhlich singen. Er ist mein Gott, ihn will ich preisen! Er ist der Gott meines Vaters, ihn allein will ich ehren. 2. Mose 15,2 (Hfa)

Der Wochenbeginn ist oft eine Herausforderung. Sie haben Mühe, in den Rhythmus des Arbeitsalltags zurückzufinden, und die Anforderungen im Büro oder zu Hause – oder beides – sind genau das: fordernd. Wenn Sie sich also jetzt schon ein bisschen erschöpft fühlen, seien Sie nicht entmutigt!

Gönnen Sie sich heute ein paar Momente für sich allein. Setzen Sie sich an einen ruhigen Ort, und erinnern Sie sich an Wahrheiten wie diese: Gott ist bei Ihnen und für Sie da. Er wird Sie nie verlassen oder aufgeben. Er jubelt, wenn er nur an Sie denkt. Er liebt Sie. Er gibt den Müden Kraft. Er will Ihnen Ihre Lasten abnehmen. Und er sagt Ihnen, dass Sie sich regelmäßig ausruhen sollen.

Nehmen Sie diese Verheißungen für sich in Anspruch. Sie werden merken, wie Hoffnung Sie erfüllt. Bitten Sie Gott, dass er Ihnen diese Verheißungen die ganze Woche hindurch immer wieder in Erinnerung ruft. Ja, Ihr Leben ist vermutlich weiterhin stressig, und bisweilen wächst Ihnen die Arbeit über den Kopf, aber Gott ist auf Ihrer Seite. Lassen Sie sich heute von dieser Wahrheit trösten, und kommen Sie innerlich zur Ruhe.

Herr, sprich deine Wahrheit an jedem Tag dieser Woche in mein Leben hinein.

17. September

Lebenstempo

„Ehre sei Gott in der Höhe, Friede allen Männern und Frauen auf Erden, an denen er Freude hat.“ Lukas 2,14 (WD)

Wenn Sie schon einmal in einer Weltstadt wie Paris oder New York waren, wissen Sie, dass die Menschen dort nicht gemächlich den Gehweg entlangschlendern, ganz zu schweigen von den Autos auf den breiten Straßen. Das Tempo ist hoch – *wirklich hoch.* Die Menschen wollen so schnell wie möglich an ihr Ziel kommen. Im Gegensatz dazu geht es beispielsweise im Zoo gemächlich zu. Dort legt man immer wieder eine Pause ein, um sich die Zebras, Löwen oder Affen anzuschauen. Man käme nicht einmal auf die Idee, durch den Zoo zu hasten, weil man dabei so viel verpassen würde.

Wenn Sie Ihre Woche betrachten: Hetzen Sie durch die Tage wie ein Berufspendler, oder legen Sie regelmäßig eine kleine Pause ein, um zu sehen, was wirklich um Sie herum geschieht?

Denken Sie heute daran, es hin und wieder langsamer anzugehen. Schauen Sie sich um, und achten Sie auf die gute Arbeit Ihrer Kollegin oder auf das Lachen Ihrer Kinder. Legen Sie eine Pause ein, um die wirbelnden Blätter zu betrachten und den Menschen, mit denen Sie sich unterhalten, in die Augen zu sehen. Schauen Sie doch einmal, was geschieht, wenn Sie Ihre Woche etwas geruhsamer angehen.

Hilf mir, mich daran zu erinnern, dass das Leben kein Rennen ist, Herr, und dass ich mir regelmäßig Zeit für dich reserviere.

18. September

Geduldig warten – und vertrauen

Ich möchte euch ein kostbares Geschenk zurücklassen: meinen Frieden. Es ist ein Friede, wie ihn die Welt nicht kennt. Er ist der Inbegriff der Geborgenheit, auch in Zeiten der Not und des Abschieds. Darum habt keine Angst und verliert nicht den Mut. Johannes 14,27 (WD)

Wann ist es endlich so weit? Wie soll das bloß noch enden? Ist es bald vorbei? Wenn wir über einen längeren Zeitraum auf etwas warten, stellen wir uns immer wieder diese und ähnliche Fragen. Wir wollen wissen, wie lange dieser Zustand noch andauern und wie sich unsere Geschichte entwickeln wird. Wir denken, dass das Warten uns leichter fallen würde, wenn wir wenigstens grob wüssten, wie es weitergeht. Dann wüssten wir, wie wir uns vorbereiten müssen – ob wir uns zusammenreißen und durchboxen müssen, uns für Enttäuschungen wappnen und etwas den Rücken kehren müssen oder feiern können. Aber Gott weiß, dass es uns überfordern würde, wenn wir auch nur eine Ahnung bekämen, was auf uns zukommt. Also ruft er uns dazu auf, ihm zu vertrauen, und zwar von ganzem Herzen und ohne Vorbehalte.

Wie kann das aussehen? Sie müssen darauf vertrauen, dass er ein guter und gnädiger Gott ist, dass er vollkommen und voller Liebe ist und dass Sie sein geliebtes Kind sind, für das er gute Pläne hat. Vertrauen Sie auf seine Güte und seine Pläne – und kommen Sie dadurch innerlich zur Ruhe.

Herr, ich gebe mein Planen und Fragen auf und bitte dich, mir dabei zu helfen, dir zu vertrauen.

19. September
Gute Nachrichten

Sende mir dein Licht und deine Treue,
damit sie mich leiten … Psalm 43,3 (NGÜ)

Der Anruf, vor dem Sie sich gefürchtet haben: Bei der Untersuchung Ihres Blutes hat sich ein auffälliger Befund ergeben, und Sie müssen noch einmal vorbeikommen, damit weitere Tests gemacht werden können. Und während Sie auf die Ergebnisse warten, schnüren Ihnen die Sorgen die Kehle zu. Sie fühlen sich überfordert und unvorbereitet. In Gedanken spielen Sie alle möglichen Szenarien durch – und die meisten davon sind wenig erfreulich. Als die Ärztin endlich anruft, sagt sie: „Alles ist in Ordnung. Kein Grund zur Sorge." Sie lassen erleichtert Ihre Schultern sinken, die Angst verfliegt, und Sie sind zutiefst dankbar.

Gottes Wort ist wie dieser Anruf der Ärztin. Gott sieht, was in dieser Welt nicht in Ordnung ist, und deshalb scheut er auch nicht davor zurück, Geschichten zu erzählen, in denen es um Sünde und das Böse und Angst geht. Aber er teilt auch gute Nachrichten mit, und die guten Nachrichten haben Auswirkungen für die Ewigkeit. Wenn Sie besorgt und ängstlich, erschöpft und angespannt sind, dann öffnen Sie die Bibel. Nehmen Sie seine Worte, in denen er Ihnen Frieden und Freude verspricht, in sich auf. Lassen Sie sich von seinen Worten Ermutigung und Hoffnung schenken. Aber vor allem: Lassen Sie sich von seinen Worten Ruhe schenken.

Ich danke dir dafür, dass du uns dein Wort gegeben hast, Vater. Es ist wie Medizin für meine Seele.

20. September
Ehrliche Einblicke gewähren

„Fertige dir keine Götzenstatue an, auch kein Abbild von irgendetwas am Himmel, auf der Erde oder im Meer."
2. Mose 20,4 (Hfa)

Wenn Sie ständig versuchen, andere mit Ihrer Arbeitsstelle, Ihrem Zuhause, dem Familienleben, Besitz und all den anderen Aspekten Ihres Lebens zu beeindrucken, tut Ihnen das nicht gut – und auch sonst niemandem. Und wahrscheinlich sind Sie mehr als nur ein wenig erschöpft. Es ist Zeit, dass Sie anderen den Schlüssel zur Tür Ihres wahren Lebens geben.

Wenn Sie anderen Einblick geben in die chaotischen, frustrierenden und oft wenig erfreulichen Bereiche Ihres Lebens, ist das

das Authentischste, das Ehrlichste, was Sie jemals tun können. Und wenn Sie echt und ehrlich sind, werden Sie sich frei fühlen. Echtheit umgeht das Oberflächliche und macht es möglich, dass Freundschaften sich vertiefen. Wenn Sie ehrlich über das Gute und das Schlechte in Ihrem Leben sprechen, können Sie das quietschsaubere – und doch so gefälschte – Bild von sich aus der Hand geben. Stattdessen können Sie einfach Sie selbst sein.

Haben Sie bislang davor zurückgeschreckt, anderen zu zeigen, wie es wirklich in Ihren Leben aussieht? Versuchen Sie es doch einmal, und lassen Sie sie herein. Sie werden erstaunt sein, wie viel leichter Sie sich mitteilen und wie viel gelassener Sie sind.

Vergib mir, wenn ich bei anderen so tue, als sei mein Leben perfekt, Herr. Hilf mir stattdessen, offen und ehrlich zu sein.

21. September

Fragen ohne Antworten

Wir alle aber warten auf den neuen Himmel und die neue Erde, die Gott uns zugesagt hat. Wir warten auf diese neue Welt, in der endlich Gerechtigkeit herrscht.

2. Petrus 3,13 (Hfa)

Das Internet ist heute ein wichtiger Teil unseres Lebens. Es gibt uns Antworten – wie den Standort der nächsten Pizzeria oder den Namen des 3. Bundeskanzlers nach 1949. Es liefert Routenbeschreibungen, Informationen zu gesundheitlichen Fragen und Rezepte. Und das alles in weniger als einer Sekunde.

Doch es gibt Fragen, die sogar das Internet nicht beantworten kann: Wen werde ich heiraten? Wird mein Krebs zurückkehren? Wird mein Sohn jemals wieder mit mir sprechen? Werde ich diese Stelle bekommen? Liebt er mich wirklich?

Ringen Sie mit unbeantworteten Fragen? Wünschten Sie sich, Gott würde einfach die Antwort an den Himmel schreiben oder Ihnen in einem brennenden Busch erscheinen? Reden Sie mit ihm darüber. Sprechen Sie mit ihm über alle Ihre Sorgen, und bekennen Sie Ihre Ängste.

Bitten Sie ihn, Ihnen dabei zu helfen, trotz dieser unbeantworteten Fragen gelassen zu sein, denn anders als das Internet interessiert Gott sich für Sie. Und in dieser Wahrheit dürfen Sie zur Ruhe kommen.

Herr, du kennst meine Zukunft, und auch gerade jetzt weist du mir den Weg. Ich will auf dich warten.

22. September

Eine Zeit der Ruhe

„Wenn ihr Gerechtigkeit sät, werdet ihr meine Liebe und Treue ernten. Fangt ganz neu an wie ein Bauer, der ein brachliegendes Feld zum ersten Mal wieder bestellt! Denn die Zeit ist da, mich, den Herrn, zu suchen. Dann werde ich kommen und Gutes vom Himmel für euch regnen lassen."

Hosea 10,12 (Hfa)

Der Herbst naht. Je nachdem, wo Sie leben, färben sich die Blätter der Bäume, die Temperaturen fallen, die Abende sind vom Duft der Lagerfeuer erfüllt, und Zucchini und Kürbisse sind reif für die Ernte. Der Jahreszeitenwechsel ist eine wunderbare Erinnerung daran, dass auch wir ruhen dürfen.

Im Buch des Predigers heißt es, dass es eine Zeit für alles gibt (nachzulesen in Prediger 3,1). Erdbeerpflanzen blühen im Frühling, Rosen öffnen ihre Knospen im Sommer, und der Herbst ist die Zeit, in der die Bäume ihre Blätter verlieren und sich die ganze Natur auf den Winter vorbereitet.

Vielleicht ist in Ihrem Leben gerade Sommer. Ihr Kalender ist übervoll und Sie werden müde. Denken Sie daran, dass diese Zeit irgendwann vorüber ist, und manchmal müssen Sie dem vielleicht nachhelfen. Leben Sie nicht das ganze Jahr über im Sommer der Geschäftigkeit. Gönnen Sie sich das Langsamerwerden des Herbstes; bereiten Sie sich auf eine Zeit der Ruhe vor.

Herr, schenke mir die Erkenntnis, wann es Zeit ist zu arbeiten – und wann es Zeit ist, mich auszuruhen.

23. September

Zeiten der Ruhe fest einplanen

„Kann jemand von euch allein dadurch, dass er sich Sorgen macht, sein Leben auch nur um ein paar Jahre verlängern? Ist nicht eher das Gegenteil der Fall?“ Matthäus 6,27 (WD)

Manchmal vergehen die Tage wie im Flug, und Sie sind abends oder am Wochenende völlig fertig. Aber Sie wissen nicht, wie Sie etwas an Ihrer Situation ändern können. Haben Sie schon einmal darüber nachgedacht, bewusst Zeiten der Ruhe einzuplanen?

Stellen Sie am Anfang der Woche einen Zeitplan auf, und notieren Sie alle Termine, die Sie unbedingt einhalten müssen. Stellen Sie sich dann die Frage, ob es Aufgaben gibt, bei denen andere Ihnen helfen oder die Sie verschieben können. Könnten Sie vielleicht eine Fahrgemeinschaft mit anderen Eltern aus der Nachbarschaft bilden? Könnten Sie sich das Kochen oder Putzen mit jemandem teilen? Könnten Sie die Zeit, die Sie für sich haben – im Berufsverkehr, vor dem Frühstück oder in Ihrer Mittagspause –, irgendwie besser nutzen?

Nachdem Sie nun eine Gliederung Ihrer Woche erstellt haben, können Sie sie vielleicht dadurch verbessern, dass Sie sich jeden

Tag eine Zeit für die Ruhe reservieren. Diese Oasen der Ruhe werden Ihnen aber nicht einfach so zufallen. Sie brauchen dazu Disziplin und Planung, aber es wird sich lohnen!

Du, Herr, bist ein Gott der Ordnung. Hilf mir, in dieser Woche Ordnung und Ruhe in mein Leben zu bringen.

24. September

Vom Umgang mit Stress

Sagt denen, die sich fürchten: „Fasst neuen Mut! Habt keine Angst mehr ..." Jesaja 35,4 (Hfa)

Wie oft hören Sie jemanden sagen: „Ich bin ja so gestresst"? Stress gehört heutzutage zum Leben irgendwie dazu. Gleichzeitig sind die verheerenden Auswirkungen, die er auf unseren Körper hat, beängstigend: Herzerkrankungen, Depressionen, Verdauungsprobleme, Autoimmunerkrankungen, Gedächtnisstörungen und nervöse Angewohnheiten sind allesamt Auswirkungen von Stress.

Wie können Sie den Stress in Ihrem Leben bekämpfen? Es wird einiger Anstrengungen bedürfen. Sie können versuchen, ihn mithilfe von Sport abzubauen. Treffen Sie sich mit einem Seelsorger. Entrümpeln Sie Ihren Kalender. Nehmen Sie sich Zeit fürs Gebet. Wenn Sie weniger um die Ohren haben, häufiger tief durchatmen können und weniger Lasten tragen, wird der Stress auch weniger Raum in Ihrem Leben einnehmen – Ruhe dafür umso mehr.

Doch vor allem gilt: Wenn Sie Hilfe brauchen, um mit dem Stress fertigzuwerden, wenden Sie sich an den Einen, der Sie mehr als alles liebt. Verbringen Sie Zeit mit Gott, und bitten Sie ihn, Sie von der inneren Anspannung zu befreien. Er kann und wird Ihnen helfen, mit dem Stress fertigzuwerden – und Ruhe zu finden.

Ich preise dich, mein König und mein Schöpfer, denn du weißt, was ich brauche – und du willst es mir geben.

25. September

Schließen Sie Frieden mit Ihrer Geschichte

Herr, du bist mein Gott! Ich lobe dich und preise deinen Namen, denn du vollbringst wunderbare Taten. Was du vor langer Zeit beschlossen hast, das hast du in großer Treue ausgeführt. Jesaja 25,1 (Hfa)

Gott schreibt mit jedem von uns eine Geschichte. Manche Geschichten sind dramatischer, andere eher unspektakulär. Vielleicht sind Sie in einem christlichen Zuhause mit liebenden

Eltern aufgewachsen, aber vielleicht wurden Ihre Eltern auch geschieden, und Sie haben noch heute mit Verlassenheitsgefühlen zu kämpfen. Vielleicht hatten Sie eine schwere Kindheit, haben mit Angstgefühlen zu kämpfen oder eine radikale Lebenswende erlebt, als Sie zu Jesus fanden.

Jede Geschichte ist anders, und jede Geschichte ist auf ihre Weise schön. Schämen Sie sich niemals für Ihre Geschichte. Sie sind ein geliebtes Kind Gottes, und der Herr der ganzen Schöpfung ist der Autor Ihrer Geschichte. Sie ist ein Zeugnis dafür, wie er in Ihrem Leben am Werk ist. Und jede einzelne Geschichte ist schlussendlich eine wunderschöne Geschichte der Erlösung.

Ihre Geschichte hat auch das Potenzial, das Leben anderer zu berühren – gleichgültig, ob sie nun dramatisch oder unspektakulär ist. Feiern Sie die Tatsache, dass Gott Ihre Geschichte weiterschreibt und sie zu einem echten Meisterwerk macht. Und weil Jesus den Tod besiegt hat, wissen Sie, dass sie glücklich ausgehen wird.

Danke, dass du meine Geschichte schreibst, Gott. Wenn ich mir bewusst mache, dass du den Stift in der Hand hältst, kann ich innerlich gelassen sein.

26. September

Kaufen oder nicht kaufen?

„Mein Geschenk soll ein Segen für dich sein, schlag es doch nicht aus! Denn Gott hat es gut mit mir gemeint, und so habe ich wirklich alles, was ich brauche!“ 1. Mose 33,11 (Hfa)

Es gibt eine Lüge, der wir oft auf den Leim gehen: Wenn wir mehr Dinge besitzen, werden wir auch glücklicher sein. Verstehen Sie mich nicht falsch: Shopping ist keine Sünde; sich ein neues Auto, ein Haus, einen Herd oder einen neuen Fernseher zu kaufen ist nicht falsch. Aber wenn Sie glauben, dass Sie sich mit dem neuen Gegenstand auch gleichzeitig Glück und Zufriedenheit kaufen, dann fallen Sie auf eine Lüge herein.

Nichts in dieser Welt kann Sie auf Dauer vollkommen zufriedenstellen. Selbst wenn Sie ein Ferienhaus in der Toskana besitzen, eine Kreuzfahrt in der Karibik machen, einen Porsche fahren und sich jedes Jahr eine neue Garderobe kaufen – wenn Jesus nicht Teil Ihres Lebens ist, werden Sie niemals vollkommen zufrieden sein. Nur Jesus kann die Leere in Ihrem Herzen wirklich dauerhaft füllen. Nur er schenkt wahre Zufriedenheit und Freude. Wenn Sie also darüber nachdenken, ob Sie etwas kaufen oder lieber nicht kaufen sollen, erinnern Sie sich daran, dass Sie wahre Zufriedenheit nicht kaufen können. Nur Jesus Christus kann sie Ihnen schenken. Nur er kann Sie wirklich glücklich und zufrieden machen.

Du bist alles, was ich brauche, Jesus. Verändere mich, bis du alles bist, was ich will.

27. September

Gottes Vorbild

Weil ihr Gottes Kinder seid, gehorcht ihm und lebt nicht mehr wie früher, als ihr euch von euren Leidenschaften beherrschen ließt und Gott noch nicht kanntet. 1. Petrus 1,14 (Hfa)

Paulus riet den Gläubigen in Rom: „Passt euch nicht den Maßstäben dieser Welt an, sondern lasst euch von Gott verändern, damit euer ganzes Denken neu ausgerichtet wird. Nur dann könnt ihr beurteilen, was Gottes Wille ist, was gut und vollkommen ist und was ihm gefällt" (Römer 12,2; Hfa). Einer dieser irdischen Maßstäbe ist die Geschäftigkeit. Das Wort „beschäftigt" kommt öfter aus unserem Mund, als uns bewusst ist, und manche von uns können sich gar nicht mehr vorstellen, wie es ist, ein Leben zu führen, in dem sie nicht ständig mit irgendetwas beschäftigt sind.

Wenn Petrus uns also rät, uns „nicht den Maßstäben dieser Welt" anzupassen, geschieht das zu unserem Vorteil. Gott will, dass wir stattdessen seinem Vorbild folgen. Und wenn Sie ans Alte Testament zurückdenken, ist eines der Beispiele, die er uns gab – und uns nachzuahmen gebot –, das wöchentliche Ritual der Ruhe.

Richten Sie sich nach irdischen Maßstäben – sind Sie ständig mit irgendetwas beschäftigt? – oder nach Gottes Maßstab – ruhen Sie sich regelmäßig aus? Nehmen Sie sich die Worte dieses Verses aus dem Römerbrief zu Herzen, und lesen Sie ihn sich in dieser Woche auf Ihrer Suche nach Ruhe immer wieder durch.

Vater, ich liebe es, wenn dein Wort in mein Leben hineinspricht und mich durch meinen Alltag führt.

28. September
Alles ist Gnade

... denn alle haben gesündigt, und in ihrem Leben kommt Gottes Herrlichkeit nicht mehr zum Ausdruck, und dass sie für gerecht erklärt werden, beruht auf seiner Gnade. Es ist sein freies Geschenk aufgrund der Erlösung durch Jesus Christus.

Römer 3,23–24 (NGÜ)

In Epheser 2,8 (WD) steht: „Wir sind aus reiner Gnade erlöst worden. Das Einzige, was wir Gott entgegenbringen mussten, war unser Vertrauen." Machen Sie es sich wirklich bewusst: Sie werden nicht wegen irgendetwas gerettet, das Sie tun. Gott zählt nicht, wie oft Sie etwas Gutes tun, und wartet nur darauf, dass Sie die magische Anzahl erreichen, die für die Erlösung ausreicht.

Er will nicht, dass Sie sich selbst erlösen; die Erlösung ist sein Geschenk.

Sie sind aus Gnade erlöst, und Sie verdanken es auch nur seiner Gnade, dass Sie mit Ihrer Danksagung, Traurigkeit und allen Ihren Zweifeln zu ihm kommen können. Nur weil Gott Ihnen mit Gnade begegnet, haben Sie ewiges Leben. Es hat nichts mit dem zu tun, was Sie tun, sondern alles mit dem, was Jesus Christus tat.

Ist das nicht ein lebensveränderndes Geschenk? Wir können innerlich zur Ruhe kommen, weil Jesus uns errettet hat. Wir müssen uns Gottes Liebe nicht verdienen; sie gilt uns schon. Loben Sie Gott, denn er hat so viel Gutes für Sie getan!

Wenn ich mir bewusst mache, wie viel Gnade du mir schenkst, macht mich das demütig. Danke, Herr, danke!

29. September
Die Frucht des Geistes

Die Frucht hingegen, die der Geist Gottes hervorbringt, besteht in Liebe, Freude, Frieden, Geduld, Freundlichkeit, Güte, Treue, Rücksichtnahme und Selbstbeherrschung.

Galater 5,22–23 (NGÜ)

Können Sie die einzelnen Aspekte der „Frucht des Geistes“ auswendig aufsagen? Vielleicht kennen Sie sie ja – Liebe, Freude, Friede, Geduld, Freundlichkeit, Güte, Treue, Rücksichtnahme und Selbstbeherrschung –, aber können Sie sie auch noch dann leben, wenn Sie völlig erschöpft und müde sind? Nehmen Sie auch dann noch Rücksicht auf andere, und haben Sie sich auch dann noch im Griff, wenn Sie nur vier Stunden Schlaf bekommen? Können Sie geduldig sein, wenn Sie nach zwölf Stunden Arbeit nach Hause kommen und Ihre Kinder streiten? Die Frucht des Geistes zu kennen ist leicht; sie zu leben, ist es nicht.

Wenn Sie überfordert und überarbeitet sind und sich keine Zeit nehmen, um still in Gottes Gegenwart zu sitzen, treten andere Eigenschaften in den Vordergrund – Ungeduld, Zorn, Eifersucht und Selbstsucht. Aber wenn Ihr Körper und Ihr Geist ausgeruht sind und wenn Sie in die Worte Gottes eintauchen, kommt die Frucht des Geistes sehr viel leichter in Ihrem Leben zum Vorschein.

Lesen Sie sich in ein paar ruhigen Momenten die Frucht des Geistes durch, und bitten Sie Gott, Ihnen dabei zu helfen, diese Eigenschaften in Ihrem Leben hervorzubringen.

Fülle mich mit deinem Heiligen Geist, Herr, damit ich für dich mehr Frucht bringen kann.

30. September

Stehlen, töten und zerstören

„Und der Menschensohn ist gekommen, um zu suchen und zu retten, was verloren ist.“ Lukas 19,10 (NGÜ)

In der Bibel wird Satan als jemand beschrieben, der kommt, um zu stehlen, zu töten und zu zerstören (Johannes 10,10). Wenn Sie Freude haben, will er sie durch Traurigkeit ersetzen. Wenn Sie Gott loben, will er, dass Sie ihn verfluchen. Wenn Sie Zeit für Stille und Frieden haben, will er, dass Sie Ihr Leben mit Lärm und Geschäftigkeit füllen. Satan wird nicht eher ruhen, bis er Sie zu Fall gebracht hat – und er hält sich dabei nicht zurück.

Behalten Sie das im Hinterkopf, wenn Sie mit Gott sprechen. Ja, Sie verbringen Zeit mit ihm, um ihn besser kennenzulernen und Ihre Beziehung zu ihm zu vertiefen. Aber diese Zeit ist auch lebenswichtig, wenn Sie den Feind bekämpfen. Wenn Sie sich täglich an Gottes Wahrheiten erinnern, wird es Ihnen leichter fallen, den Wolf im Schafspelz zu erkennen.

Achten Sie auf Ihre Gedanken, darauf, dass Sie wirklich auf Gott ausgerichtet sind und auf das, was ihm Freude bereitet. Kommen Sie heute in der Gegenwart Gottes zur Ruhe, und lassen Sie sich von ihm Trost und neue Kraft schenken. Erinnern Sie sich daran, dass er auf diese Welt kam, um Verlorene zu finden und ihr Leben heil zu machen.

Beschütze mich vor dem Bösen, Vater, wenn ich heute zur Ruhe komme und mir von dir neue Kraft schenken lasse.

Oktober

Darum rufe ich: Ach hätte ich doch Flügel wie eine Taube! Ich würde davonfliegen und mich in Sicherheit bringen.

Psalm 55,7 (NGÜ)

1. Oktober

Herbstruhe

Von der herrlichen Pracht deiner Majestät will ich sprechen, und über deine Wunder will ich nachsinnen.

Psalm 145,5 (NGÜ)

Der Herbst ist eine einzigartige Jahreszeit. Mit seinen fallenden Temperaturen kommen eine Flut von Kürbissen, kürzeren Tagen, goldenen Blättern und eine leise Vorahnung auf den Winter. Kindern springen in Berge von Laub, und wir holen die Schals aus dem Schrank. Die Ankunft des Herbstes bedeutet, dass die Herbstferien schon wieder vor der Tür stehen und es Zeit ist, die kurzen Hosen und Kleider einzumotten und die Pullis hervorzukramen.

Der Herbst ist einfach eine wunderschöne Jahreszeit. Ihr Zuhause wird gemütlicher und Sie verbringen mehr Zeit drinnen. Wie wäre es, wenn Sie dann dafür sorgen, dass Sie dort auch etwas Herbstruhe genießen können? Kochen Sie sich eine Kanne Tee und verbringen Sie etwas Zeit vor dem ersten Kaminfeuer. Kuscheln Sie sich mit einem Buch in eine Decke. Oder unternehmen Sie einen Spaziergang in der frischen Herbstluft, und genießen Sie diese Zeit, denn Sie wissen, dass es bald Eis und Schnee geben wird.

Erklären Sie Ihre Herbstabende zu Zeiten der Ruhe – denn Sie wollen die Schönheit dieser Jahreszeit sicher nicht verpassen.

Herr, auch in der Vielfalt der Herbstfarben sehe ich deine Wunder. Lass mich in deiner sich immer wieder wandelnden Schöpfung zur Ruhe kommen.

2. Oktober

Die Zeit vergeht wie im Flug

„Was für ein Gott! Sein Handeln ist vollkommen, und was er sagt, ist durch und durch wahr. Er beschützt alle, die zu ihm flüchten. … Gott allein ist meine Burg, in der ich Zuflucht finde. Er ebnet mir meinen Weg."

2. Samuel 22,31.33 (Hfa)

Ist wirklich schon wieder Oktober? Sie sind nicht die Einzige, die den Eindruck hat, dass die Wochen und Monate wie im Fluge vergehen. Wenn auch manche Tage anscheinend langsam vergehen, geht doch im Großen und Ganzen alles schnell vorbei. Die Zeit hält nicht an, nicht einmal eine Sekunde lang. Und mit jedem Geburtstag, den Sie feiern, scheinen Ihnen die Jahre noch schneller zu entgleiten.

Doch gleichgültig, wie schnell die Zeit vergeht: Gott hat auch sie unter Kontrolle. Selbst wenn die Wochen und Monate nur so vorüberzufliegen scheinen, hat er doch jede Sekunde davon im Blick. Er weiß sogar, wie viele Haare Ihnen gestern vom Kopf gefallen sind. Nichts kann ihn überraschen, und seine liebevollen Absichten gelten auch weiterhin für Ihr Leben – selbst wenn Sie den Eindruck haben, dass Sie nicht einmal genug Zeit hatten, um Atem zu holen. Nein, die Zeit hält nicht an, aber Sie können trotzdem ganz ruhig sein, denn Gott hat auch sie unter Kontrolle.

Herr, ich bin innerlich ganz ruhig, denn ich weiß, dass du immer die Kontrolle hast und sie auch nie verlieren wirst.

3. Oktober
Das Geschenk der Ruhe

Dank sei Gott für dieses unbeschreibliche Geschenk!

2. Korinther 9,15 (WD)

Manchmal erhalten Sie einen Anruf, eine E-Mail oder eine Textnachricht, in der jemand einen Termin absagt. Jemand macht Ihnen gewissermaßen ein Geschenk: Unerwartet tut sich in Ihrem Terminkalender eine Lücke auf, und Ihr Tag sieht ein bisschen weniger hektisch aus. Was werden Sie mit dieser freien Zeit anfangen?

Widerstehen Sie zunächst einmal dem Drang, diese Lücke mit etwas anderem zu füllen. Greifen Sie nicht gleich zum Telefon oder Laptop, sondern legen Sie erst einmal eine Pause ein. Fragen Sie sich: Könnte ich diese unerwartete freie Zeit vielleicht nutzen, um aufzutanken und mich auszuruhen? Könnte diese Absage ein Geschenk sein?

Wenn sich etwas Freiraum auftut, reagieren wir oft wie Supermarktbetreiber: Wir versuchen, den Freiraum so schnell wie möglich wieder zu füllen. Wie wäre es, wenn Sie stattdessen versuchen würden, dieses Thema etwas weniger „nutzenorientiert" anzugehen? Lassen Sie diese Lücke einfach offen.

Versuchen Sie nicht, noch ein paar Aufgaben von Ihrer To-do-Liste abzuhaken, eine Besprechung anzusetzen oder sich ehrenamtlich zu engagieren. Halten Sie inne, und machen Sie Ihren Kopf frei. Richten Sie Ihre Gedanken neu aus.

Oder mit anderen Worten: Wenn Sie das Geschenk unerwarteter freier Zeit erhalten, dann nutzen Sie diesen Freiraum doch einfach einmal dazu, sich auszuruhen.

Herr, erinnere mich daran, dass ich mich lieber ausruhen und nicht noch mehr Aufgaben erledigen sollte, wenn sich in meinem Kalender unerwartet eine Lücke auftut.

4. Oktober

Keine Angst vor der Zukunft

Auf dich, Herr, werden alle vertrauen, die dich und deinen Namen kennen, denn wer deine Nähe sucht, den lässt du nie allein. Psalm 9,11 (NGÜ)

Liegt Ihre Zukunft noch im Ungewissen? Sind Sie unsicher, welche Richtung Ihr Leben nehmen wird – oder vielleicht sogar nehmen *sollte?* Wir alle schlagen uns von Zeit zu Zeit damit herum. Aber lassen Sie sich trösten: Gott ist ein Experte darin, uns unsere Zukunft immer mehr zu enthüllen. Vielleicht macht er das nur schrittweise, vielleicht haben Sie auch eine große „Offenbarung". Egal, wie das bei Ihnen ist: Sie können seinen Absichten für Ihr Leben vertrauen.

Bitten Sie Gott, Ihnen die Richtung zu weisen, wenn Sie einmal nicht wissen, in welche Richtung Sie gehen sollten. Er hat versprochen, dass er die nie im Stich lässt, die nach ihm fragen. Er wird Sie niemals in die Irre führen und dann alleinlassen. Machen Sie sich also bewusst, dass er Sie wirklich führen will, und vertrauen Sie ihm Tag für Tag, Schritt für Schritt.

Wenn Sie ihm Ihr Leben anvertraut haben, wird Gott immer an Ihrer Seite sein. Er wird Sie nicht verlassen, und er wird niemals aus dem Blick verlieren, was Sie brauchen. Bitten Sie ihn um seine Führung, und er wird Ihnen Ihren Weg Schritt für Schritt zeigen.

Wenn meine Zukunft im Ungewissen liegt, will ich darauf vertrauen, dass du trotzdem die Kontrolle hast und mich führen willst, Herr.

5. Oktober

Dankbar leben

… singt und jubelt aus tiefstem Herzen zur Ehre des Herrn und dankt Gott, dem Vater, immer und für alles im Namen von Jesus Christus, unserem Herrn. Epheser 5,19–20 (NGÜ)

In der Zeit um das Erntedankfest macht man sich oft besonders bewusst, wofür man dankbar ist. Aber eigentlich sollten wir nicht nur an diesem Tag dankbar sein, sondern an jedem. Was wäre, wenn Sie sich an jedem Tag ein paar Dinge notieren würden, für die Sie dankbar sind?

Achten Sie in dieser Woche einmal bewusst auf all die Segensgeschenke in Ihrem Leben. Danken Sie ihm morgens für die Gaben vom Vortag. Und danken Sie ihm abends für die Zeichen seiner Liebe, die er Ihnen morgen schenken wird. Gott erfüllt unser Leben mit so vielen guten Gaben – dem Lachen von Kindern, einem leckeren Essen und dem fröhlichen Zwitschern der Vögel an einem trüben Tag. Seine Segensgeschenke sind überall; Sie müssen nur bewusst darauf achten.

Dankbarkeit zu entwickeln ist ein wichtiger Schritt, wenn Sie ein zufriedenes, gelassenes Leben führen wollen. Wie sähe Ihr Leben wohl aus, wenn Sie jeden Tag mit einer dankbaren Haltung lebten, und zwar das ganze Jahr hindurch?

Vater, öffne mir die Augen, damit ich deine Segensgeschenke sehe, und öffne mein Herz, dass ich dich dafür preise.

6. Oktober

Das halb leere Glas

Nein, ich habe gelernt, in allen Lebenslagen mit sehr wenig auszukommen. Mittlerweile habe ich beides zur Genüge kennengelernt: nichts in der Tasche zu haben und im Überfluss zu leben, zu hungern und satt zu sein. Alles halte ich aus durch den, der mir Kraft schenkt.

Philipper 4,12–13 (WD)

Was für ein Typ Mensch sind Sie: der „Das Glas ist halb leer"- oder der „Das Glas ist halb voll"-Typ? Ihre Antwort kann entscheidend sein, wenn es darum geht, eine Haltung der Zufriedenheit zu kultivieren.

Wir Menschen neigen von Natur aus dazu, uns mehr von all den guten Dingen zu wünschen. Wir denken, dass wir endlich glücklich und zufrieden wären, wenn wir nur ____________ hätten. Obwohl wir theoretisch wissen, dass mehr Besitz nicht gleichzeitig auch bedeutet, dass wir glücklich sind, fällt es uns schwer, das auch wirklich zu begreifen.

Wenn Sie unzufrieden sind – könnte das vielleicht daran liegen, dass Sie Ihren Blick nur auf das richten, was Sie nicht haben? Ist das Glas in Ihren Augen halb leer? Warum entscheiden Sie sich nicht bewusst dafür, so zu leben, als sei Ihr Lebensglas halb voll? Ein „halb leeres Leben" laugt Sie aus. Es sorgt dafür, dass Sie sich auf die Enttäuschungen konzentrieren, und es beraubt Sie Ihrer Zufriedenheit und Gelassenheit.

Nehmen Sie Ihr Leben doch einmal unter die Lupe: Gott hat Sie reich gesegnet, selbst in schweren Zeiten. Werden Sie sich bewusst, wie voll Ihr Becher ist. Kommen Sie innerlich zur Ruhe, indem Sie sich vor Augen halten, wie überreich Gott Sie versorgt – und freuen Sie sich, wenn er Ihren Becher bis zum Überfließen füllt.

Herr, erneuere mich von innen heraus, und gib mir die Kraft, dir treu zu sein.

7. Oktober

Eine andere Art von Ruhe

Der Herr hielt sein Wort und sorgte dafür, dass sie in Ruhe und Frieden leben konnten.

Josua 21,44 (Hfa)

Wenn sie das Wort „Ruhe" hören oder lesen, denken wahrscheinlich die meisten an Schlaf. Aber Ruhe ist nicht nur etwas Körperliches, es ist auch ein Seinszustand.

Denken Sie an die vergangene Woche: War sie von Ruhe gekennzeichnet? Vielleicht haben Sie ja jede Nacht acht Stunden geschlafen, aber der Arbeitsstress sorgte dafür, dass Ihr Herz ständig raste und Ihre Schultern völlig verspannt sind. Oder vielleicht haben Sie sich zwar einerseits freigenommen, andererseits waren diese freien Tage aber mit irgendwelchen Verpflichtungen angefüllt. Nein, so sieht Ruhe nicht aus.

Ruhe ist mehr als schlafen und mehr als einfach nur nicht arbeiten. Wahre Ruhe bedeutet, dass Sie mit dem zufrieden sind, was Sie als Kind Gottes sind und haben. Es bedeutet, dass Sie ihm die Kontrolle über Ihr Leben anvertrauen. Ruhe bedeutet, dass Sie nicht nur Ihrem Körper Ruhe gönnen, sondern es auch Ihrer Seele ermöglichen, sich auszuruhen.

Versuchen Sie doch heute einmal, innerlich zur Ruhe zu kommen – selbst inmitten der Geschäftigkeit und der unzähligen Verpflichtungen. Geben Sie Ihre Sorgen an Gott ab, und lassen Sie sich von ihm tiefe Zufriedenheit schenken.

Herr, zeige mir, wie ich in den unterschiedlichen Bereichen meines Lebens zur Ruhe kommen kann – körperlich, geistig und geistlich.

8. Oktober

Wenn Sie schwach sind

Darum machen mir letztlich meine eigene Schwachheit, die Misshandlungen, die vielen Notlagen, die Verfolgung und das Erleiden von Gewalt nichts aus, weil ich das alles für Christus ertragen darf. Denn wenn ich schwach bin, dann bin ich stark – durch ihn, der mir die Kraft schenkt!

2. Korinther 12,10 (WD)

Niemand ist gern schwach oder verwundbar – insbesondere in unserer Gesellschaft, wo alle auf ihre Selbstständigkeit und Unabhängigkeit stolz sind.

Aber denken Sie einmal darüber nach: Gottes Kraft kann sich gerade dann zeigen, wenn Sie schwach sind. Das sagt Gott in seinem Wort selbst. Auch der Apostel Paulus war stolz auf seine Schwäche, denn gerade wegen seiner Schwachheit konnte er sich auf die Kraft seines Herrn verlassen. Paulus stellte dann seine eigenen Pläne und Wünsche zurück, und stattdessen konnte Gott machtvoll in seinem Leben wirken.

Wie sieht das aus, wenn man die eigenen Schwächen bewusst annimmt? Es bedeutet nicht, dass man andere über sich verfügen lässt oder faul ist. Es bedeutet, dass man sich völlig auf die Kraft Gottes verlässt und nicht auf die eigene. Man gibt jedes Problem und jede Herausforderung an Gott ab, und weil er stark ist, wird er sich darum kümmern.

Wenn Sie schwach sind, sind Sie also in Wirklichkeit stark,

denn gerade dann sind Sie besonders offen für Gottes Kraft. Versuchen Sie nicht länger, alles allein zu bewältigen, sondern vertrauen Sie darauf, dass Gott schon damit klarkommen wird.

Jesus, ich will immer mehr in den Hintergrund treten, damit du für mein Leben immer wichtiger werden kannst.

9. Oktober
Gelegenheiten zur Ruhe

Führe mich und lehre mich, nach deiner Wahrheit zu leben, denn du bist der Gott, der mich rettet. Auf dich hoffe ich zu jeder Zeit. Psalm 25,5 (NL)

Legen Sie doch einmal eine kurze Pause ein. Spüren Sie, wie sich Ihre Lungen mit Sauerstoff füllen, wenn Sie tief einatmen. Lassen Sie Ihre Schultern kreisen. Genießen Sie die Stille. Merken Sie, wie Sie sich entspannen? Vielleicht werden sich Ihnen heute nicht viele solcher Momente bieten – Momente, um still dazusitzen und nachzudenken, ohne sich schuldig zu fühlen. Genießen Sie sie.

Auch wenn es heute nicht viele dieser Augenblicke gibt, wird es sie geben: während Sie vor der Schule im Auto warten, um Ihr Kind abzuholen; während Sie auf dem Bahnhof auf Ihren Zug warten oder in Ihrer Werkstatt darauf, dass die Reifen gewechselt werden … Ergreifen Sie diese flüchtigen Momente, die manchmal so klein sind, dass Sie sie gar nicht bemerken. Gönnen Sie sich ein paar Minuten Ruhe.

Atmen Sie ein und aus. Danken Sie Gott für seine Gegenwart. Bitten Sie ihn um seine Hilfe. Richten Sie Ihren Blick bewusst auf ihn, und bitten Sie ihn um Führung. Erlauben Sie Ihrem Herz und Ihrem Geist, sich auf ihn zu konzentrieren. Und ergreifen Sie diese Gelegenheiten zur Ruhe.

Vater, hilf mir, den ganzen Tag über kleine Oasen der Ruhe zu finden.

10. Oktober

Freude, die nur Gott schenken kann

Du bist meine Hoffnung, Herr, dir habe ich von Jugend auf vertraut. Psalm 71,5 (GN)

Wir glauben, durch viele Dinge Freude und Erfüllung zu finden: ein neues Haus, unsere Karriere, eine Beziehung, ein Kind oder ein Hobby. Während diese Dinge uns durchaus Freude bereiten können, so können sie uns doch nicht die tiefe, immerwährende Freude und Zufriedenheit schenken, nach der wir uns sehnen. Wollen Sie mehr? Spüren Sie eine Sehnsucht in sich, die Sie nicht recht stillen können? Das ist Ihr Verlangen nach Gott.

Selbst wenn Sie die schönste Kleidung, das höchste Gehalt, die liebevollste Familie oder den größten Freundeskreis haben: Wenn Sie nicht auch mit der tiefen Zufriedenheit erfüllt sind, die nur Gott schenken kann, werden Sie sich leer fühlen. Sie werden nicht glücklich oder zufrieden sein. Kommt Ihnen das bekannt vor?

Bitten Sie Gott, Sie mit der Freude zu erfüllen, die nur er schenken kann. Machen Sie es zur Priorität, Zeit mit ihm zu verbringen, und bleiben Sie den ganzen Tag über mit ihm im Gespräch. Wir alle haben ein Verlangen in uns, das nur durch Gott gestillt werden kann, und er wartet darauf, es zu stillen. Er wartet darauf, Ihnen Freude zu schenken – und Ruhe.

Herr, fülle dieses Loch in meinem Leben mit deiner Gegenwart und deiner Freude.

11. Oktober

Der perfekte Zeitpunkt

Der Herr ist mein Fels, meine Festung und mein Befreier. Mein Gott ist meine Zuflucht, mein Schild und mein starker Retter, meine Burg in sicherer Höhe. Psalm 18,3 (NGÜ)

Gott beantwortet unsere Gebete nicht immer dann, wann wir es gern hätten. Ja, manchmal werden unsere Gebete unverzüglich beantwortet, aber oft lässt die Antwort viel länger auf sich warten, als uns lieb ist. Und manchmal fällt die Antwort auch nicht so aus, wie wir uns das erhofft hatten.

Gottes Zeitplan ist wichtiger als unsere Erwartungen. Wir verstehen vielleicht nicht, wann und wie er unsere Gebete beantwortet, aber das liegt daran, dass er den größeren Zusammenhang sieht. Wir können nur in diesem gegenwärtigen Moment leben, aber Gott ist allgegenwärtig. Er sieht, wie die vielen Teile unseres Lebens zusammenpassen, und er fügt alle diese Dinge zu unserem Besten zusammen.

Lernen Sie, sich auf Gottes Zeitplan zu verlassen. Machen Sie sich bewusst, dass es vielleicht nicht so wird, wie Sie es möchten, und vielleicht müssen Sie Ihre eigenen Wünsche ablegen, aber was Gott tut, wird immer zu Ihrem Besten sein. Er ist vertrauenswürdig. Wenn Sie sich darauf verlassen, dass er zum perfekten Zeitpunkt seine perfekte Antwort senden wird, werden Sie auch innerlich viel ruhiger sein.

Vater, hilf mir, darauf zu vertrauen, dass du meine Gebete zum perfekten Zeitpunkt so beantwortest, wie es am besten für mich ist.

12. Oktober

Gott ist treu

Herr, allmächtiger Gott, wer ist wie du? Stark bist du, Herr! Du bist die Treue in Person. Psalm 89,9 (NGÜ)

Wenn die Nächte kühler werden und die Blätter sich verfärben, wird deutlich, dass der Herbst da ist. Und mit dem Herbst werden die Tage dunkler und die Abende länger, und wir nehmen uns oft Zeit zum Nachdenken – wir schauen auf das bisherige Jahr zurück, denken darüber nach, wie schnell die Zeit vergeht … Wie wäre es, wenn Sie auch einmal über all das nachdenken, wofür Sie dankbar sein können – selbst wenn das Jahr bisher schwierig war? In manchen Jahren erleben wir viel Freude und Glück und Segensgeschenke, während in anderen Trauer und Verlust, Zorn und Verwirrung überwiegen. Aber ganz gleich, ob es ein tolles oder ein anstrengendes, nervenaufreibendes Jahr war, eines gilt immer: Gott ist treu.

In dem Lied „Bleibend ist deine Treu" geht es genau um diese Tatsache: „Bleibend ist deine Treu, o Gott, mein Vater, du kennst nicht Schatten, noch wechselt dein Licht. Du bist derselbe, der du warst vor Zeiten, an deiner Gnade es niemals gebricht."[1] Gott verändert sich nicht. Es ändert sich nichts an seinem Mitgefühl und seiner Gnade. Er bleibt immer und ewig derselbe. Ist das

---

[1] Text: Wolfgang Zorn (1987), Melodie: William M. Runyan (1923)

nicht eine großartige Botschaft? Sie können also ganz ruhig werden – er wird Sie nie verlassen!

Herr, ich will stets von deiner Treue singen, selbst wenn ich schwierige Zeiten erlebe.

13. Oktober

Gehen Sie mit offenen Augen durch die Welt

Singt und musiziert zu seiner Ehre,
macht alle seine Wunder bekannt! 1. Chronik 16,9 (Hfa)

Wenn Sie schon einmal mit einem kleinen Kind spazieren waren, wissen Sie, dass Sie dabei wahrscheinlich mehr stehen als gehen. Es wird jeden Käfer, jeden Riss im Gehweg, jedes herabgefallene Blatt und jede knospende Blume betrachten wollen. Es wird sich hinknien, um eine Ameisenkolonie zu beäugen, zum Himmel schauen, um das Flugzeug zu betrachten, das über ihm hinwegzieht. Kinder gehen mit offenen Augen durch die Welt.

Aber wenn wir heranwachsen, ändert sich etwas. Bunte Blätter und Insekten interessieren uns nicht länger, stattdessen wenden wir unsere Aufmerksamkeit Handys und Computermonitoren zu. Das Staunen über Wunder wird durch Sorge und Stress ersetzt. Wir nehmen uns nicht länger Zeit, sondern hetzen, eilen, hasten durch die Welt. Wir halten nicht länger inne, um die Schönheit um uns herum zu betrachten.

Gehen Sie den heutigen Tag einmal langsamer an. Schlendern Sie mit offenen Augen durch Ihren Alltag. Lauschen Sie doch einmal dem Lachen Ihres Partners, oder schauen Sie zu, wie Ihr Hund es sich im Sonnenlicht gemütlich macht. Atmen Sie den Duft frischen Brotes ein, wenn Sie an einer Bäckerei vorbeigehen. Genießen Sie Ihre Tasse Kaffee. Wenn Sie mit offenen Augen durch die Welt gehen, öffnen Sie damit auch die Tür zu mehr Wundern – und Sie werden sich eine entspannende, kindliche Haltung bewahren.

Jesus, ich will das Staunen über deine Schöpfung und mein Leben wiederentdecken. Hilf mir bitte dabei!

14. Oktober
H – E – L – P

Die Weisheit, die Gott schenkt, verändert das Leben eines Menschen: Es wird vor allem aufrichtig sein, lauter, friedliebend, freundlich, gehorsam, voll von Barmherzigkeit, vorurteilsfrei und ohne jede Heuchelei. Jakobus 3,17 (WD)

Help – das englische Wort für „Hilfe“. Es ist zwar nur ein kurzes Wort, aber vielen fällt es dennoch schwer, es auszusprechen. Doch wenn man um Hilfe bittet, ist das kein Zeichen für Hilflosigkeit. Stattdessen geht es um Ehrlichkeit (engl. honesty), darum, andere einzubeziehen (engl. enlist), es geht um die Liebe Gottes (engl. love) und das Gebet (engl. prayer).

Ehrlichkeit bedeutet anzuerkennen, dass Sie auch nur ein Mensch sind und nicht alles schaffen können. Sie haben nicht unendlich viel Zeit, Energie, geistige Kapazitäten oder Ressourcen. Deshalb müssen Sie manchmal *andere einbeziehen*, das heißt, aktiv um Hilfe bitten. Das ist nichts, wofür Sie sich schämen müssten; es ist ein wichtiger Schritt, wenn Sie ein entspannteres Leben führen wollen. Und Sie erlauben es dadurch gewissermaßen auch anderen, ebenfalls einzugestehen, dass sie Hilfe brauchen.

Sie können aber auch Ihr Vertrauen auf Gott „in die Tat" umsetzen und ihn bewusst um Hilfe bitten. Weil er Sie liebt, wird er Sie nie im Stich lassen! Und wie können Sie um Gottes Hilfe bitten? Durch *Gebet*. Erzählen Sie ihm von allen Ihren Sorgen und Kämpfen.

Um HELP auf den Punkt zu bringen: Vertiefen Sie Ihre Beziehung zu Gott, bitten Sie um Hilfe – und spüren Sie, wie Sie innerlich zur Ruhe kommen.

Herr, schenke mir die Demut, Ehrlichkeit und den Mut, um Hilfe zu bitten.

15. Oktober
Gott will Ihnen Ruhe schenken

„Kommt her zu mir, die ihr euch mit so vielem abmüht und oft bedrückt seid. Bei mir werdet ihr Ruhe finden."

Matthäus 11,28 (WD)

Als Jesus die Müden und Erschöpften dazu aufruft, zu ihm zu kommen, sind das nicht nur leere Worte. Er sagt es nicht, weil er nett sein oder mehr Anhänger um sich scharen will. Jesus sagt, dass er den Menschen Ruhe schenken wird, weil er genau das auch wirklich tun will – und er hält immer sein Wort.

Wenn Sie davor zurückscheuen, Gott um Ruhe zu bitten, weil Sie denken, Sie wären für ihn eine Last oder ihm lästig, dann nur Mut: Das Gegenteil ist nämlich der Fall. Er wartet schon darauf, dass Sie zu ihm kommen. Er *möchte*, dass Sie ihn um Ruhe bitten. Er sehnt sich nach all denen, die müde und erschöpft sind, denn er will ihnen Ruhe schenken, und das im Überfluss.

Ist das nicht ermutigend? Jesus verspricht uns, dass wir bei ihm wirklich Ruhe finden werden. Das ist eine Verheißung, eine Absichtserklärung. Gehen Sie zu ihm!

Jesus, ich will heute bewusst mit allen meinen Sorgen und Problemen zu dir kommen. Bitte zeige mir, wie man wirklich Ruhe findet.

16. Oktober

Vertrauen Sie seiner Führung

Begreift ihr denn nicht? Oder habt ihr es nie gehört? Der Herr ist der ewige Gott. Er ist der Schöpfer der Erde – auch die entferntesten Länder hat er gemacht. Er wird weder müde noch kraftlos. Seine Weisheit ist unendlich tief.

Jesaja 40,28 (Hfa)

Mit geschlossenen Augen oder im Stockdunkeln herumzulaufen, ist beängstigend, insbesondere wenn man sich an einem unbekannten Ort befindet. Sie wissen nicht, wo sich die Unebenheiten und die Hindernisse befinden und ob der Weg nach dem nächsten Schritt eine Kurve macht oder erst nach einem Kilometer. Ihre Schritte sind zaghaft, voller Angst und Verunsicherung.

Weil Sie die Zukunft nicht kennen, kommt Ihnen das Leben oft ähnlich vor. Sie wissen nicht, wann die stürmischen Zeiten oder die friedlichen Tage vorüber sein werden. Aber denken Sie daran: Der ultimative Wegbegleiter ist direkt an Ihrer Seite. Er kennt den Pfad, er weiß genau, wie viele Schritte es bis zur nächsten Abzweigung sind, und er weiß ebenfalls ganz genau, wie man aus der Wildnis herauskommt. Wenn Sie seiner Führung vertrauen, können Sie zuversichtlich voranschreiten, selbst wenn Sie den Weg nicht sehen können.

Haben Sie diesen Wegbegleiter schon einmal darum gebeten, Ihnen den Weg zu zeigen? Wenn ja, wissen Sie, wie gelassen man ist, wenn man seiner Führung folgt. Folgen Sie ihm in seinen

Spuren nach, und weichen Sie nicht von seinem Pfad ab – er kennt den Weg.

Jesus, du bist mein Wegbegleiter und mein Tröster. Ich will jederzeit deiner Leitung folgen.

17. Oktober
Der heutige Tag

Die Menschen waren fassungslos vor Staunen. Schließlich konnten sie nur noch Gott loben und preisen. Von Ehrfurcht ergriffen, sagten sie zueinander: „So etwas wie das hier haben wir noch nie erlebt!" Lukas 5,26 (WD)

Wie oft denken Sie an das, was Sie morgen, in einer Woche, einem Monat oder nächstes Jahr erwartet? Wie oft haben Sie schon gedacht: *Ich kann gar nicht erwarten, dass endlich ________ ist*? Wünschen Sie sich vielleicht jetzt gerade, dass der heutige Tag endlich vorbei ist, damit Sie sich wieder mit den wirklich wichtigen Dingen beschäftigen können? Das geht uns allen von Zeit zu Zeit so. Doch machen Sie sich einmal bewusst: Der heutige Tag ist Gottes Geschenk an Sie. Öffnen Sie es und freuen Sie sich darüber.

In genau diesem Moment schenkt Gott Ihnen die Luft zum Atmen. Er sorgt dafür, dass Ihr Herz weiterschlägt. Er hat ebenfalls dafür gesorgt, dass Sie heute Morgen wieder aufgewacht sind, und er schenkt Ihnen den ganzen Tag Zeichen seiner Liebe – durch die Freundlichkeit einer Fremden, die bunten Herbstblätter, das kräftige Orange der Kürbisse auf dem Markt.

Richten Sie Ihren Blick nicht so angestrengt in die Zukunft, dass Sie darüber die Gegenwart verpassen – gerade hier warten nämlich Gottes Segensgeschenke auf Sie. Es gibt so vieles, über das Sie sich heute freuen können. Halten Sie danach Ausschau, und kommen Sie innerlich zur Ruhe, während Sie sich an diesem Augenblick erfreuen.

Jesus, erinnere mich daran, dass das Heute ein Geschenk von dir ist, wenn ich mir wieder einmal wünsche, dass die Zeit schneller vergeht.

18. Oktober

Wenden Sie sich nicht ab

„Endlich kam noch jemand die Straße entlang: ein Mann aus Samaria ... Als er sah, in welchem erbarmungswürdigen Zustand der Überfallene war, musste er ihm einfach helfen."

Lukas 10,33 (WD)

Ein Jude reist von Jerusalem nach Jericho, als er von Räubern angegriffen, zusammengeschlagen und sterbend liegen gelassen wird. Ein Priester und ein Levit gehen an ihm vorbei, doch es ist ein – den Juden verhasster – Samariter, der anhält, um zu helfen.

Die meisten Christen kennen die Geschichte vom barmherzigen Samariter in- und auswendig. Aber wie oft halten auch wir an, statt vorbeizugehen? Wir sind so sehr mit unserem eigenen Leben beschäftigt, dass wir schnell blind sind für die Nöte eines anderen. Doch wenn wir jemanden ignorieren, der in Not ist – ob nun jemand in unserer Gemeinde einsam ist oder ein Nachbar krank –, werden wir genau wie dieser gleichgültige Priester und der Levit sein. Wenn wir die Not eines anderen ignorieren und uns nur um uns selbst kümmern, können wir uns vielleicht körperlich ausruhen, aber unsere Seele wird wahrscheinlich keine Ruhe finden.

Halten Sie doch einmal inne, um Liebe und Mitgefühl anzubieten, wenn Sie das nächste Mal bemerken, dass jemand Probleme hat. Hasten Sie nicht einfach vorbei. Ja, hinterher sind Sie vielleicht körperlich müde, aber Ihre Seele wird erfrischt sein.

Vater, hilf mir, auf Menschen in Not zuzugehen, auch wenn es mir gerade nicht passt.

19. Oktober
Das Gesamtbild

„Schaut euch zum Beispiel die Lilien an. Sie machen sich keine Gedanken über ihre äußere Erscheinung, noch strengen sie sich an, besonders schön auszusehen. Doch im Vergleich zu Salomo, selbst in seinen prachtvollsten Gewändern, sind sie um ein Vielfaches großartiger.“ Lukas 12,27 (WD)

Haben Sie schon einmal bei einer großen Veranstaltung mitgeholfen? Vielleicht haben Sie alles selbst geplant, oder Sie waren eine der vielen, die geholfen haben, die Planungen umzusetzen. Bei großen Veranstaltungen müssen so viele Details beachtet und so viele Entscheidungen getroffen werden. Schnell verstrickt man sich in irgendwelchen Nebensächlichkeiten und verliert dabei das aus dem Blick, was wirklich zählt: die Wohltätigkeit hinter dem Sportwettkampf, die Person, die bei der Feier geehrt wird, das verliebte Paar hinter all dem Hochzeitsspektakel.

Dasselbe kann auch im alltäglichen Leben passieren. So viele Details, große und kleine, nehmen uns gefangen: Wir müssen Rechnungen bezahlen, Vorsorge für die Rente treffen, Urlaube planen, wir müssen uns um unsere Kinder und ihre Ausbildung kümmern, Termine einhalten und Beziehungen pflegen. Die unzähligen Facetten unseres Lebens wachsen uns manchmal über den Kopf. Aber im Leben sollte es vor allem um eines gehen: Gott zu verherrlichen und für ihn zu leben.

Warum wenden Sie Ihre Aufmerksamkeit nicht einmal von den vielfältigen Aspekten Ihres Lebens ab und betrachten einfach nur das Gesamtbild: Gott. Kommen Sie innerlich zur Ruhe, indem Sie ihm alle Bereiche Ihres Lebens bewusst anvertrauen.

Herr, erinnere mich daran, dass es im Leben weniger um irgendwelche Details geht, sondern mehr um dich.

20. Oktober
Gottes Wort

Er bewahrt deine Füße vor dem Stolpern; er, dein Beschützer, schläft niemals. Ja, der Beschützer Israels schläft und schlummert nicht! Psalm 121,3–4 (NGÜ)

Der Verfasser des Hebräerbriefes schreibt, Gottes Wort sei „lebendig und voller Kraft“ (Hebräer 4,12; NGÜ). Glauben Sie das wirklich? Oder denken Sie, die Bibel sei nur eine Sammlung von Geschichten und Liedern, die vor Tausenden von Jahren niedergeschrieben wurden?

Machen Sie sich bewusst, dass wir in der Bibel Gottes Stimme hören, die zu uns spricht. Sie schenkt uns Weisheit, lehrt uns lebensverändernde Lektionen und spricht uns Gottes Wahrheiten zu. Glauben Sie der biblischen Aussage, dass Sie durch Jesus einen überwältigenden Sieg davontragen werden (Römer 8,37)? Freuen Sie sich, wenn Sie sich bewusst machen, dass Gott nie schläft, weil er über Sie wacht (Psalm 121,4)?

In der Offenbarung, dem letzten Buch der Bibel, verrät Gott, wie unsere Geschichte ausgehen wird: Er wird das Böse ein für alle Mal besiegen, wird diese Welt erlösen, und wir werden in Ewigkeit bei ihm sein.

Wenn Sie die wahren und lebendigen Worte und die unzähligen Verheißungen lesen, die Sie in der Bibel finden, werden Sie innerlich zur Ruhe kommen. Denn: Gott wird jede einzelne davon halten.

Danke für dein Wort, Vater. Ich bin für die Lehren und die Verheißungen, die ich darin finde, so dankbar.

21. Oktober

Geduldig beten

Ich habe allen Mut verloren. Und du, Herr, wie lange willst du dir das noch ansehen? Herr, wende dich mir wieder zu! Befreie mich aus meiner Not und rette mich um deiner Barmherzigkeit willen! Psalm 6,4–5 (NGÜ)

Gebete sind … etwas Geheimnisvolles. Sie fließen in Tränen, in Worten und in Liedern gen Himmel. Sie sind nicht immer gut formuliert oder durchdacht. Und manchmal ist „Hilf mir!“ das Einzige, das wir zu beten in der Lage sind.

Wofür auch immer Sie beten: Wenn Sie Gott von ganzem Herzen um etwas bitten, dürfen Sie darauf vertrauen, dass er Ihnen auch antworten wird. Er liebt es, Gebete zu beantworten – durch Kleinigkeiten, auf großartige Weise, auf eine Art, die Ihre Erwartungen und Ihre Vorstellungskraft übertrifft. Wenn ein Gebet beantwortet wird, ist das nicht etwa ein glücklicher Zufall. Es beweist, dass der Gott des Universums auch die kleinsten Einzelheiten Ihres Lebens so zusammenfügt, dass Sie dadurch beschenkt werden.

Pochen Sie einfach immer weiter an die Himmelstür, während Sie darauf warten, dass ein Gebet beantwortet wird. Sie dürfen gelassen sein, denn Ihr Gebet wird beantwortet werden – zum richtigen Zeitpunkt, auf die für Sie beste Art und Weise und so, dass Sie sehen können, wie sehr Gott Sie liebt.

Vater, ich will mit allen meinen Anliegen zur dir kommen und darauf warten, auf welche großartige und mächtige Weise du mir deine Kraft und deine Macht zeigst.

22. Oktober

Trost in einer zerbrochenen Welt

Mögen die Worte, die ich spreche, und die Gedanken, die mein Herz ersinnt, dir gefallen, Herr, mein Fels und mein Erlöser! Psalm 19,15 (NGÜ)

Jesus sagte voraus, dass diese Welt uns manchmal Angst machen würde, und wenn wir das am eigenen Leib erleben, kann das bisweilen überwältigend sein. Wir erleben so viel Habgier, unschöne politische Winkelzüge, zerbrochene Familien, Armut und Kriminalität.

Die Schlagzeilen sind oft schockierend und beunruhigend. Manchmal kommt es uns so vor, als könnte es gar nicht mehr schlimmer werden – und dann beweist man uns das Gegenteil.

Wenn Ihnen die Zerbrochenheit dieser Welt zu schaffen macht, dann richten Sie Ihren Blick auf Jesus. Das klingt vielleicht wie eine Floskel, aber es ist der einzige Weg, wie Sie in dieser zerbrochenen Welt Trost und Frieden finden.

Jesus lebte auch auf dieser Welt. Er weiß, wie sehr Sie das, was Sie sehen und erleben, belastet, denn er hat es am eigenen Leib erfahren. Aber er hat diese Welt überwunden und kam von den Toten zurück, um Ihnen ewiges Leben zu schenken. Er besiegte die Sünde und den Tod; das Böse wird nicht das letzte Wort haben. Jesus kam auf diese Welt, damit wir Hoffnung haben. Wenden Sie sich an ihn, und lassen Sie ihn Ihre Sorge in Freude, Ihre Müdigkeit in Ruhe verwandeln.

Jesus, mir wird angst und bange, wenn ich sehe, wie kaputt diese Welt ist. Aber ich weiß auch, dass du mich heil machen willst, und danke dir dafür.

23. Oktober

Treten Sie vor Gottes Thron

Wir wollen also voll Zuversicht vor den Thron unseres gnädigen Gottes treten, damit er uns sein Erbarmen schenkt und uns seine Gnade erfahren lässt und wir zur rechten Zeit die Hilfe bekommen, die wir brauchen.

Hebräer 4,16 (NGÜ)

Haben Sie schon einmal bewusst nicht mit Gott gesprochen? Vielleicht haben Sie sich wegen etwas geschämt oder Sie waren verängstigt oder frustriert oder etwas war Ihnen peinlich. Doch gleichgültig, worüber Sie sich Sorgen machen oder was Sie getan haben: Als Kind Gottes dürfen Sie jederzeit zu Gott kommen! Sie brauchen keine Angst zu haben, er wird Sie nicht verdammen.

Der Verfasser des Hebräerbriefes lädt uns dazu ein, voller Vertrauen zu demjenigen zu kommen, der auf dem Thron der Gnade sitzt. Er wird uns nicht ausschimpfen oder wütend werden, sondern mit Barmherzigkeit und Gnade begegnen. Er starrt auch nicht zornig auf uns herab und verurteilt uns, sondern betrachtet uns voller Liebe und Mitgefühl. Und er wird uns vergeben, wenn wir Vergebung brauchen.

Treten Sie voller Freude und Zuversicht vor Gott. Er sehnt sich danach, Ihre Gebete zu hören, Ihnen alle Ihre Lasten abzunehmen und Sie mit übernatürlicher Liebe und Frieden und Ruhe zu erfüllen.

Herr, lehre mich, voller Vertrauen und erwartungsvoll vor dich zu treten.

24. Oktober
Das Geschenk der Stille

Darum ist es das Beste, geduldig zu sein und auf die Hilfe des Herrn zu warten. Klagelieder 3,26 (Hfa)

Unsere Welt ist laut. Sie ist geschäftig. Sie ist schnell. Stille ist uns fremd und etwas, vor dem wir oft flüchten. Wir setzen Kopfhörer auf, schalten den Fernseher ein, zappen durch die Radiosender. Wann haben Sie das letzte Mal alle Geräte ausgeschaltet und die Stille willkommen geheißen?

Wenn wir in einem Getöse ständigen Lärms durch die Tage und Wochen hetzen, wird Gottes leise Stimme wahrscheinlich nicht zu uns durchdringen. Wir achten nicht länger auf ihn, sondern auf die lautesten Stimmen und die dringlichsten und drängendsten Prioritäten. Wenn wir unsere Ohren mit anderen Dingen beschallen, können wir Gottes Stimme nicht hören.

Laden Sie die Stille bewusst in Ihr Leben ein. Verbringen Sie heute eine Zeit der Stille mit Gott. Das kommt Ihnen vielleicht ungewohnt oder unangenehm vor und vielleicht sind Sie sogar ein bisschen nervös. Sie werden wahrscheinlich den Drang verspüren, herumzuzappeln oder die Apps auf Ihrem Handy zu durchforsten oder nachzuschauen, ob es irgendwelche Nachrichten gibt. Aber in der Stille hört man Gottes ruhige, leise Stimme am besten. Bringen Sie den Lärm zum Schweigen, und kommen Sie dadurch zur Ruhe, dass Sie geduldig auf ihn hören.

Hier bin ich, Herr. Ich will mich bewusst von dem Lärm in meinem Umfeld zurückziehen und auf deine Stimme hören.

25. Oktober

Einen holprigen Start ausbügeln

Was für immer bleibt, sind Glaube, Hoffnung und Liebe, diese drei. Aber am größten von ihnen ist die Liebe.

1. Korinther 13,13 (NGÜ)

Die Kaffeekanne ist kaputtgegangen. Ihr Kind ist mit einer Erkältung aufgewacht – oder Sie selbst. Sie haben Ihren Ehemann angeschrien. Und es ist noch nicht einmal sechs Uhr früh! Sie haben vergessen, Ihr Mittagessen einzupacken, und jetzt kommen Sie auch noch zu spät zur Arbeit. Wenn der Morgen nicht sehr erfreulich beginnt, wird sich das wahrscheinlich auch auf den Rest des Tages auswirken. Aber es gibt gute Nachrichten: Gott kann selbst an den schlimmsten Tagen einen holprigen Start ausbügeln.

Versuchen Sie, auf der Fahrt zur Arbeit zu beten. Sie haben Ihr Mittagessen vergessen? Spendieren Sie sich ein Mittagessen mit einer Freundin oder einem guten Buch oder einem belegten Brötchen. Sie haben Ihren Ehemann angeschrien? Entschuldigen Sie sich mit einer Blume, einer humorvollen Textnachricht oder damit, dass Sie ihm sein Lieblingsessen kochen. Vertrauen Sie darauf, dass Gott alle Dinge zum Guten wenden will und kann.

Er ist der Eine, der Wasser in Wein verwandelt hat, Tod in Auferstehung, Zerstörung in Schönheit und Nichts in Schöpfung. Er macht alle Dinge neu. Wenn Ihr Tag katastrophal zu verlaufen scheint, wenden Sie sich an Gott. Er wird Ihnen antworten.

Vater, manche Tage beginnen schon wenig erfreulich, aber ich weiß, dass du an allen meinen Tagen treu bist.

26. Oktober

Zu frischen Quellen

Eine gute Nachricht aus der Ferne ist wie ein Schluck Wasser für eine durstige Kehle! Sprüche 25,25 (Hfa)

Wasser hat etwas Beruhigendes. Ob Sie am Meer im Sand sitzen, durch einen kalten Bach waten, den Sonnenuntergang über dem See betrachten oder an einem Wasserfall spazieren gehen: Wasser beruhigt und tut der Seele gut. Deshalb hören so viele Menschen zum Einschlafen gern das Rauschen von Ozeanwellen, Regentropfen, die auf das Dach trommeln, oder das Plätschern eines Bachs. Als David davon sang, dass der Herr sein Hirte ist, sagte er: „Er … führt mich zu frischen Quellen. Er gibt mir neue Kraft“ (Psalm 23,2–3; Hfa). An frische Quellen führen, erfrischt und wiederhergestellt werden – genau das will Gott für Sie tun.

Selbst wenn Sie nicht in der Nähe von Wasser leben, können Sie diese Erfrischung für Ihre Seele finden. Bitten Sie Gott, Sie heute zu frischen Quellen zu führen. Er möchte Ihnen Ruhe schenken, selbst in der Geschäftigkeit und Hektik Ihres Alltags. Entspannen Sie heute an den stillen, ruhigen Wassern von Gottes Güte und Gnade.

Herr, du bist mein Hirte. Führe mich zu frischen Quellen und schenke mir neue Kraft.

27. Oktober

Geben ist seliger

Jeder soll für sich selbst entscheiden, was er geben will. Wenn er sich dabei unter Druck gesetzt fühlt oder wenn es ihm später um sein Geld leidtut, dann soll er lieber nichts geben. Denn Gott liebt Menschen, die gern und fröhlich geben.

2. Korinther 9,7 (WD)

Sie kennen sicher den Spruch: „Geben ist seliger denn Nehmen." Aber glauben Sie das auch? Leben Sie danach? Und warum sollten Sie überhaupt geben, wo diese Gesellschaft Ihnen doch durch die unterschiedlichsten Medien zu verstehen gibt, dass *Nehmen* und Besitzen doch viel wichtiger ist? Weil unser Retter es tat. Jesus kam in diese Welt und gab – *alles*. Er gab sein Leben für uns, um uns ein Vorbild zu geben, nach dem wir leben sollen.

Wenn wir unser Leben unter die Lupe nehmen, werden wir feststellen, dass wir auf die eine oder andere Weise reich gesegnet sind. Wie wäre es, wenn Sie heute einmal dadurch innerlich zur Ruhe kommen, dass Sie sich von der Freude darüber erfüllen lassen, dass Sie jemandem etwas geben? Selbst wenn Sie glauben, dass Sie nur wenig zu geben haben … Schenken Sie ein Lächeln, eine Mahlzeit, geben Sie, was Sie eben geben können. Indem Sie andere segnen, werden Sie zu den Händen und Füßen von Jesus. Sie bekommen vielleicht keinen Dank, und vielleicht bekommen Sie noch nicht einmal Anerkennung, aber Sie werden Freude empfangen. Und mit der Freude werden Sie auch Zufriedenheit und Ruhe finden.

Vater, öffne mir die Augen dafür, wie ich andere mit dem segnen kann, das du mir anvertraut hast.

28. Oktober

Glaube triumphiert über die Angst

Ja, vertraut dem Herrn für immer, denn er, unser Gott, ist ein starker Fels für alle Zeiten! Jesaja 26,4 (Hfa)

Man kann die Angst zwar nicht sehen, aber sie ist ungeheuer mächtig. Wie ein Spinnennetz bleibt sie an allem kleben, was sie berührt. Sie ist lähmend, überwältigend, allumfassend und lebensverändernd. Angst greift in unserer Welt immer weiter um sich.

Aber wir sind Gottes geliebte Kinder und müssen keine Angst haben. Sie muss nicht Teil unseres Lebens sein. Stattdessen können wir mit Frieden und Ruhe erfüllt sein, weil wir wissen, dass der allmächtige Gott des Universums für uns sorgt. Er hält uns in seiner Hand – dieselbe Hand, die die Meere gefüllt und Sterne an weit entfernte Ecken des Himmels geworfen hat. Er, der Eine, der niemals müde wird, wacht über uns, während wir schlafen, und befiehlt der Sonne, aufzugehen und uns jeden Morgen neu zu begrüßen. Gott ist größer als alle unsere Ängste.

Lassen Sie heute Ihre Ängste bewusst los. Legen Sie sie vor Gottes Thron ab. Beschäftigen Sie sich mit seinen Verheißungen, in denen er Ihnen verspricht, sich um Sie zu kümmern, und spüren Sie, wie das alle Zweifel vertreibt. Gott versorgt seine Kinder mit allem, was sie brauchen. Machen Sie sich diese Treue bewusst, indem Sie einmal darauf schauen, wo er in der Vergangenheit schon für Sie gesorgt hat.

Ich will meine Ängste bewusst an dich abgeben, Herr. Ich danke dir dafür, dass du versprochen hast, mir meine Lasten abzunehmen und mir dafür deinen Frieden zu schenken.

29. Oktober

Der Herr geht vor Ihnen her

„Der Herr selbst geht vor dir her. Er steht dir bei und verlässt dich nicht. Immer hält er zu dir. Hab keine Angst und lass dich von niemandem einschüchtern!“ 5. Mose 31,8 (Hfa)

Wenn Sie darauf schauen, was Sie morgen oder in der nächsten Woche oder nächsten Monat erwartet, fühlen Sie sich vielleicht überfordert. Es warten Termine, Verpflichtungen, gesellschaftliche Ereignisse und vieles andere auf Sie, das Ihre Aufmerksamkeit beansprucht, dass Sie sich fragen: *Wie soll ich bloß diesen Tag überstehen, ganz zu schweigen von der nächsten Woche?*

Als Mose sich an die verängstigten Israeliten wandte, forderte er sie auf: „Seid mutig und stark! Habt keine Angst und lasst euch nicht von ihnen einschüchtern! Denn der Herr, euer Gott, geht mit euch. Er hält immer zu euch und lässt euch nicht im Stich" (5. Mose 31,6; Hfa). Und diese Worte gelten auch Ihnen.

Und Gott verspricht nicht nur, bei Ihnen zu sein, er verspricht auch, vor Ihnen herzugehen. Er weiß, was Ihnen in der nächsten Stunde zustoßen wird oder was in der nächsten Woche, in den nächsten zehn Jahren auf Sie zukommt. Und er geht vor Ihnen her und bereitet Ihnen den Weg. Ist das nicht tröstlich?

Vertrauen Sie darauf, dass Gott Ihnen alles gibt, was Sie brauchen, um die heutigen Herausforderungen zu bewältigen. Sie können ganz ruhig sein, weil Sie wissen, dass er für Sie sorgen wird.

Herr, danke, dass du vor mir hergehst. Darauf will ich heute vertrauen.

30. Oktober

Beziehungen sind wichtig

„Liebt einander. Wie ich euch geliebt habe, so sollt auch ihr einander lieben." Johannes 13,34 (WD)

Wann haben Sie sich das letzte Mal über Ihre Familie gefreut? Wann haben Sie das letzte Mal wirklich Ihren Ehemann oder Ihre Frau angeschaut und sich gefragt, wie es ihm oder ihr geht? Können Sie sich daran erinnern, wann Sie zuletzt mit Ihren Eltern essen gegangen sind und ihre Gesellschaft genossen haben, anstatt gleich zu Ihrer nächsten Verabredung zu hetzen? Pflegen Sie die Beziehungen zu Ihren engsten Freunden, oder sitzen Sie lieber bis spät in die Nacht und an den Wochenenden im Büro?

Das Leben ist kurz, und mit jedem Jahr, das verstreicht, scheint die Zeit noch schneller vorbeizufliegen. Es ist so wichtig, sich Zeit für die Familie und die Freunde zu nehmen. Doch weil unsere Terminkalender mit Plänen und Verpflichtungen vollgepackt sind, die um unsere Aufmerksamkeit buhlen, verdrängen wir das oft.

Versuchen Sie, das heute im Blick zu behalten. Die Familie ist wichtig. Freunde sind wichtig. Legen Sie deshalb heute eine kleine Pause ein, am Nachmittag oder am Abend, und verbringen Sie Zeit mit einem Familienmitglied oder einer Freundin. Können Sie spüren, wie auch das Ihnen dabei hilft, zur Ruhe zu kommen?

Mein Alltagsgeschäft nimmt mich immer so gefangen, Vater. Hilf mir, meiner Familie und meinen Freunden Priorität einzuräumen.

31. Oktober

Ihre Worte

Mögen die Worte, die ich spreche, und die Gedanken, die mein Herz ersinnt, dir gefallen, Herr, mein Fels und mein Erlöser! Psalm 19,15 (NGÜ)

Ihre Worte haben Kraft. Nicht nur die Kraft, andere zu beeinflussen, sondern auch die Kraft, Ihr eigenes Denken zu verändern. Denken Sie doch einmal darüber nach: Wenn Sie sich ständig darüber beklagen, dass Ihr Leben hektisch ist oder dass Sie ständig Probleme haben, werden Sie irgendwann anfangen zu glauben, dass Sie kein gutes Leben führen.

Wie wäre es, wenn Sie etwas anderes ausprobieren? Sprechen Sie nicht ständig über Ihre Probleme, sondern darüber, dass Gott sich darum kümmern wird oder dass er Ihnen zur Seite steht. Wenn Sie sich an diese Wahrheiten erinnern, werden Sie auch tatsächlich so leben – mit einer positiven Einstellung und voller Hoffnung.

Wenn Sie also heute merken, dass negative Worte aus Ihrem Mund kommen, dann versuchen Sie doch einmal, Gott stattdessen zu danken. Wenn sich Verzweiflung in Ihre Unterhaltung einschleicht, dann sprechen Sie lieber davon, wer Gott ist und was er Ihnen in seinem Wort verspricht. Gott bringt Licht in Ihr Leben, nicht Finsternis. Er bringt Frieden, nicht Konflikte. Und er will Ihnen Hoffnung schenken, nicht Verzweiflung. Entdecken Sie heute, wie viel Kraft im Lobpreis steckt!

Herr, ich wünsche mir, dass du an den Worten, die aus meinem Mund kommen, Gefallen hast.

November

Es gibt also noch eine besondere Ruhe für das Volk Gottes, die noch in der Zukunft liegt. Wer in Gottes Ruhe hineingekommen ist, wird sich von seiner Arbeit ausruhen, so wie auch Gott nach der Erschaffung der Welt geruht hat.

Hebräer 4,9–10 (NL)

1. November

Das Werk des Töpfers

Dennoch bist du, Herr, unser Vater! Wir sind der Ton, und du bist der Töpfer! Wir alle sind Gefäße aus deiner Hand.

Jesaja 64,7 (Hfa)

Wenn ein Töpfer mit seiner Arbeit beginnt, hat er bloß einen Klumpen Ton. Dieser ist nicht weiter bemerkenswert, und er sieht auch nicht gerade schön aus. Aber mit Können und Geduld formt der Töpfer vorsichtig den Ton nach seinem eigenen Entwurf und verwandelt ihn in etwas Nützliches und Schönes.

Wir sind alle wie dieser Tonklumpen, unfertige Erzeugnisse in den Händen des Meistertöpfers. Und wir werden nach seinem eigenen Entwurf in etwas Wunderschönes verwandelt. Er formt unser Herz, unseren Verstand und unsere Seele, sodass sie ihm ähnlicher werden, und gestaltet unser Leben geduldig zu einem Meisterwerk. Ein Meisterwerk, das ihm Ehre bringen wird.

Lassen Sie sich vom Meistertöpfer formen. Vertrauen Sie darauf, dass er den Klumpen gestalten und die unebenen Bereiche glätten wird, damit Sie zu einem wunderschönen Meisterwerk werden. Vertrauen Sie sich seinen Händen an!

Danke, Vater, dass du mich liebst, wie ich bin, mich dir aber gleichzeitig immer ähnlicher machen willst.

2. November

Ihr Team

Darum lasst uns mit ganzer Kraft alles dafür tun, dass unter uns Frieden herrscht und dass wir uns gegenseitig auferbauen.

Römer 14,19 (WD)

Es ist eine ausgesprochen emotionale Erfahrung, sich die Olympischen Spiele anzuschauen. Athleten trainieren jahrelang und haben doch – je nach Sportart – nur Momente zur Verfügung. Ja, manchmal haben Athleten nur wenige Sekunden, um zu beweisen, dass sie die besten der Welt sind. Was für ein Druck!

Wenn die Athleten über ihr Training sprechen und darüber, wie sie es geschafft haben, zu den Olympischen Spielen zu fahren, erwähnen sie gewöhnlich, was sie angetrieben hat – ihre Entschlossenheit und die Liebe zum Sport. Aber sie erwähnen auch diejenigen, die ihnen geholfen haben, diesen Punkt zu erreichen: ihr Team. Eltern, Berater, Trainer, Ernährungsspezialisten und Teamgefährten sind für die Karriere eines Olympioniken ungemein wichtig. Sie ermutigen, wenn die Anstrengungen überwältigend sind, geben Ratschläge, wenn der Erfolg ausbleibt, und steuern riesige Mengen an Unterstützung bei.

Wer gehört zu Ihrem Team? Haben Sie Freunde und eine Familie, die Sie anfeuern und unterstützen? Das Leben ist ohne solche Teams gar nicht möglich. Stützen Sie sich deshalb auch auf Ihr Team, wenn Sie darüber nachdenken, wie Sie sich regelmäßig kleine Auszeiten nehmen können.

Vater, ich danke dir für mein Team. Schenke mir den Mut, mich auf sie zu stützen.

3. November

Hören Sie auf Ihren Körper

Preise den Herrn, meine Seele, und vergiss nicht, was er dir Gutes getan hat! Er vergibt dir all deine Schuld und heilt alle deine Krankheiten. Er rettet dich mitten aus Todesgefahr, krönt dich mit Güte und Erbarmen. Psalm 103,2–4 (NGÜ)

Normalerweise erkennen Sie rasch, wenn Ihr Körper krank wird. Sie haben Schmerzen, und möglicherweise fühlen Sie sich schon etwas fiebrig. Vielleicht wachen Sie auch mit Halsweh auf, oder es bereitet Ihnen Mühe, wach zu bleiben. Wenn eine Krankheit bevorsteht, sendet Ihr Körper Ihnen Warnsignale.

Wenn eine Erschöpfung bevorsteht, wird Ihr Körper Sie das ebenfalls wissen lassen. Sie fühlen sich vielleicht ständig müde, depressiv oder entmutigt. Sie würden Ihren Wecker am liebsten durchs Zimmer werfen, wenn er morgens klingelt. Hören Sie auf Ihren Körper. Es ist Zeit, es langsamer anzugehen und sich Ruhe zu gönnen.

Schlafen Sie eine Stunde länger. Bitten Sie bei einem Projekt, das Ihnen über den Kopf wächst, um Hilfe. Sagen Sie Ihrem Ehemann, dass Sie im Haushalt oder mit den Kindern mehr Unterstützung brauchen. Sagen Sie Nein zu noch mehr Verpflichtungen.

Wenn Ihr Körper Ihnen zu verstehen gibt, dass Sie sich ausruhen sollten, dann hören Sie auf ihn.

Herr, ich bin so müde. Segne mich heute mit Ruhe.

4. November

Hart arbeiten, nicht überarbeiten

Blickt nach oben! Schaut den Himmel an: Wer hat die unzähligen Sterne geschaffen? Er ist es! Er ruft sie, und sie kommen hervor; jeden nennt er mit seinem Namen. Kein einziger fehlt, wenn der starke und mächtige Gott sie antreten lässt.

Jesaja 40,26 (Hfa)

Sind Sie erschöpft und völlig verspannt, weil Sie zu viel gearbeitet haben? Beginnt es schon in Ihrem Kopf zu hämmern, wenn Sie nur das Wort „Arbeit" lesen? Haben Sie regelrecht Angst vor dem Montagmorgen? Nun, vielleicht sind Sie einfach überarbeitet.

Arbeiten ist eine gute Sache. In der Bibel finden wir an mehreren Stellen den Hinweis, dass wir gute Arbeit leisten und auch hart arbeiten sollen. Doch Gott will auch, dass wir uns regelmäßig ausruhen. Gott hat uns die Anweisung gegeben, mindestens einen Tag der Woche zum Ruhetag zu machen, damit wir in einem gesunden Rhythmus aus Arbeit und Ruhe leben – und genau das braucht unser Körper, um richtig zu funktionieren.

Richten Sie Ihren Blick auf Gott, wenn Sie überarbeitet und völlig zerschlagen sind. Er ist immer bei Ihnen. Er weiß, wie sehr Sie sich nach Ruhe sehnen. Seine Schultern sind breit genug, um Sie und Ihre Sorgen zu tragen, und er will Ihnen Ihre Last abnehmen. Wenden Sie sich an ihn. Reden Sie mit ihm. Er hört Ihnen jederzeit zu und ist immer bereit zu helfen. Kommen Sie bei ihm zur Ruhe.

Vater, ich bin überarbeitet, müde und völlig entmutigt. Bitte schenke mir die Ruhe, die ich brauche.

5. November

Die Friedensstifter

Die Früchte, die vor Gott bestehen können, wachsen dort, wo Friedensstifter eine Saat des Friedens säen.

Jakobus 3,18 (NGÜ)

In unserer unvollkommenen Welt sind Konflikte unausweichlich. Weil Christen auch nur Menschen sind, wird nicht jede Interaktion mit anderen gut verlaufen. Man wird uns verletzen, und wir werden andere verletzen – selbst diejenigen, die wir lieben. Das ist eine harte Wahrheit. Aber es gibt auch gute Nachrichten: Gott möchte, dass wir Friedensstifter sind: „Wenn es möglich ist und soweit es an euch liegt, lebt mit allen Menschen in Frieden" (Römer 12,18; NGÜ). Zwar können Sie nicht kontrollieren, was andere tun, aber Sie können sich selbst kontrollieren.

Bemühen Sie sich darum, in Frieden mit anderen Menschen zu leben, soweit es von Ihnen abhängt. Entscheiden Sie sich, in schwierigen Situationen gelassen zu sein und nicht wütend zu werden, und machen Sie durch das, was Sie sagen und tun, Versöhnung möglich. Wenn Sie jemandem die Stirn bieten müssen, dann tun Sie es in Liebe und Demut. Ein Friedensstifter zu sein bedeutet nicht, dass Sie passiv, schwach oder kleinlaut sein sollen. Ein Friedensstifter zu sein erfordert eine ruhige Stärke, die sich völlig auf Gott und seine Absichten verlässt. Und solche Menschen brauchen wir in der heutigen Zeit.

Wenn Sie so leben, wird das Auswirkungen auf die Menschen in Ihrem Umfeld haben. Sie werden sie auf den Gott hinweisen, der diesen Frieden überhaupt erst möglich macht. Und Sie alle werden der Ruhe einen Schritt näher sein.

Herr, hilf mir, auf deine Stärke zu vertrauen und mich in jeder Situation um Frieden zu bemühen.

6. November

Süß wie Honig

Ein freundliches Wort ist wie Honig: angenehm im Geschmack und gesund für den Körper. Sprüche 16,24 (Hfa)

Wussten Sie schon, dass es mehr als dreihundert verschiedene Honigsorten allein in den Vereinigten Staaten gibt? Der Geschmack und die Farbe des Honigs hängen von den Blüten ab, die die Honigbienen anfliegen. Manche Bienen schmausen Ewigen Klee, was einen sehr hellen Honig ergibt, während andere von Avocadoblüten naschen, woraus ein dunklerer Honig mit butterigem Geschmack wird. Was immer die Bienen verzehren, spiegelt sich im dabei entstehenden Honig.

Wie ist das bei Ihnen? Weisen Ihre Worte und Ihr Handeln auf jemanden hin, der mit dem Wort Gottes „gefüttert" wird? Wie bei den Honigbienen spiegeln unser Leben und die Frucht, die wir bringen, nämlich ebenfalls das, womit wir gefüttert wurden.

Wenn Sie sich am Wort Gottes gütlich tun, werden Ihre eigenen Worte sanft und gütig und Ihre Gedanken aufrichtig sein, und Ihr Herz wird verwandelt. Gott möchte, dass das, was Ihr Leben hervorbringt, wie der süßeste Honig ist. Wenn Sie andere davon kosten lassen, werden Sie ihnen dabei helfen, bei ihm Ruhe und Hoffnung zu finden.

Herr, ich will mich von deinen Worten und deinen Wahrheiten „ernähren", damit meine Worte so süß werden wie Honig!

7. November

Schluss mit der Überlastung

Die Hilflosen bestürmen dich mit ihren Bitten.
Du, Herr, hörst ihr Rufen und schenkst ihnen neuen Mut.
Psalm 10,17 (Hfa)

Sie werfen einen Blick in Ihren Kalender, und Ihnen wird angst und bange. Jeder Abend der Woche ist verplant, und das Wochenende ist vollgepackt mit Aktivitäten, Verpflichtungen und Besorgungen. Wir kennen das alle, denn viele von uns neigen dazu, sich zu viel aufzuhalsen. Und wir haben keine Ahnung, wie wir die Hektik und die Betriebsamkeit in unserem Leben wieder loswerden. Immerhin braucht die Gemeinde uns und unsere Kollegen und die Familie auch – und nachdem Sie zu all deren Bedürfnissen Ja gesagt haben, bleibt nur wenig oder gar keine Zeit mehr für Sie übrig. Es stimmt, dass wir alle Verpflichtungen haben, denen wir uns nicht entziehen können, und manche Lebensabschnitte sind geschäftiger als andere. Haben Sie genug davon, ständig überlastet zu sein?

Wenden Sie sich an Gott, wenn Sie merken, dass Sie völlig überlastet sind. Sprechen Sie mit ihm über Ihren Terminkalender. Bitten Sie ihn, alle Termine „zu sieben" und Ihnen die Dinge zu zeigen, die Sie nicht länger tun, und die, die bleiben sollen. Lassen Sie sich von ihm neue Kraft schenken. Er wird Ihnen helfen – und er wird Ihnen Ruhe geben.

Herr, zeige mir, welche Aufgaben Priorität haben und auf welche Aktivitäten ich in Zukunft verzichten sollte.

8. November

Das Nachmittagstief

Denn ich bin der Herr, dein Gott. Ich nehme dich an deiner rechten Hand und sage: Hab keine Angst! Ich helfe dir.

Jesaja 41,13 (Hfa)

Sind Sie schon einmal in ein Nachmittagstief gerutscht? Sie haben gerade zu Mittag gegessen, fühlen sich ein bisschen müde, und selbst ein doppelter Espresso bringt Sie nicht mehr auf Trab. Die Zeit für ein zweistündiges Nickerchen haben Sie vielleicht nicht, aber wie wäre es, wenn Sie sich etwas anderem als Koffein zuwenden, um Ihren Körper wieder in Schwung zu bringen?

Öffnen Sie die Fenster und atmen Sie die frische Luft ein. Kauen Sie auf ein paar Stückchen Obst herum. Stellen Sie ein wenig Musik an und tanzen Sie. Machen Sie ein paar Hampelmänner. Albern Sie mit Ihren Kindern, Ihren Freunden oder Ihrem Haustier herum. Machen Sie Dehnübungen oder beten Sie. Sie werden überrascht sein, was das alles bewirken kann.

Verschlingen Sie also nicht wieder leere Zuckerkalorien und Koffein, wenn das Nachmittagstief sich heranschleicht. Bekämpfen Sie es stattdessen mit Aktivitäten, einem gesunden Imbiss,

Lachen oder Gebet. Sie werden nicht nur einen klareren Kopf bekommen und konzentrierter sein. Sie werden einfach eine entspannendere Art zu leben entdecken.

Herr, erinnere mich daran, wie ich auf kreative Weise neue Energie tanken kann, wenn ich wieder einmal in ein Nachmittagstief rutsche.

9. November
Die ultimative Erfüllung

Für Gott ist es kein Problem, euch mit allem zu beschenken, und das noch im Überfluss! Ihr werdet jederzeit genügend für euer Auskommen haben und darüber hinaus noch genug, um damit Gutes tun zu können. 2. Korinther 9,8 (WD)

Gott wird alle Ihre Bedürfnisse stillen. Ja, alle. Tatsächlich kann nur er Ihre tiefsten Bedürfnisse in Bezug auf Sinn, Zufriedenheit, Frieden und Erlösung befriedigen. Wenn Ihnen heute Unzufriedenheit die Ruhe raubt, geht es Ihnen nicht allein so. Solange wir auf dieser Erde leben, werden wir stets mit dem Verlangen nach etwas kämpfen, das unerreichbar scheint. Es gehört zum Menschsein einfach dazu. Gott hat dieses Verlangen in uns hineingelegt, das nur er ganz stillen kann.

Manche Menschen häufen auf der Suche nach Erfüllung

Besitztümer an, andere versuchen die Sehnsucht durch Arbeit oder Hobbys zu stillen. Und auch wenn diese Dinge vielleicht vorübergehend Glück oder Ablenkung bringen, kann nur Gott ewige Erfüllung schenken. Er kann diese Leere in Ihrem Inneren füllen, wenn nichts und niemand sonst es kann. Das bedeutet nicht, dass Sie alle Ihre Hoffnungen auf und Träume vom Glück in dieser Welt aufgeben sollten. Es bedeutet nur, dass Gott Ihnen noch viel mehr schenken will und dass das, was er Ihnen geben will, besser für Sie ist. Sie können sich darauf verlassen, dass er Ihnen mehr schenken will, als Sie sich überhaupt vorstellen können. Das ist eine Tatsache, die Ihnen Gelassenheit schenken kann.

Herr, ich weiß, dass nur du mir echte Erfüllung schenken kannst. Erinnere mich immer wieder daran, wenn ich versuche, meine Sehnsucht mit anderen Dingen zu stillen.

10. November

Gott ist Ihnen nah

„Darum sage ich euch: Wenn ihr betet und um etwas bittet, dann glaubt, dass ihr es empfangen habt, und die Bitte wird euch erfüllt werden, was immer es auch sei."

Markus 11,24 (NGÜ)

Wenn Sie schon einmal das Buch der Psalmen gelesen haben, werden Sie wissen, dass David viel Leid erlebte. Oft schrie er verzweifelt zu Gott, er weinte vor Sorgen und flehte Gott an, ihm zu helfen und seine Feinde zu besiegen.

Vielleicht geht es Ihnen gerade ähnlich. Sie leiden. Jemand hat Ihnen das Herz gebrochen, oder Ihr Leben kommt Ihnen gerade trostlos vor. Vielleicht leiden Sie auch unter körperlichen Schmerzen oder unter dem Verlust eines geliebten Menschen. Fühlen Sie sich einsam? Traurig? Richten Sie Ihren Blick auf Gott. Er ist Ihnen nah.

Machen Sie es wie David: Wenden Sie sich in jeder Lebenslage an Gott. Schütten Sie ihm Ihr Herz aus. Gott braucht keine langatmigen, wohlformulierten Gebete, er möchte bloß einfache und offene Ehrlichkeit. Und Sie müssen Ihre Situation oder Ihre Befindlichkeit auch nicht schon verstanden haben – dafür ist Gott da. Wenden Sie sich in Ihrem Schmerz einfach an ihn, und vertrauen Sie ihm, und er wird Ihnen Ruhe schenken.

O Herr, mein Gott, ich rufe zu dir. Rette mich und schenke mir Ruhe.

11. November

Gönnen Sie sich einen Tag Ruhe

Als er sich von der Menge verabschiedet hatte, ging er auf einen Berg, um zu beten. Markus 6,46 (NGÜ)

Was würde passieren, wenn Sie sich den ganzen Tag freinähmen? Wenn Sie das Leben – mit all seinen Verpflichtungen, seiner Arbeit, seinen Besorgungen und Verantwortlichkeiten – einmal vorübergehend anhielten? Würde die Welt enden? Nein, natürlich nicht. Warum gönnen Sie sich also nicht einmal einen Tag Ruhe?

Vielleicht können Sie aber auch nicht einen ganzen Tag Urlaub nehmen, aber wie wäre es, wenn Sie sich ein paar Stunden freinähmen? Oder falls Sie gerade wirklich unter Druck stehen: Machen Sie wenigstens eine ausgiebige Mittagspause. Essen Sie nicht schnell am Schreibtisch oder im Auto auf dem Rückweg vom Drive-through-Restaurant, sondern machen Sie eine echte Pause. Suchen Sie sich einen ruhigen Ort für ein zwanzigminütiges Mittagsschläfchen. Und dann: Genießen Sie diesen kleinen Freiraum zum Durchatmen, Herumhängen, Tagträumen. Seien Sie einfach einmal vollkommen unproduktiv.

Übrigens: Die Sache mit dem entspannten Durchatmen ist nicht wirklich ein Luxus – auch wenn es Ihnen manchmal so vorkommt. Es ist etwas, das Sie wirklich *brauchen*, damit Ihr Körper, Ihr Geist und Ihre Seele wirklich neue Kraft bekommen.

Also legen Sie los. Nehmen Sie sich einen Tag frei. Gönnen Sie sich ein wenig Ruhe.

Danke für diesen Tag, Vater. Ich denke, ich werde ihn genießen, indem ich mir ein wenig Ruhe gönne und bewusst gar nichts tue.

12. November

Abendruhe

Am Tag wird der Herr mir seine Gnade schenken, und in der Nacht begleitet mich sein Lied, ein Gebet zu dem Gott meines Lebens. Psalm 42,9 (NGÜ)

Ticktack, ticktack. Wenn die Zeiger der Uhr im Laufe des Tages weiterwandern, machen sie uns deutlich, dass wir alles irgendwann langsamer angehen und uns ausruhen sollten. Die Sonne geht unter, die Vögel sitzen in ihren Nestern und schweigen, und der Berufsverkehr ist von den Straßen verschwunden. Es ist Abend, und die Geschäftigkeit des Tages wird von der Stille abgelöst.

Erlauben Sie es sich auch selbst, ein wenig zu entspannen. Verbringen Sie ein wenig Zeit mit den Menschen, die Sie lieben. Unterhalten Sie sich mit Gott oder lesen Sie in seinem Wort. Genießen Sie die Dämmerung, zählen Sie die Sterne, dimmen Sie das Licht, lesen Sie ein Buch. Ihr Puls wird sich verlangsamen, Ihre Atmung wird tiefer und gleichmäßiger, und Ihre Muskeln werden sich langsam entspannen.

Dieses Weiterwandern der Zeiger ist ein Geschenk. Es ist eine Einladung, Ihrem Körper und Ihrem Geist die Ruhe zu gönnen, die sie brauchen. Wenn die Stunden vergehen, sollten auch Sie Ihr Tagesprogramm auslaufen lassen und zu einem Abend in stiller Ruhe übergehen.

Herr, hilf mir, abends zur Ruhe zu kommen, damit ich mich morgen entspannt fühle und bereit bin für den neuen Tag.

13. November

Einen Lebensstil der Ruhe vorleben

„Bewahrt die Worte im Herzen, die ich euch heute sage! Prägt sie euren Kindern ein! Redet immer und überall davon, ob ihr zu Hause oder unterwegs seid, ob ihr euch schlafen legt oder aufsteht.“ 5. Mose 6,6–7 (Hfa)

Wenn ein Kleinkind das erste Mal zu sprechen versucht, macht es die Laute nach, die Sie vormachen. Wenn Sie immer wieder „Mama“ oder „Papa“ sagen, wird es diese Laute bald aufschnappen und sie selbst zu sagen beginnen. Und zuletzt wird es anfangen, auch andere Laute und Worte nachzusprechen. Eltern lernen bald, darauf zu achten, was sie in Gegenwart der Kleinen sagen, denn sie werden es sicher nachsprechen!

Dasselbe Prinzip lässt sich anwenden, wenn es um einen Lebensstil der Ruhe geht. Irgendwo ist ein kleiner Jemand, der Sie beobachtet – vielleicht Ihre eigenen Kinder, Nichten und Neffen, Enkel oder die Kinder in der Gemeinde. Wenn Sie ihnen ein schnelles Lebenstempo vorleben, sich nie Zeit zum Ausruhen nehmen oder um mit Gott allein zu sein, werden sie das mitbekommen. Leben Sie so, wie Sie möchten, dass diese Kleinen leben. Leben Sie ihnen ein Leben vor, in dem sich die Verantwortlichkeiten und die Zeiten der Ruhe im Gleichgewicht befinden. Nehmen Sie sich Zeit, um einfach mal herumzualbern. Verbringen Sie Zeit mit der Familie und mit Freunden. Beten Sie Gott an. Leben Sie ihnen Liebe und Freude vor – und Ruhe.

Herr, hilf mir, ein gutes Vorbild für diese Kleinen zu sein, die du zu einem Teil meines Lebens gemacht hast.

14. November

Ihre dunkelsten Geheimnisse

Erforsche mich, Gott, und erkenne, was in meinem Herzen vor sich geht; prüfe mich und erkenne meine Gedanken! Sieh, ob ich einen Weg eingeschlagen habe, der mich von dir wegführen würde, und leite mich auf dem Weg, der ewig Bestand hat! Psalm 139,23–24 (NGÜ)

Haben Sie schon einmal jemandem Ihre tiefsten, dunkelsten Geheimnisse anvertraut … und dann mit Bangen gewartet, wie Ihr Gegenüber darauf reagiert? Hoffentlich mit Liebe und Mitgefühl – denn keiner von uns genügt Gottes perfektem Maßstab. Aber wenn die Reaktion Ihres Gegenübers anders ausgefallen ist:

Gott kennt Ihre tiefsten, dunkelsten Geheimnisse schon lange, und er liebt Sie trotzdem.

Im obigen Bibelvers bittet der Psalmist Gott, sein Herz zu erforschen, seine Gedanken zu erkennen und ihn zu leiten. Warum? Weil er weiß, dass Gott fürsorglich ist und dass er sich danach sehnt, uns alle Jesus Christus ähnlicher zu machen. Während es manchen Christen vielleicht lieber wäre, wenn Gott nur ihren Einsatz für sein Reich betrachtet oder die Situationen, in denen sie anderen mit Mitgefühl begegnen, bittet der Psalmist Gott, in ihn hineinzuschauen.

Wenn Sie Gott bitten, Sie zu erforschen, wird er Ihnen zeigen, wie Sie ihm gefallen können. Er wird Sie auf dem richtigen Weg führen, und er wird Sie sowohl innerlich als auch äußerlich verändern. Er wird Sie von jeder Schuld befreien. Machen Sie sich bewusst, dass Sie Gottes geliebtes Kind sind – und damit dürfen Sie sich immer sicher und geborgen fühlen.

Herr, prüfe mich, erforsche mich und erkenne, wo ich mir noch Sorgen mache. Führe mich auf dem Weg, der zum Leben führt.

15. November

Neue Gewohnheiten entwickeln

Wer zu [Christus] *gehören will ..., sollte wissen, dass er mit dem alten Menschen auch seine alten Gewohnheiten mit in das Wassergrab der Taufe versenkt hat. Gebt den verkehrten Wünschen und Sehnsüchten in euch keinen Raum; sie wollen euch nur betrügen. Lasst euer Denken von dem prägen, was den Menschen auszeichnet, den Gott neu in euch geschaffen hat: in Wahrheit von Gott gerecht gesprochen und angenommen zu sein.* Epheser 4,22–24 (WD)

Genau wie bei einer neuen Fertigkeit oder regelmäßiger sportlicher Betätigung erfordert eine neue Gewohnheit – beispielsweise immer wieder Zeit zum Ausruhen zu finden – Übung und Selbstdisziplin. Zuerst müssen Sie *den Entschluss fassen*, dass Sie Ruhe sowohl brauchen als auch in Ihren Alltag integrieren wollen. Als Nächstes müssen Sie planen, wie das in Ihrem Fall aussehen könnte. Machen Sie danach den ersten Schritt zur Umsetzung Ihres Plans, und geben Sie Ihr Bestes, um den Plan einzuhalten. Das wird Ihnen vermutlich anfangs nicht jedes Mal gelingen, aber versuchen Sie es einfach immer wieder, bis Sie tatsächlich die Gewohnheit des Ruhens entwickelt haben.

Wenn Sie möchten, dass Ruhe ein regelmäßiger Bestandteil Ihres Alltags ist, werden Sie sie zu einer Gewohnheit machen müssen. Das Leben ist geschäftig und hektisch, und nur allzu leicht übergehen wir unser Bedürfnis nach Ruhe. Aber wenn Sie es zu einer Gewohnheit gemacht haben, werden Sie es ganz automatisch in Ihren Tagesablauf integrieren. Ob es in Ihrem Fall die morgendliche Stille Zeit ist, ob Sie Tagebuch führen, beten oder sich einfach verpflichten wollen, nachts ausreichend zu schlafen: Ruhen ist eine Gewohnheit, die positive Auswirkungen auf den Rest Ihres Lebens hat.

Herr, bitte hilf mir, die nötige Disziplin zu entwickeln, damit ich mir regelmäßig Auszeiten nehme.

16. November
Gottes Frieden

„Gott segnet die, die sich um Frieden bemühen, denn sie werden Kinder Gottes genannt werden."
Matthäus 5,9 (NL)

Haben Sie schon einmal bemerkt, dass sich Sorgen auch in einer körperlichen Reaktion äußern? Zum Beispiel beginnt das Herz zu pochen, wir bekommen Schweißausbruch, Zittern, Kurzatmigkeit, Schluckbeschwerden, Übelkeit oder Schwindelgefühle. Es mag zuerst nicht offensichtlich sein, aber wenn Ihre Sorgen größer werden, werden die körperlichen Symptome stärker.

Haben Sie in dieser Woche eines der Symptome gespürt? Sind Sie überrascht, wie gut diese Begriffe Ihre Reaktion beschreiben?

Machen Sie sich bewusst: Sie werden immer wieder mit Sorgen konfrontiert werden, aber unser Gott ist größer und stärker als sie alle.

Atmen Sie tief durch. Erinnern Sie sich beim Einatmen an Gottes Verheißungen und seine Treue. Stellen Sie sich dann beim Ausatmen vor, wie alle Ihre Sorgen aus Ihrem Körper fließen – denn wo der Geist des Herrn ist, da ist Freiheit und kein Platz für Sorgen. Atmen Sie bewusst tief und regelmäßig weiter, bis sich Ihr Körper entspannt und Gott Ihnen innere Ruhe schenkt. Gott ist größer als jede Schwierigkeit oder Sorge. Bitten Sie ihn, Sie mit seinem Geist des Friedens zu erfüllen.

Ich mache mir gerade so viele Sorgen über _______, aber ich weiß, dass du sie mir nehmen kannst. Hilf mir schnell, Herr.

17. November

Jeder Tag hat etwas Gutes

Ferner wollen wir unbeirrbar an der Hoffnung festhalten, zu der wir uns bekennen; denn Gott ist treu und hält, was er zugesagt hat. Hebräer 10,23 (NGÜ)

Hatten Sie am Ende eines Tages schon einmal das Gefühl, dass Sie es vermasselt hatten? Selbst die besten Pläne können scheitern, denn das Leben ist oft unvorhersehbar und chaotisch.

Wenn Sie nicht alles geschafft haben, was Sie schaffen mussten oder erledigen wollten, kann heute trotzdem ein guter Tag sein. Sie müssen nicht das Gefühl haben, versagt zu haben.

Denken Sie an all das, was Sie heute geschafft und erlebt haben – Kleinigkeiten ebenso wie Wichtiges. Vielleicht haben Sie die Betten neu bezogen und eingekauft. Sie haben dafür gesorgt, dass die Kinder angezogen und rechtzeitig am Bus waren. Sie haben einen Eintopf für jemanden gekocht, der krank ist, oder den Rasen gemäht. Sie haben eine Kollegin ermutigt. Sie haben mit Ihrer Mutter gelacht oder eine Freundin getröstet. Jeder Tag hat etwas Gutes, denn Gott ist an jedem Tag an Ihrer Seite.

Achten Sie darauf, dass Enttäuschungen nicht Ihre Gedanken in Beschlag nehmen. Feiern Sie das Gute, das Sie erleben, und danken Sie Gott dafür, dass er Sie mit einem weiteren Tag beschenkt hat.

Danke, dass du bei mir bist, Herr, in den Höhen genauso wie in den Tiefen meines Tages.

18. November
Ihr bester Freund

... ein echter Freund steht mehr zu dir als ein Bruder.

Sprüche 18,24 (Hfa)

Sie können dadurch zur Ruhe kommen, dass Sie ein Nickerchen machen, in der Natur spazieren gehen oder alle elektronischen Geräte ausschalten und die Stille genießen. Sie können verreisen oder sich mit einem Buch zurückziehen. Aber neue Kraft und wahre Ruhe kann Ihnen nur Jesus schenken. Er ist unser ultimativer Ort der Ruhe.

Wie ist es gerade um Ihre Beziehung zu Jesus bestellt? Haben Sie heute Zeit mit ihm verbracht, oder hat die Tretmühle des Alltags Sie davon abgehalten? Haben Sie Ihre Sorgen und Ihren Kummer an ihn abgegeben oder Ihre Lasten selbst getragen? Vielleicht ist es ja heute an der Zeit, in seiner Gegenwart bewusst zur Ruhe zu kommen.

Ihre Beziehung zu Jesus sollte das Wichtigste in Ihrem Leben sein. Er ist Ihr bester Freund und größter Tröster. Er ist der weiseste Ratgeber und der allerhöchste König. Er kennt jeden Schmerz, jede Sorge, und er kann und will sie Ihnen alle nehmen. Jesus wartet darauf, Zeit mit Ihnen zu verbringen. Kommen Sie jetzt zu ihm. Die Hausarbeit, die sozialen Medien oder Ihre E-Mails können warten. Setzen Sie sich zuerst zu Jesus, und kommen Sie in der Gegenwart Ihres Retters zur Ruhe.

Zu oft ziehe ich dir andere Dinge vor, Herr. Hilf mir, dir Priorität einzuräumen.

19. November

Das behaglichste Zuhause

Der Herr sagt: „Mein Volk lebt dann in einem Land, in dem Frieden herrscht. Ruhig und ohne Sorgen wohnen sie dort, ihre Häuser sind vor jeder Gefahr sicher.“ Jesaja 32,18 (Hfa)

Wenn Sie sich ein behagliches Zuhause vorstellen, was kommt Ihnen dann in den Sinn? Ein knisterndes Kaminfeuer, eine warme Mahlzeit, viel Gelächter und ein gemütliches Bett? Vielleicht denken Sie auch an das Zuhause Ihrer Großmutter mit seinem ganz besonderen Charme. Das beste Zuhause sind die Orte, an denen Sie sich wohl- und entspannt fühlen – und das sind gewöhnlich keine Musterhäuser, und Sie werden sie auch nicht auf den Werbeseiten einer Zeitschrift finden. Aber sie sind behaglich, und darin liegt der entscheidende Unterschied.

Weckt Ihr Zuhause solche Gefühle in Ihnen? Wenn nicht, ist es vielleicht Zeit, einige Änderungen vorzunehmen. Das heißt nicht, dass Sie alles neu gestalten müssen oder ganz neue Möbel und Teppiche und Tapeten brauchen. Stattdessen beginnt Behaglichkeit mit einer entspannten Atmosphäre der Liebe. Ihr Haus sollte ein Zufluchtsort sein, wo alle sich willkommen und geschätzt fühlen. Das behaglichste Zuhause bietet vor allem das: viele Umarmungen, ansteckendes Lächeln und herzliche Ermutigung.

Ob in Ihrem Zuhause nur eine Person lebt oder ein Dutzend: Machen Sie es zu einem Zufluchtsort, an dem alle zur Ruhe kommen können, die es betreten.

Gott, ich bitte dich darum, dass deine Liebe mich so erfüllt, dass sie auf mein Zuhause und alle, die darin sind, überfließt.

20. November

„Schmecket und sehet"

Schmecket und sehet, dass der Herr gütig ist! Glücklich der Mann, der sich bei ihm birgt! Psalm 34,9 (ELB)

Viele Hersteller großer Marken nehmen sogenannte Blindverkostungen vor, um ihre Marke mit einer Konkurrenzmarke zu vergleichen. 1975 begann Pepsi damit, Blindverkostungen durchzuführen, um zu zeigen, dass ihr Getränk besser schmeckt als Coca-Cola. Sie ließen die Leute beide Getränke kosten, ohne dass diese wussten, welches davon in welchem Becher war. Danach gaben die Tester an, welche Marke sie bevorzugen. Seither haben andere Unternehmen nachgezogen und nehmen ebenfalls Blindverkostungen vor, um zu sehen, wie ihre Produkte im Vergleich mit anderen abschneiden.

Blindverkostungen sind in der Produktforschung wirklich eine Hilfe, doch es gibt einen Test, der unnötig ist – denn Gott wird jedes Mal gewinnen. Er wird die Tester keinesfalls enttäuschen. Er wird immer die höchste Bewertung bekommen, weil er vollkommen ist. Nichts kann sich mit ihm vergleichen.

Psalm 34 fordert die Leser auf: „Schmecket und sehet, dass

der Herr gütig ist" – weil der Psalmist weiß, dass nichts so zufriedenstellt wie Gott. Es gibt nichts Vergleichbares. Denken Sie heute einmal über die Güte Gottes nach.

Vater, bitte erinnere mich heute an all die Zeichen deiner Güte in meinem Leben.

21. November

Von bitter zu süß

Mose flehte den Herrn um Hilfe an, und der Herr zeigte ihm ein Stück Holz. Als Mose es ins Wasser warf, wurde das Wasser genießbar. 2. Mose 15,25 (Hfa)

Erinnern Sie sich an die Geschichte von Mose und dem bitteren Wasser von Mara? Kurz nach dem Wunder am Roten Meer waren Mose und die Israeliten in der Wüste auf der Suche nach Wasser. Aber als sie an einem Ort namens Mara endlich darauf stießen, konnten sie es nicht trinken, weil das Wasser so bitter war.

Deshalb beklagte sich das Volk. Obwohl die Menschen gerade erst gigantische Wunder erlebt hatten, jammerten sie schon wieder herum. Trotzdem weigerte Gott sich nicht, seinem maulenden Volk trinkbares, sauberes Wasser zu geben. Stattdessen teilte er Mose mit, er solle ein Stück Holz ins Wasser werfen. Mose tat dies, und das bittere Wasser wurde genießbar. Nur Gott hat die Macht, Bitteres in Süßes zu verwandeln.

Wenn Sie eine bittere Zeit durchmachen, lassen Sie sich in die Arme des Vaters fallen – denn er kann auch das Bittere süß machen. Die Verwandlung mag nicht sofort erfolgen, und vielleicht sieht sie nicht immer so aus, wie Sie es erwarten, aber er wird sich um Sie kümmern und für Sie sorgen. Warten Sie ruhig und gelassen auf die „Süße", die Gott Ihnen schenken will.

Herr, lass mich auch in bitteren Zeiten nicht blind sein für deine Süße.

22. November

Mehr als genug

Es heißt ja in der Schrift: „Kein Auge hat je gesehen, kein Ohr hat je gehört, und kein Mensch konnte sich jemals auch nur vorstellen, was Gott für die bereithält, die ihn lieben."

1. Korinther 2,9 (NGÜ)

Wenn Sie in Ihrer Kindheit einen Becher Eis vor sich hatten, wollten Sie wahrscheinlich nicht schon nach nur einem Löffel aufhören. Vielleicht haben Sie ihn, als er leer war, sogar zurückgegeben und gesagt: „Ich will mehr!" Wie oft machen wir das sogar noch als Erwachsene – und mit mehr als nur mit Eis? Für uns ist *mehr* so oft gleichbedeutend mit *besser*!

Wovon wollen Sie heute mehr? Geld, Kleidung, „Erwachsenenspielzeug" wie ein schnelleres Auto, einen internetfähigen Fernseher oder das neueste Tablet? Vielleicht auch mehr Urlaub, mehr Einfluss oder Ansehen. *Mehr* ist verlockend, und es verspricht Erfüllung – zumindest einen Moment lang.

Wenn Sie sich dabei erwischen, dass Sie das nächste Mal denken: *Ich will mehr!*, dann formulieren Sie diesen Gedanken doch einmal um. Denken Sie stattdessen: *Ich habe mehr als genug.* Denn Sie haben einen Gott, der Sie liebt, und einen Retter, der sein Leben für Sie gab. Sie haben Leben und die Luft zum Atmen und Gnade. Lernen Sie, gelassener und zufriedener zu sein, denn Ihr Gott gibt Ihnen immer mehr als genug.

Vater, oft täusche ich mich selbst, indem ich denke, dass ich mehr brauche, aber wenn ich dich habe, ist das schon mehr als genug.

23. November

Bedingungslose Liebe

Eines habe ich vom Herrn erbeten, das ist mein tiefster Wunsch: alle Tage meines Lebens im Haus des Herrn zu wohnen, um die Freundlichkeit des Herrn zu sehen und über ihn nachzudenken – dort in seinem Heiligtum.

Psalm 27,4 (NGÜ)

Warum ist es uns so wichtig, dass andere uns mögen und bewundern? Gleichgültig, ob es um die Liebe Ihres Ehemanns, den Respekt Ihres Chefs, die Anerkennung Ihres Vaters oder die Bewunderung einer neuen Freundin geht: Liebe und Bewunderung sind an sich auch keine schlechten Dinge. Schließlich fühlt es sich gut an, bewundert und respektiert zu werden. Aber dieses Gefühl macht abhängig, und deshalb sollte man damit vorsichtig sein.

Wenn wir den Eindruck haben, dass uns jemand nicht mag oder uns keine Beachtung schenkt, dann trifft uns das. Ablehnung sorgt dafür, dass wir uns klein und unwichtig fühlen. Und manchmal tun wir alles dafür, das zu vermeiden, indem wir jemanden dazu bringen, uns zu mögen: Wir übernehmen zusätzliche Aufgaben, machen eine Menge Komplimente und zeigen uns von unserer Schokoladenseite. Um es ganz deutlich zu sagen: Wir lieben es, geliebt zu werden. Aber wir sind eben nicht perfekt, und manchmal wird unsere Liebe einfach nicht erwidert.

Deshalb sollten wir uns auch nicht in erster Linie um die Liebe und Bestätigung anderer bemühen, sondern die Nähe von Gott suchen. Er *ist* nämlich Liebe. Er sieht all Ihre Mängel, all Ihre Fehler, und er liebt Sie trotzdem. Und da Sie seine Bestätigung haben, brauchen Sie sich bei anderen nicht mehr abzustrampeln!

Danke, Vater, dass du mich trotz meiner Unvollkommenheiten liebst.

24. November

Gott ist gut!

Gnädig und gerecht ist der Herr, ja, voll Erbarmen ist unser Gott! Der Herr beschützt die Hilflosen. Ich war schwach, doch er hat mich gerettet. Psalm 116,5–6 (NGÜ)

Der Psalmist schreibt: „Komm wieder zur Ruhe … denn der Herr hat dir Gutes erwiesen“ (Vers 7; NGÜ). Weil Gott uns immer wieder mit Liebe und Güte begegnet, können wir auch in den Stürmen des Lebens Ruhe finden. Wir müssen uns nicht länger ständig Sorgen machen oder uns abstrampeln und müssen uns über all das, was in dieser Welt falsch läuft, auch keine Gedanken machen, denn bei Gott finden wir Güte, Gerechtigkeit und Mitgefühl. Bei ihm – und nur bei ihm – können wir wahre Ruhe finden.

Lassen Sie sich heute von den Worten des Psalms trösten.

Gott ist gut zu denen, die er liebt, und das heißt: Er ist gut zu Ihnen! Er freut sich darüber, Sie, sein Kind, mit Liebe überschütten zu können. Und er möchte Ihrer Seele Ruhe schenken.

Fühlen Sie sich gerade ruhig und gelassen? Oder gibt es Dinge, die Sie gerade beunruhigen – und haben Sie den Eindruck, dass Gott weit von Ihnen entfernt ist? Bitten Sie ihn um Hilfe. Laufen Sie in seine starken Arme, denn Gott betrachtet Sie voller Liebe und Mitgefühl. Gleichgültig, wie Ihre Lebensumstände auch aussehen: Gott ist gut, und er wird Ihnen Ruhe schenken.

Herr, du bist so gut zu mir! Ich will mich heute bewusst an dich wenden und dich darum bitten, mir Ruhe und Gelassenheit zu schenken.

25. November

Dies ist der Tag

„Immer werde ich, der Herr, euch führen. Auch in der Wüste werde ich euch versorgen, ich gebe euch Gesundheit und Kraft. Ihr gleicht einem gut bewässerten Garten und einer Quelle, die nie versiegt."

Jesaja 58,11 (Hfa)

Schon am frühen Morgen, bevor sich die Vögel regen und die Sterne am Himmel verblassen, ist Gott da. Er weiß, was Sie heute erleben werden, und hat schon alles vorbereitet, was Sie brauchen werden. Schon bevor Sie aus dem Bett steigen, steht Ihnen seine Gnade zur Verfügung. Wenn Sie müde und überfordert sind, wartet Gott bereits darauf, dass Sie sich an ihn wenden und alles an ihn abgeben, was Sie belastet. Wenn Sie sich auf diesen neuen Tag freuen, freut er sich mit Ihnen. Dies ist der Tag, den der Herr gemacht hat!

Sie können den heutigen Tag ganz ruhig angehen – egal, was auch kommt –, weil Gott bei Ihnen ist. Er wird Sie auf jedem Schritt des Weges begleiten. Wenn Sie mit Schwierigkeiten und Problemen konfrontiert sind, wenn Sie lauthals lachen und wenn Sie weinen … und in allen anderen Augenblicken auch. Heute ist ein neuer Tag, der randvoll gefüllt ist mit Gottes Verheißungen, Segensgeschenken und Wundern. Gehen Sie ihn fröhlich und gelassen an.

Wenn ein neuer Tag beginnt, muss ich eigentlich nur eines wissen: Du bist auf jedem Schritt des Weges an meiner Seite, Herr. Ich danke dir dafür.

26. November

Immer im Blick

Mehr als auf alles andere aber achte auf dein Herz, denn es bestimmt, wie du dein Leben führst. Sprüche 4,23 (NGÜ)

Wenn Sie schon einmal einen Rettungsschwimmer beobachtet haben, ist Ihnen bestimmt aufgefallen, dass er ständig das Wasser im Blick hat. Ein Rettungsschwimmer zu sein erfordert Sorgfalt, Konzentration und Disziplin.

So wie ein Rettungsschwimmer ein Schwimmbad oder seinen Abschnitt des Meeres überwacht, so sollten auch Sie Ihren Terminplan sorgfältig überwachen. Sagen Sie bewusst Ja, wenn Sie Zeit haben, und sagen Sie sanft, aber entschieden Nein, wenn das nicht der Fall ist. Wenn Sie darauf achten, dass Ihr Terminplan nicht überquillt, stellen Sie sicher, dass Sie Zeit für die Menschen und Dinge haben, die Ihnen am wichtigsten sind. Und dass Sie Zeit fürs Ausruhen haben.

Wenn Sie wie ein Rettungsschwimmer über Ihren Terminplan wachen, bedeutet das nicht, dass Sie Menschen aus Ihrem Leben ausschließen oder niemals jemandem helfen, wenn Sie gefragt werden. Vielmehr erlaubt es Ihnen, sich mit mehr Bedacht und Gebet für die Aufgaben zu engagieren, die Sie dann wirklich übernehmen. Es hilft Ihnen, einen Burn-out zu vermeiden, und es erlaubt Ihnen, bewusst Zeit für Ruhe einzuplanen. Und es tut nicht nur Ihnen gut, sondern auch Ihrer Familie, Ihren Freunden und Ihrer Gemeinde. Denn je ausgeruhter Sie sind, desto mehr können Sie sich anderen widmen.

Vater, ich vertraue dir den heutigen Tag an. Zeige mir, was ich tun und was ich lieber lassen sollte.

27. November

Heilung von innen

Und doch ist der Herr voller Güte. Er kennt alle, die ihm vertrauen, und ist für sie eine sichere Zuflucht in Zeiten der Not. Nahum 1,7 (Hfa)

Nach einer Erkrankung oder einer Verletzung wieder auf die Beine zu kommen braucht Zeit. Und auch wenn der Fortschritt nicht immer erkennbar ist, sondern langsam vonstattengeht, heilt der Körper. Und nach einer Weile hat er seine alte Kraft wieder zurückerlangt.

Dasselbe gilt für einen Menschen, der körperlich und geistig Ruhe braucht. Wenn die Anforderungen dieses Lebens Sie aussaugen, machen Sie sich bewusst, dass es auch eine Weile dauern wird, bis Sie nach dieser tiefen Erschöpfung innerlich wieder aufgetankt haben. Und selbst wenn die Fortschritte nicht immer gleich zu sehen sind, werden Ihr Körper und Ihr Geist doch langsam, aber sicher wieder neue Kraft bekommen.

Sie werden merken, dass Ihre innere Stärke zurückkehrt. Ihre Schultern werden sich langsam entspannen. Ihre Augen beginnen zu strahlen. Sie werden leichter lachen können. Seien Sie nicht entmutigt, wenn der Prozess mehr Zeit in Anspruch nimmt, als Sie dachten. Gott „arbeitet“ an Ihnen. Er will Sie heilen, Ihnen Ruhe schenken und Sie mit seinem Frieden erfüllen, der alles Verstehen übersteigt.

Vater, ich wünsche mir so sehr, dass mein Körper und meine Seele wieder ein Ort der Ruhe und des Friedens sind.

28. November

Tausend Dank

Gott aber sei Dank! Weil wir mit Christus verbunden sind, lässt er uns immer in seinem Triumphzug mitziehen …

2. Korinther 2,14 (NGÜ)

Ende November feiert man in den USA Thanksgiving. Wenn wir daran denken, fallen uns vermutlich der Truthahn mit leckerer Füllung, Kartoffelbrei, Kürbis und Cranberrys ein … An diesem Tag versammeln sich Familien und Freunde zum Feiern und zum Austausch um den Esstisch. Aber vor allem sollte Thanksgiving eine Zeit für genau das sein: die Danksagung an Gott. Und eigentlich sollten wir unseren Dank auch nicht auf einen Tag beschränken!

Über Danksagung freut sich nämlich nicht nur Gott, sondern auch unser Körper. Menschen, die eine dankbare Lebenseinstellung haben, haben einen niedrigeren Blutdruck, ein stärkeres Immunsystem und schlafen besser. Sie sind aufmerksamer und positiver eingestellt und eher bereit, anderen zu vergeben und Mitgefühl zu zeigen. Ihr Selbstwertgefühl ist höher und ihre Beziehungen sind intensiver.

Wie wäre es, wenn Sie heute mit dem Projekt „Dankbarkeit" beginnen? Versuchen Sie, jeden Tag mindestens eine Sache zu finden, für die Sie dankbar sind – und das muss auch gar nichts Großes sein! Sind nicht schon der Duft von frischem Kaffee am frühen Morgen oder der pünktlich eintreffende Zug ein Grund, um Danke zu sagen?

Ich preise deinen Namen, o Gott, denn du bist gut und beschenkst mich immer wieder reich!

29. November
Grenzen setzen

Der Name des Herrn ist eine feste Burg; der Gottesfürchtige flüchtet sich zu ihm und findet Schutz. Sprüche 18,10 (NL)

Stellen Sie sich vor, Sie gehen in einer Großstadt einen Gehweg entlang, auf dem auch viele andere Menschen unterwegs sind. Was wäre, wenn Sie plötzlich stehen blieben und sich hinsetzen würden, um sich mitten auf dem Gehweg auszuruhen? Sie würden wahrscheinlich getreten und herumgeschubst werden. Es würde sich nicht wirklich entspannt anfühlen, weil Sie abgelenkt wären – denn es besteht die Gefahr, dass man auf Sie tritt!

So fühlt es sich oft an, wenn wir versuchen, uns in dieser geschäftigen Welt auszuruhen. Es passiert einfach ständig so vieles. Wir setzen uns hin, um zu beten, und schon klingelt das Telefon. Wir schließen die Tür und jemand klopft.

Wie können Sie still dasitzen und ruhen, ohne dass man auf Sie tritt? Erstens: Gehen Sie vom Gehweg runter. Das bedeutet, dass Sie Grenzen setzen müssen, um anderen zu signalisieren: Bitte nicht stören, ich brauche jetzt Ruhe. Sagen Sie es Ihrer Familie. Schalten Sie Ihr Telefon aus. Entfernen Sie alle Ablenkungen, und stellen Sie klar, dass Sie nicht gestört werden wollen. Dann können Sie wirklich ganz gelassen Zeit mit Gott verbringen.

Sie können in einer geschäftigen Welt eine Oase der Ruhe finden. Sie müssen bloß einige Grenzen setzen.

Hilf mir, die richtigen Grenzen zu setzen, damit ich Zeit habe, um still in deiner Gegenwart zu sitzen, Herr.

30. November

Ende und Anfang

„Unterstellt euer Leben seiner liebevollen Herrschaft, alles andere überlasst seiner väterlichen Sorge. Ihr werdet herausfinden, dass an alle eure täglichen Bedürfnisse gedacht ist."

Matthäus 6,33 (WD)

Am Ende des Monats fragen wir uns oft, wo die Zeit geblieben ist. War es nicht gerade noch Oktober? Wie können wir schon an der Schwelle zum Dezember stehen? Und während wir uns noch wundern, tickt die Zeit weiter, und jede Sekunde bringt uns einem neuen Tag, einem neuen Monat, einem neuen Jahr näher.

Vielleicht war dieses Jahr mit Freude angefüllt. Oder vielleicht auch mit Enttäuschung und Bedauern. Ganz gleich, wie das Jahr bisher gelaufen ist, Sie haben die Wahl: Werden Sie die Vergangenheit über Ihre Zukunft bestimmen lassen? Oder werden Sie sich dafür entscheiden, diesen neuen Tag – jeden neuen Tag – als wunderbares Geschenk eines Neuanfangs zu betrachten? Denn wie Sie sich auch entscheiden: Die Zeit vergeht.

Warum einen neuen Tag nicht als Geschenk sehen? Warum nicht die Vergangenheit ruhen lassen, fröhlich in diesem Moment leben und mit hoffnungsvoller Erwartung in die Zukunft blicken?

Jesus, gespannt und hoffnungsvoll blicke ich in die Zukunft. Auf welche Weise wirst du wohl im Dezember in meinem Leben wirken?

Dezember

„Ich will den Erschöpften neue Kraft geben, und alle, die vom Hunger geschwächt sind, bekommen von mir zu essen."

Jeremia 31,25 (Hfa)

1. Dezember

Richten Sie den Blick auf Jesus

„Bittet, und ihr werdet erhalten, sucht, und ihr werdet finden, klopft an, und die Türe wird sich öffnen." Lukas 11,9 (WD)

Der Dezember ist da und mit ihm die Vorbereitungen auf die Feiertage. Weihnachtsfeiern, Geschenke, Weihnachtsgebäck, Krippenspiele, Weihnachtsbäume und mehr bahnen sich ihren Weg in unsere Kalender und auf unsere To-do-Listen. Und im Jubel und Trubel der Jahreszeit verlieren wir oftmals den wahren Grund für all dieses Feiern aus den Augen – die Geburt von Jesus.

Weihnachten mit all seinen wunderbaren Traditionen, der Nostalgie und den leckeren Gerüchen ist großartig – doch in seinem Kern ist es die Geschichte vom größten aller Geschenke. Wie wäre es, wenn Sie Ihren Blick in diesem Jahr einmal bewusst auf Jesus richten? Führen Sie sich vor Augen, dass er im Grunde das Geschenk ist, das Sie täglich erhalten: Er kam, damit Sie Leben haben können – Leben, das diesen Namen auch verdient, Leben in Fülle, ewiges Leben. Er kam, um das Böse zu besiegen, die Sünde zu vernichten und die zu retten, die sich im anvertraut haben und nachfolgen.

Und er kam, damit Sie eines Tages mit ihm gehen können, um dem Vater im Himmel zu begegnen. Leben Sie in dieser Adventszeit bewusst mit Jesus – dem wahren Grund für das Fest –, und kommen Sie dadurch innerlich zur Ruhe.

Jesus, hilf mir dabei, dass mein Blick und mein Herz in dieser Weihnachtszeit wirklich auf dich ausgerichtet sind. Du bist das Geschenk, um das es an Weihnachten wirklich geht!

2. Dezember

Warten lohnt sich

Den Unterdrückten gewährt der Herr seinen Schutz, in Zeiten der Not ist er für sie eine Burg in sicherer Höhe.

Psalm 9,10 (NGÜ)

Sie kennen diesen Duft: Es riecht warm und köstlich und schwer und süß. Es ist der Duft eines Plätzchens, das heiß aus dem Backofen kommt. Hat Ihre Mutter Ihnen früher auch immer gesagt, dass Sie noch warten sollen, bevor Sie so ein backfrisches Plätzchen essen? Und haben Sie sich jemals über diesen Rat hinweggesetzt? Vielleicht haben Sie eines vom Backblech stibitzt, als sie gerade nicht hingeschaut hat, und Sie erinnern sich noch heute daran, dass Sie sich den Mund verbrannt haben! Ihre Mutter sagte Ihnen, dass Sie warten sollen, damit Sie sich nicht wehtun. Das tat sie nicht, weil sie gemein war oder es Ihnen nicht gönnte. Sie tat es aus Liebe. Wenn Gott uns sagt, dass wir warten sollen, tut er das aus Liebe. Er hat vollkommene Absichten für uns, und er offenbart sie nach seinem eigenen Zeitplan.

Nun stellen Sie sich vor, dass Sie geduldig auf das Plätzchen gewartet haben. Und als es dann ein wenig abgekühlt war, gab Ihre Mutter Ihnen eines. Das Plätzchen hatte die perfekte Temperatur – es war kalt genug, dass man es genießen konnte, aber warm genug, dass die Schokolade noch in Ihrem Mund schmolz. Mütter kennen sich mit Plätzchen aus. Und Gott kennt sich mit Ihnen aus. Sie dürfen gelassen darauf warten, dass seine Pläne für Sie Wirklichkeit werden; sie sind das Warten immer wert.

Vater, erinnere mich daran, dass selbst Zeiten des Wartens Teil deines vollkommenen Plans für mein Leben sind.

3. Dezember

Das perfekte Weihnachtsfest

„Bleibt als Reben mit mir verbunden, wie auch ich mit euch verbunden bleibe. Genauso wie der Rebzweig nicht von sich aus Trauben hervorbringen kann, wenn er nicht mit dem Weinstock verbunden ist, so könnt auch ihr keine Frucht bringen, wenn ihr nicht ganz eng mit mir verbunden seid."

Johannes 15,4 (WD)

In der Weihnachtszeit gibt es so viel zu tun: Wir müssen den perfekten Baum suchen, die perfekten Geschenke finden, das perfekte Fest veranstalten und das perfekte Weihnachtsessen planen. Das alles sind wunderbare Dinge, aber das Streben nach dem perfekten Weihnachtsfest kann ausgesprochen erdrückend und stressig werden. Legen Sie Ihr Streben nach Perfektion ab. Denken Sie daran, dass Jesus auf diese Welt kam, weil wir eben nicht vollkommen sind.

Wahrscheinlich wird Ihr Weihnachtsbaum eine kahle Stelle haben, Sie werden mit einem Geschenk danebenliegen, und in der Küche wird sich bestimmt auch ein Missgeschick ereignen – und das ist in Ordnung. Sie können gelassen in die Weihnachtszeit gehen, denn Ihr Zuhause, Ihre Feiern und Ihre Planung müssen gar nicht perfekt sein. Weihnachten ist dann perfekt, wenn man sich über die Segensgeschenke freuen kann, die Gott uns gibt: Familie, Freunde und vor allem das Geschenk seines Sohnes. Also singen Sie die Weihnachtslieder, freuen Sie sich über die Lichter der Kerzen, essen Sie mehr als nur ein Plätzchen, und beten Sie den Einen an, wegen dem Sie einen Grund zum Feiern haben.

Bitte erfülle mich mit deiner Freude, Jesus. Ich will mich nach dir ausstrecken und nicht danach, dass die Weihnachtszeit perfekt ist.

4. Dezember
Voller Demut

Während sie dort waren, kam für [Maria] die Zeit, das Kind auf die Welt zu bringen: Sie schenkte einem Sohn das Leben. Sie wickelte ihn in Tücher und legte ihn in eine Futterkrippe, denn es gab für sie keine Unterkunft mehr in der einzigen Herberge am Ort. Lukas 2,6–7 (WD)

Als Jesus auf die Erde kam, kam er als Neugeborenes – ein verletzliches, hilfloses und ach so kleines Kind. Jesus kam nicht in einem Palast oder einem herrschaftlichen Haus zur Welt, sondern in einem Stall. Seine Eltern waren auch nicht reich oder berühmt oder angesehen. Sie waren ganz gewöhnliche Menschen, die in Gottes außergewöhnlichem Plan eine Rolle spielten. Er kam auch nicht als mächtiger König mit einer ehernen Rüstung und Armeen von Soldaten, die ihn verteidigt und seine Feinde vernichtet hätten. Ja, der Sohn Gottes kam, um diese Welt zu retten, aber er kam auf die demütigste Weise.

Und wie demütig! Während er im Himmel regiert hatte, kam er nicht auf die Erde, um zu herrschen, sondern um zu dienen. Es ging ihm nicht um die Anerkennung von Menschen, die meinten, dass sie bei Gott gut dastünden, sondern um die Menschen, die wussten, wie weit sie von Gott entfernt waren. Eine Lektion, die auch wir lernen sollten, die wir ihm nachfolgen. Ich wünsche Ihnen, dass Sie in dieser Adventszeit nicht von Stolz, sondern von Demut regiert werden. Dass Sie nach der Anerkennung von

Gott und nicht nach der von Menschen streben. Und dass Sie bei Gott Zufriedenheit und wahren Frieden finden.

Jesus, du lebtest ein ganz normales menschliches Leben, um mich zu retten. Hilf mir, so demütig zu werden wie du.

5. Dezember
Eine wichtige Verbündete

„Dann hast du endlich wieder Hoffnung und kannst zuversichtlich sein. Abends siehst du noch einmal nach dem Rechten und legst dich dann in Frieden schlafen."
Hiob 11,18 (Hfa)

Die Weihnachtszeit kann geschäftig und hektisch und eine echte Belastung sein, und oftmals gehen die Emotionen mit uns durch. Natürlich ist das Fest der Geburt von Jesus eine freudige Angelegenheit, aber es gibt auch Familiendramen, Beziehungsstreit und Stress, was leicht dazu führt, dass wir Dinge sagen, die uns hinterher leidtun. Sorgen Sie also zeitig dafür, dass Sie ausreichend Ruhepausen bekommen.

Schlafen Sie genug. Verbringen Sie Zeit mit Gott. Lesen Sie ein Buch. Erfreuen Sie sich an den Lichtern des Weihnachtsbaums. Geben Sie sich selbst die Erlaubnis, hin und wieder eine Auszeit zu nehmen. Wenn Sie ganz ausgeruht sind, können Sie klarer denken, bedingungsloser lieben, großzügiger geben und sogar Ihre Zunge im Zaum halten.

Ruhe ist in dieser arbeitsreichen Zeit eine mächtige Verbündete. Sie sind darauf angewiesen. Sich an diesen geschäftigen Tagen immer wieder Oasen der Ruhe zu schaffen, ist eines der wichtigsten Dinge, die Sie für sich selbst tun können. Legen Sie sich einen Vorrat davon an!

Vater, ich will mir in dieser Adventszeit immer wieder Auszeiten nehmen, damit ich auftanken und meinen Freunden und meiner Familie gegenüber liebevoll und nachsichtig sein kann.

6. Dezember

Das Licht der Welt

Ein anderes Mal, als Jesus zu den Leuten sprach, sagte er: „Ich bin das Licht der Welt. Wer mir nachfolgt, wird nicht mehr in der Finsternis umherirren, sondern wird das Licht des Lebens haben." Johannes 8,12 (NGÜ)

Wenn Sie in dieser Jahreszeit unterwegs sind, werden Sie Tausende von funkelnden Weihnachtslichtern sehen. Sie sind vor Häusern um Bäume und Büsche gewunden, um Fenster und Eingänge geschlungen, und sie schmücken Laternenmasten und Hausdächer. Sie erleuchten die Nacht, wo immer sie auch sind.

Diese Lichter sind ein schönes Abbild für Jesus, das Licht der Welt. Bei seiner Geburt tauchten Engel mit ihrer Gegenwart und ihrem Lobgesang den Himmel in einen hellen Schein. Die Botschaft von Jesus vertreibt die Schatten von den dunkelsten Orten, und seine Verheißungen lassen in den Augen der Hoffnungslosen ein Licht erstrahlen.

Denken Sie jedes Mal, wenn Sie das Leuchten der Weihnachtslichter sehen, über die obigen Worte von Jesus nach: „Ich bin das Licht der Welt." Denken Sie daran, wie die Engel den Himmel erhellten. Singen Sie Jesus Christus, dem wahren Licht der Welt, Lobpreislieder. Und kommen Sie in dem Wissen zur Ruhe, dass der Eine, der die Engel zum Singen brachte, noch immer Tag für Tag mit Ihnen geht.

Ich will mir heute bewusst machen, dass das Licht deiner Gegenwart mein Leben erhellt, Jesus.

7. Dezember

Das Geschenk des Schlafes

Vergeblich ist es, dass ihr so früh aufsteht und euch erst spät wieder hinsetzt, um dann euer mühsam erarbeitetes Brot zu essen – denn genauso viel gibt der Herr den Seinen im Schlaf! Psalm 127,2 (NGÜ)

An den Feiertagen gibt es viel Grund zur Freude, aber oft auch nur wenig Schlaf. Wenn Sie noch in letzter Minute Projekte abschließen, Einkäufe erledigen, hastige Vorbereitungen treffen oder sich Planänderungen ergeben, sind Sie schnell bis in die späten Abendstunden beschäftigt, und Sie leiden vielleicht unter mehr als nur ein wenig Schlafentzug. Sind Sie müde? Merken Sie, dass Sie mal Ruhe brauchen?

Nehmen Sie sich Zeit, um sich auszuruhen. Das größte Geschenk, das Sie den Menschen in Ihrem Umfeld machen können, ist Freude und Ausgeglichenheit im gemeinsamen Miteinander. Und wenn Sie gestresst und erschöpft sind, weil Sie lange geschuftet haben, wird das eher nicht gelingen. Der Advent ist eine Zeit der Freude und der Danksagung, und man genießt – und überlebt – ihn am besten, wenn man ausreichend Schlaf bekommt.

Erliegen Sie nicht dem Festtagsstress, den Ängsten oder dem Perfektionsdruck. Geben Sie sich selbst die Erlaubnis, in diesen Tagen immer wieder einmal zur Ruhe zu kommen. Das ist eines der besten Geschenke, die Sie sich machen können.

Herr, oft kommt die Ruhe während der Adventszeit zu kurz. Hilf mir, hier die nötige Selbstdisziplin zu entwickeln.

8. Dezember

Großartige Nachrichten!

Er sorgt für sein Volk wie ein guter Hirte. Die Lämmer nimmt er auf den Arm und hüllt sie schützend in seinen Umhang. Die Mutterschafe führt er behutsam ihren Weg.

Jesaja 40,11 (Hfa)

Stellen Sie sich vor, Sie wären ein junger Schafhirte und hüteten gerade Ihre Schafe. Plötzlich erscheint mitten in der Nacht ein Engel und sagt Ihnen, dass etwas, das vor Hunderten von Jahren prophezeit worden ist, endlich Wirklichkeit wurde: „Habt keine Angst. Ich bin hier, um euch ein Ereignis mitzuteilen, das euch froh macht und das für alle Menschen Grund zu großer Freude sein wird: In dieser Nacht wurde in der Stadt Davids der geboren, von dem die Schrift sagt, dass er der langersehnte Messias ist, der die Menschheit retten wird“ (Lukas 2,10–11; WD).

Ihnen wird also eine unglaublich großartige Neuigkeit überbracht: Der Messias ist da. Ihr Retter – Ihr Hirte – wurde geboren! In dieser Nacht wird es keine Ruhe geben, denn Sie laufen gleich los, um sich dieses Kind anzuschauen, den Sohn Gottes, der in einer Krippe liegt.

Schauen Sie doch in diesem Dezember mal in den Sternenhimmel. Erinnern Sie sich dabei an diese Hirten und an ihre Herden, die vor langer Zeit die himmlischen Heerscharen sahen und die großartige Neuigkeit hörten. Und machen Sie sich bewusst: Ihr Hirte ist gekommen, um Sie nach Hause zu führen!

Danke, Herr, dass du mein Hirte bist. Hilf mir dabei, deiner Leitung zu vertrauen und dir nach Hause zu folgen.

9. Dezember

Machen Sie jetzt eine Ruhepause

Abends legst du dich ohne Sorgen ins Bett und schläfst die ganze Nacht hindurch ruhig und tief. ... Der Herr selbst ist der Grund für deine Zuversicht; er lässt dich nicht in eine Falle laufen. Sprüche 3,24.26 (Hfa)

Ich kann es auch später noch tun. Ich werde es nach den Feiertagen erledigen. Ich werde es tun, wenn der Trubel sich erst einmal gelegt hat. Wie oft sagen wir so etwas, wenn wir darüber nachdenken, während der Adventszeit mal ein wenig kürzerzutreten? Es gibt ja schließlich so viel zu tun. Der Dezember ist einer der geschäftigsten Monate des Jahres, wie kann man sich da Zeit zum Ausruhen nehmen? Das geht doch gar nicht. Oder doch?

Auch wenn es widersprüchlich klingt: Sich auszuruhen ist tatsächlich das Sinnvollste, das Sie tun können. Nehmen Sie sich heute eine kleine Auszeit. Verschieben Sie es nicht auf morgen. Warten Sie damit nicht, bis das neue Jahr begonnen hat. Gönnen Sie Ihrem Körper und Ihrem Geist an jedem einzelnen Tag des Monats eine Pause – selbst wenn es nur ein paar Minuten sind.

Schlendern Sie durch die Stadt, und schauen Sie sich die

Weihnachtsbeleuchtung an. Trinken Sie eine heiße Schokolade am Kaminfeuer. Lesen Sie die Weihnachtsgeschichte. Verschieben Sie Ihre Einkäufe auf später, um mit einer Freundin eine Tasse Tee zu genießen. Nehmen Sie sich jetzt eine Auszeit und nicht erst später.

Es fällt mir so schwer, mir tatsächlich eine Auszeit zu gönnen. Ich habe doch so viel zu tun! Herr, zeige du mir, wie ich immer wieder Momente der Ruhe finden kann.

10. Dezember

Sein Wort spricht auch heute noch zu Ihnen

Jede Schrift, die Gottes Geist eingegeben hat, gibt einer Lehre erst die Überzeugungskraft, die Menschen die Wahrheit über sich selbst erkennen und ihre Schuld einsehen lässt und sie dazu bringen kann, dass sie ihr Leben ändern. So hilft die Heilige Schrift mit, Menschen für ein Leben mit Gott vorzubereiten, damit sie einmal wirklich wie Menschen nach dem Herzen Gottes handeln können. 2. Timotheus 3,16–17 (WD)

Lesen Sie diese Bibelstelle noch einmal – die Bibel ist nicht einfach bloß irgendein Buch. Ja, sie wurde vor Tausenden von Jahren verfasst, aber sie ist heute noch genauso aktuell wie damals.

Ihre Wahrheiten sind auf unser Leben ebenso anwendbar, wie sie es damals waren, als sie von ihren Verfassern niedergeschrieben wurden. Die Bibel ist nicht wie jedes andere Buch. Sie wurde von „Gottes Geist eingegeben". Das bedeutet: So wie Gott Adam Leben einhauchte, hauchte er auch ihren Seiten seine Worte, seine Wahrheit und seinen lebendigen, handelnden Geist ein.

Wenn Sie das Gefühl haben, dass Gott weit von Ihnen entfernt ist oder wenn Sie unsicher sind, wohin Sie gehen oder was Sie tun sollen, dann schlagen Sie die Bibel auf. Seine Worte sind sein Geschenk an Sie. Und wenn Sie Ihr Herz und Ihren Geist öffnen, um seinem Reden zu lauschen, wird er auch zu Ihnen sprechen. Wann immer Sie den Weg aus den Augen verloren haben, wann immer Sie Fragen haben: Wenden Sie sich an Gottes Wort. Dort finden Sie Antworten auf Ihre Fragen, Kraft und Führung für Ihren Weg und Ruhe für Ihre Seele.

Herr, ich will regelmäßiger in deinem Wort lesen. Bitte gebrauche es, um deine Wahrheit und deine Weisheit in mein Leben hineinzusprechen.

11. Dezember

Niemals außer Kontrolle

Der Herr ist mein Hirte, darum leide ich keinen Mangel.

Psalm 23,1 (NGÜ)

Wir alle haben gern die Kontrolle, aber in Wirklichkeit gibt es nur wenig, das wir wirklich kontrollieren können. Wir können andere nicht kontrollieren, und wir können unsere Lebensumstände nicht immer kontrollieren. Und oftmals fällt es uns schwer, diese Tatsache zu akzeptieren.

Wenn wir mit einer Situation konfrontiert sind, mit der wir nicht sehr glücklich sind – Ihre Mutter hat kein Interesse am christlichen Glauben, Ihr Vater kümmert sich nicht um seine Gesundheit, Ihr Kind hängt mit den falschen Freunden herum, Ihre Freundin trifft Entscheidungen, die ihr schaden werden –, würden wir sie am liebsten korrigieren. Diese zerbrochene Welt hat negative Auswirkungen auf die Menschen, die wir lieben, aber wir können nicht viel dagegen tun. Wir können versuchen, sie liebevoll auf Fehlentscheidungen oder Irrtümer hinzuweisen, und wir können Ihnen vorleben, was es bedeutet, mit Gott zu leben, aber schlussendlich müssen wir darauf vertrauen, dass Gott sich um unsere Lieben kümmert.

Er liebt Ihre Mutter, Ihren Vater, Ihr Kind und Ihre Freundin sogar noch mehr als Sie. Gott sorgt sogar für die Sperlinge und die Blumen auf dem Feld. Machen Sie sich heute bewusst, dass Gott sich wirklich um Ihre Familie und Ihre Freunde kümmert, und geben Sie diese Last an ihn ab.

Herr, ich vertraue dir meine Familie und meine Freunde an. Ich weiß, dass du sie noch mehr liebst als ich.

12. Dezember

Gott versteht Sie

Und wer an Jesus glaubt, kann sich voll Zuversicht an Gott wenden; denn wenn wir ihn um etwas bitten, was seinem Willen entspricht, erhört er uns. 1. Johannes 5,14 (NGÜ)

Haben Sie schon einmal „Stille Post“ gespielt? Sie flüstern einer Freundin einen Satz ins Ohr, die flüstert ihn ihrer Nachbarin zu, und so geht es im Kreis herum, bis Sie wieder an der Reihe sind – aber dann ist der ursprüngliche Satz für gewöhnlich nicht mehr zu erkennen.

Im alltäglichen Leben geht es uns manchmal so wie bei dem Spiel *Stille Post*: Andere verstehen unsere Botschaften falsch. Wir schicken eine harmlose E-Mail, aber der Empfänger findet unseren Tonfall unhöflich und fühlt sich angegriffen. Ein einfaches Missverständnis eskaliert zu einem Streit. Es passiert schnell, dass Botschaften missverstanden werden.

Aber wenn Sie mit Gott reden, gibt es keine Missverständnisse. Er weiß, wie es in Ihnen aussieht, und kennt jeden Gedanken, der Ihnen in den Sinn kommt. Er hört jedes Wort, und er versteht genau, was Sie ihm zu sagen versuchen – selbst wenn Ihr Gebet mehr aus Tränen denn aus Worten besteht. Aus diesem Grund können Sie sich Gott zuversichtlich nähern. Er weiß, was Sie zu sagen versuchen, und selbst wenn Sie nur seinen Namen aussprechen, versteht er, was Sie meinen.

Herr, du bist ein großartiger Gott, der seinen Kindern wirklich zuhört. Danke, dass du mich verstehst, auch wenn mir die Worte fehlen.

13. Dezember
Hören Sie auf, sich mit anderen zu vergleichen

Dankt Gott in jeder Lage! Das ist es,
was er von euch will und was er euch durch
Jesus Christus möglich gemacht hat.
1\. Thessalonicher 5,18 (NGÜ)

Weihnachten rückt näher, und das Fest wird schneller da sein, als es Ihnen angesichts der Hektik des Lebens lieb ist. Obwohl Sie gerade versuchen, in dieser Weihnachtszeit bewusst mehr Zeit mit Jesus zu verbringen, stimmt etwas nicht. Ihnen fällt auf, dass Sie gerade etwas unzufrieden sind, und Weihnachtsfreude empfinden Sie auch nicht, denn Sie merken, dass Sie Ihre Adventszeit mit der der anderen vergleichen.

Sie wurden nicht zu dieser Feier eingeladen; Ihr Kollege hat eine höhere Prämie bekommen; Ihre Weihnachtsdeko ist einfallsloser als die Ihrer kreativen Nachbarin; Ihr Weihnachtsbudget ist kleiner als im vergangenen Jahr … Die Liste ließe sich ewig fortführen. Es gibt so viele Bereiche, in denen Sie sich mit anderen vergleichen und meinen, dass Sie schlechter abschneiden. Hören Sie damit auf.

Versuchen Sie doch in diesem Monat einmal, sich nicht mit anderen zu vergleichen. Vielleicht bedeutet das in Ihrem Fall, dass Sie in den nächsten Wochen einen Bogen um Facebook, Instagram und Twitter machen oder dass Sie eine Liste all der Dinge erstellen, für die Sie dankbar sind. Bitten Sie eine gute Freundin, für Sie zu beten und Sie immer wieder an Ihr Vorhaben zu erinnern. Wir Menschen neigen von Natur aus dazu, uns mit anderen zu vergleichen, aber auch davon will Gott uns befreien! Lernen Sie, gelassener zu sein, weil Gott Ihnen alles gibt, was Sie wirklich brauchen.

Herr, ich vergleiche mich oft mit anderen, ohne es zu merken. Hilf mir dabei, mir all das in Erinnerung zu rufen, was mir als deinem Kind bereits gehört.

14. Dezember

Der Geldbaum

„Denn wo dein Reichtum ist, da wird auch dein Herz sein."

Matthäus 6,21 (NGÜ)

Wäre es nicht großartig, wenn Geld auf Bäumen wachsen würde? Dann könnten Sie jedes Mal, wenn Sie etwas bräuchten – oder einfach wollten –, hinausgehen, etwas Geld pflücken und auf Shoppingtour gehen. Das würde es Ihnen erleichtern, Ihre Weihnachtseinkaufsliste abzuarbeiten. Doch das Leben funktioniert so nicht, und das ist wahrscheinlich auch gut so. Wenn wir unbegrenzte Geldmittel zur Verfügung hätten, würden wir nicht lernen, wie man sich auf Gott verlässt.

Oft sind es gerade die Menschen, die wenig besitzen, die Gott am meisten vertrauen. Warum? Weil sie immer wieder erleben, dass er für sie sorgt. Wenn wir meinen, dass wir nicht auf Gott angewiesen seien, weil wir uns schon um uns selbst kümmern können, laufen wir Gefahr, nur auf unsere eigenen Fähigkeiten zu vertrauen und nicht auf Gott, den ultimativen Versorger.

Statt eines Geldbaumes hat er Ihnen etwas viel Besseres geschenkt: Durch Jesus Christus er hat Ihnen das Geschenk einer Beziehung mit dem Einen gemacht, der die Bäume erschaffen hat. Vertrauen Sie also darauf, dass er Sie wirklich mit allem versorgen kann, was Sie brauchen.

Herr, ich will mich in diesem Monat bewusst darauf verlassen, dass du mich mit allem versorgen wirst, was ich brauche, und mich nicht länger nur auf mich selbst verlassen.

15. Dezember

Singen Sie Lobpreislieder

Alles, was atmet, lobe den Herrn! Halleluja!

Psalm 150,6 (NGÜ)

Die gesamte Adventszeit hindurch erklingen überall Weihnachtslieder. Von „Last Christmas“ bis hin zu „O du fröhliche“ – ganz gleich, wo Sie sind: Wenn Sie einmal bewusst darauf achten, hören Sie wahrscheinlich überall Weihnachtslieder. Sie werden pausenlos in Einkaufszentren und im Radio gespielt, in Büros genauso wie in Taxis. Wahrscheinlich laufen sie sogar bei Ihnen zu Hause. Und wahrscheinlich fällt Ihnen gelegentlich auf, dass Sie mitsummen.

Wie wäre es wohl, wenn Sie das ganze Jahr über immer ein Loblied auf den Lippen hätten? Wie wäre es, wenn Sie nicht mit Klagen und Bitten zu Gott kämen, sondern viel häufiger mit Dank und Lobpreis?

Singen Sie Gott in dieser Woche bewusst Loblieder. Kirchenlieder oder Anbetungslieder, die Ihnen gefallen. Singen Sie ihm aus ganzem Herzen. Ob Sie nun singen können oder nicht, spielt keine Rolle – singen Sie einfach fröhlich für ihn! In einem fröhlichen Herzen ist nämlich kein Platz für Hektik und Stress!

Herr, ich will dir mit meinen Liedern Lobpreis und Ehre bringen.

16. Dezember

Jesus, unser Freund

Wenn jemand zu Christus gehört (also ihn als seinen Herrn und Erlöser angenommen hat), dann ist er eine neue Schöpfung. Das Alte ist vergangen, es ist wirklich etwas ganz Neues entstanden. 2. Korinther 5,17 (WD)

Haben Sie eine Freundin, die noch nie etwas Schlechtes über Sie gesagt hat? Eine, die ohne Zögern alles für Sie tun würde? Haben Sie eine Freundin, die immer liebevoll und geduldig ist und weise Ratschläge für Sie hat? Die noch nie gesündigt hat? Ihre Freunde haben sicher viele wunderbare Eigenschaften, aber alle haben schon einmal Gottes Gebote übertreten und sind alles andere als vollkommen. Mit einer Ausnahme: Jesus.

Jesus ist der perfekte Freund. Er wird Ihnen niemals in den Rücken fallen. Er wird nie Klatsch über Sie verbreiten oder Sie ausnutzen, um karrieretechnisch weiterzukommen. Er wird sich nie über Sie lustig machen oder Sie wütend anblaffen. Er wird Sie niemals enttäuschen. Aber er wird Sie immer lieben.

Wenn Jesus Ihr Freund ist, können Sie unbesorgt zur Ruhe kommen. Bei ihm sind Sie zu Hause. Sie müssen sich seine Liebe nicht verdienen; Sie können völlig in dem Wissen ruhen, dass er Sie bedingungslos und vollkommen liebt. Welch ein Freund ist unser Jesus!

Wenn ich mir bewusst mache, wie groß deine Liebe und deine Gnade sind, bin ich völlig überwältigt, Jesus. Danke, dass du mein Freund bist.

17. Dezember

Ehre sei Gott!

Wir danken Gott, der uns durch Jesus Christus, unseren Herrn, den Sieg über die Sünde und den Tod gibt!

1. Korinther 15,57 (NL)

Als der Engel den Hirten erschien, um ihnen die gute Nachricht von der Geburt Jesu zu überbringen, war das eine so erstaunliche, weltverändernde Nachricht, dass da „alsbald … bei dem Engel die Menge der himmlischen Heerscharen [waren], die lobten Gott und sprachen: Ehre sei Gott in der Höhe und Friede auf Erden bei den Menschen seines Wohlgefallens" (Lukas 2,13–14; NGÜ). Versuchen Sie einmal, sich die Majestät und Herrlichkeit dieser Nacht vorzustellen. Und wie Ehrfurcht gebietend dieser Anblick für die Hirten gewesen sein muss – die Umrisse der Engel vor dem Nachthimmel, die Gott mit himmlischen Stimmen lobten und den Hirten verkündeten, dass er ihnen Frieden schenken wollte.

Denken Sie, während Weihnachten näherrückt, über den Lobpreis nach, den die Engel verkündeten. Sie waren so begeistert von dieser Botschaft, dass sie ihren Lobpreis nicht mehr zurückhalten konnten und auf die Erde herabeilten. Bringen Sie Gott heute Ihren eigenen Lobpreis dar. Singen Sie von seiner Herrlichkeit und Macht. Und vor allem denken Sie über das Wunder des Geschenks nach, das die Engel verkündeten: das Kommen des Königs.

Herr, ich will dir in dieser Weihnachtszeit immer wieder meinen Lobpreis bringen – mit meinen Lippen, aber auch in meinem Herzen.

18. Dezember

Die besinnliche Jahreszeit

Erschaffe in mir ein reines Herz, o Gott,
und gib mir einen neuen, gefestigten Geist.
Psalm 51,12 (NGÜ)

Es sind nur noch wenige Tage bis Weihnachten. Freunde und weit entfernt lebende Mitglieder der Familie schicken Karten oder rufen an, der Weihnachtsbaum wird aufgestellt und verbreitet seinen zauberhaften Duft im Haus. Der große Tag ist schon bald in Sicht. Diese Zeit des Jahres ist wirklich aufregend!

Obwohl Weihnachten ein feierlicher Festtag ist, werden wir von all dem Drumherum oft überrollt und beginnen das neue

Jahr ein wenig erschöpft. Daher ist es auch so wichtig, dass Sie sich schon vor Weihnachten immer wieder kleine Auszeiten nehmen.

Denken Sie über die Bedeutung von Weihnachten nach. Nehmen Sie sich morgens etwas Zeit. Setzen Sie sich im Schlafanzug in Ihren Lieblingssessel und verbringen Sie etwas Zeit mit Gott. Erinnern Sie sich daran, wie er Ihnen im vergangenen Jahr seine Treue gezeigt hat. Machen Sie bewusst kleine Pausen, um diese besinnliche Jahreszeit zu genießen, die doch so von Geschäftigkeit durchdrungen ist. Atmen Sie tief durch, und heißen Sie Jesus in dieser Jahreszeit und in Ihrem hektischen Leben willkommen.

Herr, schaffe mich neu: Schenk mir ein Herz, das dir völlig gehört, und einen Geist, der beständig zu dir hält.

19. Dezember

Blühen und gedeihen

Wenn ich tot wäre, dann läge ich jetzt ungestört, hätte Ruhe und würde schlafen ... Hiob 3,13 (Hfa)

Wenn eine Pflanze gedeiht, wächst sie gesund und stark heran, bringt Blüten, Früchte oder Gemüse hervor. Wenn ein Baby gedeiht, legt es an Gewicht zu, wird sich seiner Umwelt bewusst und erwirbt immer neue Fähigkeiten. Aber wie sieht Gedeihen bei Ihnen aus?

Gott will, dass Sie gedeihen und ein erfülltes Leben führen. Bei manchen äußert sich Gedeihen in Abenteuern und Spontaneität, während es bei anderen Stille und Ruhe bedeutet. Wenn Sie sich in einer ausgesprochen geschäftigen Phase Ihres Lebens befinden, mag Gedeihen darin bestehen, dass Sie klar denken können und innerlich gelassen sind.

Versuchen Sie in dieser Woche, sich nicht abzustrampeln, um die Zeit vor Weihnachten noch zu nutzen, sondern sprechen Sie mit Gott darüber, wie *Gedeihen* in Ihrem Fall aussehen könnte. Halten Sie sich dabei immer vor Augen, dass Gedeihen nicht immer bedeutet, dass man etwas macht oder schafft. Manchmal bedeutet es, mit einem Buch in einem Sessel zu sitzen, einen gemütlichen Spaziergang im Wald zu machen oder einfach nur dazusitzen und sich einen Sonnenuntergang anzuschauen. Wie können Sie heute gedeihen?

Du weißt, was am besten für mich ist, Herr. Hier bin ich, bitte zeige mir, wie ich aufblühen kann.

20. Dezember

Die gute Nachricht mit eigenen Augen sehen

Als der Chor der Engel wieder vom nächtlichen Himmel aufgenommen worden war, unterhielten sich die Schafhirten aufgeregt miteinander: „Lasst uns so schnell wie möglich nach Betlehem gehen und mit eigenen Augen sehen, was Gott uns gezeigt hat." Lukas 2,15 (WD)

Nachdem die Engel den Hirten von der Geburt Jesu erzählt hatten und wieder verschwunden waren, eilten die Hirten nach Betlehem, um sich den neugeborenen König mit eigenen Augen anzusehen. Stellen Sie sich vor, wie begeistert sie waren und mit wie viel Hoffnung erfüllt, als sie nach dem Kind suchten, das in einer Krippe liegen sollte. Doch da es damals die Bibel noch nicht gab, kannten die Hirten nicht die ganze Geschichte. Sie wussten nicht, dass die Geburt noch nicht das einzige Wunder war!

Aber Sie kennen die ganze Geschichte. Sie wissen, dass in der Krippe der Sohn Gottes lag, Sie kennen seine Botschaft, und Sie wissen, dass er starb und wiederauferstand. Sie müssen dieses Kind nicht mit eigenen Augen sehen. Sie finden diese Wahrheit auf den Seiten der Bibel. Und das schenkt Ihnen wiederum Ruhe und Gelassenheit!

Die Geburt, der Tod und die Auferstehung von Jesus haben sich bereits ereignet. Er wartet im Himmel auf Sie. Sie müssen nicht erst noch nach ihm suchen und sich fragen, was er wohl tun wird. Sie müssen einfach nur seine Einladung annehmen und mit ihm durchs Leben gehen.

Jesus, ich danke dir dafür, dass ich dich kennen darf und dass ich in der Bibel jederzeit deine Wahrheit und deine Weisheit finde.

21. Dezember

Hören Sie genau hin

„Wer Gott zum Vater hat, hört auf Gottes Wort. Und das ist ganz einfach der Grund, warum ihr nicht hören könnt: Ihr wollt mit Gott nichts zu tun haben." Johannes 8,47 (WD)

Das Esszimmer ist erfüllt von Lärm und Trubel. Gelächter, das Klirren von Besteck, im Hintergrund laufen Weihnachtslieder. Aber plötzlich steht eine junge Mutter auf und eilt hinaus. Über all den Lärm hinweg hat sie das Weinen ihres Kindes gehört – obwohl niemand sonst etwas vernommen hat.

So wie eine Mutter eine besondere Antenne für das Weinen ihres Kindes hat, können Sie eine besondere Antenne für den Heiligen Geist haben. Gott spricht nicht immer durch großartige, sichtbare Zeichen zu Ihnen. Vielmehr verwendet er oftmals die feine, leise Stimme des Heiligen Geistes, wenn er durch sein Wort spricht. Und die können Sie nur durch Übung und Ausdauer erkennen. Aber wenn Sie mehr Zeit mit Gott verbringen, werden Sie die Führung des Heiligen Geistes immer besser wahrnehmen. Lauschen Sie also aufmerksam auf Gottes Reden, hören Sie ihm zu, wenn er spricht, und vertrauen Sie seiner Führung.

Hilf mir, innerlich zur Ruhe zu kommen, damit ich deine Stimme besser hören kann, Vater. Ich will nie auch nur ein Flüstern überhören.

22. Dezember

Vorfreude

Doch der Engel sagte: „Habt keine Angst. Ich bin hier, um euch ein Ereignis mitzuteilen, das euch froh macht und das für alle Menschen Grund zu großer Freude sein wird: In dieser Nacht wurde in der Stadt Davids der geboren, von dem die Schrift sagt, dass er der langersehnte Messias ist, der die Menschheit retten wird." Lukas 2,10–11 (WD)

Als Sie noch klein waren, war die weihnachtliche Vorfreude bestimmt riesengroß und ausgesprochen quälend. Schließlich wussten Sie, dass schon in wenigen Tagen viele Geschenke unter dem Weihnachtsbaum liegen würden! Aber jetzt, da Sie älter sind, ist Ihnen bewusst, dass Vorfreude auch ein Geschenk sein kann. Sie bekommen dadurch einen flüchtigen Eindruck von genau dem Gefühl, das die Menschen vor zweitausend Jahren hatten, als sie auf den verheißenen Retter warteten. Die Hirten wussten, dass der Messias einmal kommen würde, aber sie wussten weder wann noch wie das geschehen würde. Stellen Sie sich vor, wie sehr sie sich freuten, als sie die Worte des Engels hörten! Der Eine, auf den sie schon so lange gewartet hatten, der Retter, war endlich da!

Denken Sie heute einmal über die folgenden Zeilen des bekannten Weihnachtsliedes „O Heil'ge Nacht" nach: „Ein Hoffnungsschimmer strahlt in uns're Herzen, ein neuer Morgen bricht für uns heran." Stellen Sie sich vor, mit wie viel Hoffnung die Hirten zum Stall eilten, um den Retter zu sehen, und wie sehr sie sich darüber freuten! Was fühlen Sie, wenn Sie sich bewusst machen, dass Jesus eines Tages wiederkommen wird?

Ein Hoffnungsschimmer für eine dunkle Welt! Herr, ich danke dir dafür, dass du uns deinen Sohn geschenkt hast!

23. Dezember

So groß und weit wie der Himmel

Denn deine Gnade ist so groß und weit wie der Himmel, und deine Treue reicht bis zu den Wolken. Zeige dich, o Gott, in deiner Macht, lass sie den Himmel überstrahlen, und auch auf der ganzen Erde lass deine Herrlichkeit sichtbar werden.

Psalm 108,5–6 (NGÜ)

Gottes Gnade ist so groß und weit wie der Himmel. Man kann seine Gnade gar nicht messen – und geht es dem Psalmisten nicht genau darum? Gottes Gnade ist so groß und tief und weit und riesig, dass sie einfach nicht messbar ist. Unser kleiner menschlicher Verstand kann sie unmöglich erfassen.

Weil Gott Sie so sehr liebt, müssen Sie sich um nichts Sorgen machen, und Sie brauchen sich auch vor nichts zu fürchten – keine Sekunde lang! Der Gott, dessen Gnade so groß und weit ist wie der Himmel, ist *für* Sie da und *bei* Ihnen. Er wird nie über eine Ihrer Sorgen lachen. Stattdessen lädt er Sie ein, alle Ihre Lasten an ihn abzugeben. Er wird Sie von Ihren größten Sorgen und Ängsten befreien und sie durch seinen Frieden, seine Freude und seine Liebe ersetzen. Machen Sie sich in dieser Adventszeit bewusst, dass Gott seinen Sohn nicht für alle anderen *außer* für Sie sandte und dass er das aus persönlicher, inniger, unermesslicher Liebe zu Ihnen tat.

Ruhen Sie heute in seiner Liebe. Sie ist mächtiger, als Sie sich das je vorstellen können.

Herr, ich wüsste gar nicht, wie ich ohne deine Liebe leben sollte. Danke, dass du mich so treu liebst.

24. Dezember
Das beste Weihnachtsgeschenk

„Denn Gott hat der Welt seine Liebe dadurch gezeigt, dass er seinen einzigen Sohn für sie hergab, damit jeder, der an ihn glaubt, das ewige Leben hat und nicht verloren geht."
Johannes 3,16 (NGÜ)

Mit das Großartigste an Weihnachten sind all die Leckereien. Weihnachtsplätzchen, Spekulatius, Zimtsterne, Stollen, Baumkuchen und Weihnachtsgans und viele andere Delikatessen türmen sich auf Tisch und Teller. Kinder können kaum erwarten, dass das Essen endlich vorbei ist, weil sie wissen, dass dann Plätzchen und Kuchen auf sie warten – und den Erwachsenen geht es genauso.

Nachtisch ist immer etwas Besonderes, und welchen besseren Grund zum Feiern gibt es als die Geburt von Jesus? Die Geschenke, die wir durch ihn erhalten haben, übersteigen unser Vorstellungsvermögen. Seine Geburt brachte der Welt Hoffnung, sein Tod tilgte unsere Schuld, und seine Auferstehung versetzte dem Tod den Todesstoß.

Das Großartigste an Weihnachten findet man also nicht auf Tisch und Teller.

Das beste, wertvollste Geschenk ist Jesus. Weil er auf diese Welt gekommen ist, können wir wirklich Ruhe finden – heute, morgen, in alle Ewigkeit.

Was für einen Retter habe ich in dir, lieber Jesus. Du bist wirklich das beste, das wunderbarste Geschenk!

25. Dezember

Ein außergewöhnlicher Tag

Die Schafhirten kehrten zu ihren Herden zurück und ließen dabei ihrer Freude freien Lauf. Sie lobten und dankten Gott für alles, was sie gehört und gesehen hatten. Alles war genau so gekommen, wie man es ihnen gesagt hatte.

Lukas 2,20 (WD)

Diese Nacht begann wahrscheinlich wie jede andere gewöhnliche Nacht. Die Hirten waren draußen auf den Feldern und hüteten ihre Herden. Bis Maria Jesus zur Welt brachte. Bis die Engel erschienen und den Himmel in ein strahlendes Licht tauchten. Bis einfache Hirten dem Messias von Angesicht zu Angesicht gegenüberstanden. Bis das Gewöhnliche außergewöhnlich wurde.

In vieler Hinsicht ist auch der heutige Tag ein ganz normaler Tag. Der Himmel ist blau, und die Sonne geht noch immer auf und unter. Und doch ist der Weihnachtstag auch ein außergewöhnlicher Tag. Es ist der Tag, an dem wir die Geburt unseres Retters feiern. Es ist der Tag, an dem wir uns die Zeit nehmen, um darüber nachzudenken, dass Gottes eigener Sohn – klein und ärmlich und verletzlich – auf diese Erde kam, weil er die Welt so sehr liebte. Wir feiern den Tag, der die Welt und auch unser eigenes Leben verändert hat.

Preisen Sie heute den Einen, der jeden gewöhnlichen Tag zu etwas Außergewöhnlichem macht.

Danke, Jesus, dass du mich an jedem meiner Tage mit einem außergewöhnlichen Geschenk beschenkst: dir selbst.

26. Dezember

Friedensfürst

Denn uns ist ein Kind geboren! Ein Sohn ist uns geschenkt! Er wird die Herrschaft übernehmen. Man nennt ihn „Wunderbarer Ratgeber", „Starker Gott", „Ewiger Vater", „Friedensfürst".

Jesaja 9,5 (Hfa)

Als Jesus geboren wurde, sah er wie jeder andere Säugling aus – er war klein und hilflos. Er wurde nicht mit einer Krone auf dem Kopf geboren oder mit Reichtümern in seiner Hand oder mit besonderen Eigenschaften, die ihn als König auszeichneten. Er war einfach nur ein Säugling. Doch dieser kleine Säugling war ein wesentlicher Teil von Gottes Plan zur Rettung der Welt. Er wurde geboren, um zu sterben – eines Tages würde er über den Tod triumphieren, indem er aus seinem Grab auferstand. Und durch die Art und Weise, wie er sein Leben lebte, würde er das Böse mit Gutem besiegen.

Aber an dem Tag, an dem er geboren wurde, war Jesus einfach nur ein Säugling. Und zu der Zeit schwirrte Maria und Josef wahrscheinlich der Kopf: Sie hatten gerade erst ein Kind bekommen und waren frischgebackene Eltern, dann kamen die Hirten vorbei und die Weisen aus dem Morgenland mit ihren ungewöhnlichen Geschenken … Aber gleichzeitig muss diesen Stall auch ein ganz besonderer Frieden erfüllt haben, schließlich war gerade der Friedensfürst geboren worden!

Jesus ist nicht nur der Friedensfürst, er ist auch Ihr Friedensfürst. Er ist Ihr wunderbarer Ratgeber, Ihr starker Gott und ewiger Vater. Und er kann Ihnen Ruhe schenken.

Friedensfürst, du schenkst meiner Seele Frieden und meinem Herzen Hoffnung.

27. Dezember

Es gibt immer Hoffnung

Doch Christus hat das Haus als Sohn übernommen; dieses Haus aber sind wir, solange wir ihm mit Zuversicht begegnen und mit Stolz an dem festhalten, worauf wir hoffen.

Hebräer 3,6 (WD)

In wenigen Tagen beginnt ein neues Jahr. Blicken Sie ihm mit Begeisterung oder mit Bangen entgegen? Fragen Sie sich, was das Jahr wohl bringen wird? Wird es Kummer oder Freude bringen? Werden Träume wahr werden oder zerplatzen? Wir kennen die Zukunft nicht, aber wir können darauf vertrauen, dass der Eine, der die Zukunft kennt, nur das Allerbeste für uns will.

Gott hat die Kontrolle über alles. Und weil er die Kontrolle hat, gibt es immer Hoffnung. Selbst wenn Sie jetzt noch nicht wissen, wohin Ihr Weg Sie führt: Er kennt den Weg schon! Er schreibt Ihre Geschichte – und es ist eine Geschichte voller Gnade und Barmherzigkeit und Erlösung, eine Geschichte, in der alles zu Ihrem Besten dient und ihm Ehre macht.

Stützen Sie sich auf Gott. Geben Sie seinen Versprechen Raum in sich. Er liebt Sie und sorgt für Sie. Er ist zuverlässig. Er ist gut. Lassen Sie sich von ihm Ruhe schenken, denn wenn Sie mit Gott unterwegs sind, gibt es immer Hoffnung.

Herr, ich will meine Hoffnung ganz fest auf deine Verheißungen setzen, wenn ich mich der Zukunft stelle.

28. Dezember

Er ist bei Ihnen

Aber jetzt sagt der Herr, der euch geschaffen hat, ihr Nachkommen von Jakob, der euch zu seinem Volk gemacht hat: „Hab keine Angst, Israel, denn ich habe dich erlöst! Ich habe dich bei deinem Namen gerufen, du gehörst zu mir."

Jesaja 43,1 (Hfa)

Wenn Gott Ihnen sagt, dass Sie sich nicht fürchten sollen, sagt er Ihnen auch, warum Sie sich nicht zu fürchten brauchen: Er ist bei Ihnen! Er ist Ihr Gott. Er wird Sie retten. Er wird Ihre Hand ergreifen. Er hat Sie erlöst.

Und eines ist ganz sicher: Wenn Gott etwas verspricht, dann hält er es auch. Immer. Jedes Mal. Lassen Sie sich davon trösten, wenn es einmal hart wird. Gott bietet nicht nur leere Worte an. Er meint jedes Wort, das er sagt. Er schenkt Ihnen seine Gegenwart. Er rettet und befreit Sie. Gott macht große Versprechen, und er löst sie auf großartige Weise ein.

Weil Gott auf unserer Seite ist, sind wir stark. Wir können ihm vertrauen und jedem Feind mutig entgegentreten. Lassen Sie sich heute von diesem Gedanken Hoffnung und Ruhe schenken. Gott ist bei Ihnen, und es gibt keinen Grund, sich zu fürchten.

Ich preise deinen Namen, Vater, denn du hältst immer deine Versprechen.

29. Dezember

Seien Sie gnädig

Vollkommen und gerecht ist alles, was er tut.
Er ist ein Fels – auf ihn ist stets Verlass. Er hält, was er verspricht; er ist gerecht und treu. 5. Mose 32,4 (Hfa)

Wenn Sie über das vergangene Jahr nachdenken, fällt Ihnen vermutlich so manches auf, das Sie im kommenden Jahr gern anders machen würden. Vielleicht nehmen Sie sich wie so viele etwas vor: *Ich werde dies tun. Ich werde das nicht mehr tun.*

Es ist gut, zurückzublicken und sich etwas für die Zukunft vorzunehmen, doch stellen Sie bei all dem sicher, dass Sie nachsichtig mit sich sind. Raufen Sie sich wegen begangener Fehler, Was-wäre-Wenns oder Hätte-ich-Nurs nicht die Harre. Erinnern Sie sich stattdessen an alles, was Sie in diesem Jahr erreicht haben. Freuen Sie sich über Beziehungen, die sich vertieft haben, und Freundschaften, die Sie geschlossen haben. Freuen Sie sich über schlechte Angewohnheiten, die Sie abgelegt, und gute Gewohnheiten, die Sie sich zugelegt haben.

Denken Sie heute an die vielen Segensgeschenke des vergangenen Jahres. Richten Sie Ihren Blick auf all das, was gut war. Seien Sie nachsichtig mit sich selbst, und kommen Sie innerlich zur Ruhe. Schließlich ist auch Gott gnädig mit Ihnen.

Erinnere mich an die guten Momente dieses Jahres, Herr, und daran, mit wie viel Nachsicht und Gnade du mir begegnet bist.

30. Dezember

Er hält die Zukunft in seiner Hand

Denn unser Leben hier auf der Erde ist ein Leben des Glaubens, noch nicht ein Leben des Schauens. 2. Korinther 5,7 (WD)

Der Erschaffer der Sterne und des Himmels, der Eine, der die Bäume und Berge formte, der Gott, der dem Menschen das Leben einhauchte – er ist der Eine, der Ihre Zukunft in seiner Hand hält. Er ist kreativ. Er ist stark. Er ist allmächtig. Und er liebt Sie und kümmert sich um Sie.

Seine Absichten mögen für Sie nicht immer einen Sinn ergeben, und der Weg, auf dem Sie unterwegs sind, mag sich fremd anfühlen. Vielleicht hat das Leben Sie mit vielen Freuden und Sorgen überrascht. Aber Gott kennt jeden Moment Ihres Lebens, jeden Gedanken und Wunsch. Er freut sich, wenn Sie sich freuen, und zählt jede Ihrer Tränen. Und seine Treue leuchtet an jedem Abend mit der Majestät der untergehenden Sonne.

Sie sind ein Kind Gottes, damit ist Ihre Zukunft in guten Händen – in den Händen des Schöpfers der ganzen Welt. Nur er kann die Nacht in den Morgen verwandeln, die Sorgen in einen Freudentanz. Lernen Sie den Gott immer besser kennen, der Ihre Zukunft liebevoll in der Hand hält. Er ist vertrauenswürdig. Er ist gut. Und er kann alles tun.

Ich vertraue darauf, Herr, dass du mich leiten und mich auf diesem Weg zu dir nach Hause führen kannst und willst.

31. Dezember

Ein Opfer

Ich habe euch vor Augen geführt, Geschwister, wie groß Gottes Erbarmen ist. Die einzige angemessene Antwort darauf ist die, dass ihr euch mit eurem ganzen Leben Gott zur Verfügung stellt und euch ihm als ein lebendiges und heiliges Opfer darbringt, an dem er Freude hat. Das ist der wahre Gottesdienst, und dazu fordere ich euch auf. Römer 12,1 (NGÜ)

Wissen Sie, was der beste Vorsatz für das neue Jahr ist? Dieser Vorsatz ist lebensverändernd, aber auch eine Quelle der Ruhe. Sie müssen nicht alles allein machen, und er wird Sie mehr verändern als jede Diät oder jedes Training es jemals könnte. Was dieser Vorsatz ist?

Legen Sie Ihr Leben in Gottes Hände.

Geben Sie ihm alles: Ihre Hoffnungen und Träume, Ihre Ängste und Schwierigkeiten, Ihre Pläne und Fehler, die großen und die kleinen Dinge, die alltäglichen Dinge. Sträuben Sie sich nicht, wenn er Ihr Leben verändern will, sondern heißen Sie diese Veränderungen willkommen. Vertrauen Sie ihm die Kontrolle über Ihr Leben an, und lassen Sie seine Macht in Ihrem Leben wirken.

Diese Art zu leben kann beängstigend sein, und Sie fühlen sich unter Umständen verletzlich, und bisweilen werden Sie das Steuer wieder ergreifen wollen. Aber jetzt kommt das Beste: Gott verändert Sie Tag für Tag. Und Tag für Tag werden Sie ein wenig mehr wie Jesus werden. Das Ganze wird sich nicht von jetzt auf gleich vollziehen, es ist ein lebenslanges Projekt. Legen Sie Ihr Leben in Gottes Hände, und kommen Sie in dem Wissen zur Ruhe, dass er vertrauenswürdig ist und nur Ihr Bestes im Sinn hat.

Herr, ich will dir an diesem letzten Tag des Jahres bewusst mein Leben anvertrauen. Gestalte mich mit jedem Tag ein wenig mehr um, sodass ich Jesus immer ähnlicher werde.

Originally published in the U. S. A. under the title: 365 Devotions for finding Rest
Published by arrangement with The Zondervan Corporation L. L. C., a subsidiary of HarperCollins Christian Publishing, Inc.

1. Auflage 2019
Bestell-Nr. 817492
ISBN 978-3-95734-492-2

Umschlaggestaltung: Hanni Plato
Umschlagfoto: Getty Images/westend 61
Satz: Vornehm Mediengestaltung GmbH, München
Druck und Verarbeitung: GGP Media GmbH, Pößneck
Printed in Germany

www.gerth.de

Christina Vinson

Alltagsoasen

Über die Autorin

Christina Vinson ist freiberufliche Autorin und Redakteurin und lebt in Nashville, Tennessee. Sie hat bereits mehrere Bücher verfasst und schreibt regelmäßig Beiträge für Webseiten und Zeitschriften. Darüber hinaus ist Christina ein Bücherwurm und liebt es, mit ihrem Mann auf Reisen zu gehen.